西方学术与公共伦理译丛
Western Academic and Public Ethics

主编 杨熙楠 谢志斌

追寻生命的整全

多元世界时代的
神学伦理学与全球化动力

Theological Ethics and
Global Dynamics:
In the Time of Many Worlds

[美] 威廉·席崴克 著
William Schweiker

孙尚扬 译

华东师范大学出版社

华东师范大学出版社六点分社　策划

西方学术与公共伦理译丛
Western Academic and Public Ethics

主编

杨熙楠　　香港汉语基督教文化研究所总监
谢志斌　　上海师范大学哲学系基督教研究副教授

学术委员会 （以姓氏笔划排序）

斯塔克豪思　(M. L. Stackhouse)，美国普林斯顿神学院改革宗神学与公共生活荣休教授
包利民　　浙江大学哲学系教授、外国哲学研究所所长
林子淳　　香港汉语基督教文化研究所研究员
陈佐人　　美国西雅图大学神学与宗教研究学系教授
席崴克　　(William Schweiker)，美国芝加哥大学神学伦理学教授
杨熙楠　　香港汉语基督教文化研究所总监
杨慧林　　中国人民大学文学院教授、基督教文化研究所所长
谢志斌　　上海师范大学哲学系基督教研究副教授
霍伦巴赫　(David Hollenbach)，美国波士顿学院神学教授

总　　序

"公共"的问题已引起学术界广泛的兴趣和研究。它可以有多种内涵：从公共性、公共价值到公共空间或公共领域，从公民社会与社会共同体的建立到公共性与普遍性的探求，从公共讨论、公共意见到公共理性的确立以至共善的形成，而寻求某些为公共所共同分享的道德价值正是其中核心所在。

正是基于这种考虑，本丛书旨在引进西方学术界（以欧美为主）从哲学和宗教的角度论述公共伦理的重要著述，包括重要的历史文献和当代代表性学者的著作，以较完整地展现西方公共伦理研究的背景、发展和现状。对公共生活（政治、经济、生态、社会、文化等领域）的伦理角度的分析在西方学术界有着长远的传统，尤其在近现代以来，在日益多元化的社会中对哲学的价值和宗教的信念如何塑造和影响公共领域的道德和灵性维度，学术界更表现出极大的关注。在当今全球化时代，这些领域也提出了一些紧迫的道德问题，呼唤着从宗教和哲学等角度做出深层次的分析、解释和反省，探究其中可能提供的伦理资源与公共道德问题的关联，以引导并促进一种健康、负责任和有秩序的公共生活。

本丛书所选书目正是为上述议题所设计的，其中不乏经典思想家的著述（如亚伯拉罕·凯珀、莱因霍尔德·尼布尔）以及当今仍活跃于西方伦理学界且深具影响力的学者(如马克斯·斯塔克豪思、罗宾·拉敏、威廉·席崴克、大卫·霍伦巴赫等)的作品。该译丛总体上包括以下四方面的内容：(1)对于公共伦理基本理论的阐发，涉猎"公共"的概念、公共宗教、公共神学、基督教社会伦理、全球伦理等思想；(2)对于涉及社会公共伦理的重要思想家的研究，如对尤尔根·哈贝马斯、迪特里希·朋霍费尔、埃米尔·布鲁纳的研究；(3)对于具体公共领域的分析，如对于经济生活、贫穷、生态、人权等公共议题结合宗教思想在道德层面上的解读；(4)对于全球化的伦理阐释。

这些由西方学界发展出来对公共生活进行伦理和宗教分析的理论，正在为其他国家和文化所采用和借鉴，因为当今的公共生活问题已日趋全球化，不再局限于特定的国家和地域。中国在面对和理解这些全球性的公共问题时，这些理论对我们已必不可少。以往国内引介的西方人文和社会科学学术思想，大都集中在具体学科(如经济学、政治学、法学、社会学等)专业领域的研究，而对这些学科涉及的领域在整体的层次上(即作为一种普遍的公共领域)从伦理的角度——尤其是基督宗教思想可能提供的价值和智慧资源——加以反思的著作尚为欠缺。本丛书旨在体现对公共伦理精神这一共同的关注，希望在一定程度上可满足国内学术界对这方面了解和深入研究的需要。

在本译丛的运作过程中，美国普林斯顿神学院改革宗神学和公共生活荣休教授斯塔克豪思(Max L. Stackhouse)最初给予了建设性的建议，并在书目的选定、相关作者的联系、版权的联络和出版资助的申请等方面提供了大量的协助和支持，香港汉语基督教文化研究所和美国对华学术交流联会协调主任陈悌女士(Martha Chan)均以不同方式参与此项目，各自承担了相关的译丛工作事宜。特此说明并谨表谢忱。

杨熙楠　谢志斌

2011 年 4 月

目　录

献辞 /1
鸣谢 /1
作者序 /1
导论 /1

创造与世界的建构
 第一章　全球动力和生命的整全性 /25
 第二章　创造中的多元主义 /55
 第三章　重新思考贪婪 /81

时代与责任
 第四章　为道德宇宙论调校时间 /111
 第五章　终末时间里的爱 /137
 第六章　从宽容到政治宽恕 /171

想象与良心
 第七章　圣典与社会的想象 /199
 第八章　比较宗教，比较生活 /229

第九章　论道德疯狂 / 255

跋

第十章　提出一种新的人道主义 / 291

参考文献 / 319

译后记 / 331

献　　辞

本书献给我的老师们和学生们。迄今为止,我拥有众多睿智深刻而又要求严格的老师,我因他们而得到祝福。他们中的每一位都心甘情愿地在我的能力上担当风险,并勤勉地提升我的思想。在此,我仅提及以下几位:我在辛普森学院攻读学士学位时的洛润·格鲁贝(Loren C. Gruber)、执教于杜克神学院——我在那里获得神学硕士学位——的吉尔·雷特(Jill Raitt)、罗伯特·格雷戈(Robert Gregg)、哈蒙·斯密斯(Harmon Smith)、托马斯·朗佛德(Thomas Langford)和弗雷德·赫尔佐格(Fred Herzog)。至关重要的是,本书要献给詹姆斯·古斯塔夫逊(James M. Gustafson)、大卫·特雷西(David Tracy)和朗敦·吉尔基(Langdon Gilkey),我在芝加哥大学攻读博士学位期间,他们以各不相同的方式深刻地形塑了我的思想。实际上,我敢斗胆地自以为本书赓续了我最初从他们那里习得的洞见;我唯愿他们中的每一位都会在我正在从事的事工中见到他们影响我的证据。

我也要感谢我的学生们,由于他们人数太多(这令人感到愉快),因而无法一一列举。与这些非常勤奋刻苦的学生在一起工作,委实一直都是我生活中的天赐之福。这些男男女女竭力真诚地思索着生活的希望与责任,并且真诚地对生活的希望与责任作出回应。我从你们那里学到的要多于你们可能从我这里学到的。

因此,我要对我的老师们和学生们说:

祝愿你们的思想不断深化,祝愿你们的生活总是生机勃勃!

鸣　　谢

　　本书的有些篇章已经在别的著述中出版，或者原本是作为国际会议上的讲演稿而发表的。对于获准将其发表在这个新的修订本之中，我深表谢忱；对于每一位使得我的这一事工得以完成的人士，我也要借此申谢。对在我写作的不同阶段一直都支持我的工作的以下机构，我尤其要深表谢忱：芝加哥大学神学院、普林斯顿的神学研究中心和海德堡大学的科学神学研讨班。

　　我还从与朋友及同事的交谈中受益匪浅，我要感谢玛利亚·安托纳齐奥（Maria Antonaccio）、汉斯·迭特尔（Hans Dieter）、唐·布朗宁（Don S. Browning）、柯尔屯·柯布（Kelton Cobb）、克里斯汀·考尔普（Christine Culp）、温迪·唐尼格（Wendy Doniger）、简·贝斯克·埃尔斯坦（Jean Bethke Elshtain）、富兰克林·甘维尔（Franklin Gamwell）、克拉克·吉尔品（Clark W. Gilpin）、大卫·科勒曼（David E. Kleman）、罗宾·拉敏（Robin Lovin）、帕特里克·米勒（Patrick D. Miller）、理查德·米勒（Richard B. Miller）、特伦斯·马丁（Terence J. Martin）、皮埃特·劳德（Piet Naude）、道格拉斯·奥塔提（Douglas Ottati）、安德列斯·疏勒（Andreas Schüler）、衮特·托马斯（Günter Thomas）、迈克尔·韦尔克（Michael Welker）和查尔斯·威尔逊（Charles Wilson），这

些朋友和同事丰富了我的思想和生活。我还要感谢我的助手埃米·布朗特(Aimee Burant)、麦克尔·约翰逊(Michael Johson)、科文·荣格(Kevin Jung)和乔纳森·罗斯乔德(Jonathan Rothchild),他们在文本的处理方面提供了出色的帮助。珊蒂·克雷恩(Sandy Crane)女士为手稿的最终出品提供了帮助。

本书第一章发表于《宗教伦理学学刊》【*Journal of Religious Ethics* 32:1(2003):13—37】上,题为"伦理学导论"。

第二章以另一种形式发表在《福音神学》【Evangelische Theologie 59:5(1999):320—35】上,题为《多元世界中的责任伦理学:创造与生命的整全》(Verantwortungsethik in einer Pluralischen Welt: Schöpfung und die Intgrität des Lebens)。

第三章是为"财产、占有与文化神学"这一课题撰写的,该课题是由莉莉基金(Lilly Endowment)赞助的。它以另一种形式发表于由威廉姆·席崴克(William Schweiker)和查尔斯·马修斯(Charles Mathewes)编选的《拥有:宗教与社会生活中的财产与占有》(*Having: Property and Possession in Religious and Social Life*, edited by William Schweiker and Charles Mathewes, Grand Rapids, MI: Eerdmans, 2004)一书中。

第四章以另一种形式发表于由约翰·珀金霍恩(John Polkinghorne)和麦克尔·威尔克(Michael Welker)选编的《世界的终结与上帝的目的:科学与神学对末世论的论述》(*The End of the World and the Ends of God: Science and Theology on Eschatology*, edited by John Polkinghorne and Michael Welker, Harrisburg, PA: Trinity Press International, 2000)一书中,题为《作为道德空间的时间:道德宇宙论、创造与终末审判》(Time as a Moral Space: Moral Cosmologies, Creation and Last Judgment)。

第七章最初以另一种形式发表于由威廉姆·布朗选编的《人格与圣经:道德的形构、共同体与对圣经的诠释》(*Character and*

Scripture：Moral Formation，Community，and Biblical Interpretation，edited by William P. Brown，Grand Rapids MI：Eerdmans，2002）一书中，题为《圣经的形象与当代神学伦理学》（Images of Scripture and Contemporary Theological Ethics）。

第八章最初提交给在2001年11月举办于芝加哥大学的系列讲座"9·11的前因后果：超越文明的冲突"，该讲座随即于2001年10月分三部分连载于《所见》（*Sightings*）。

第十章以另一种形式见于《宗教学刊》【*Journal of Religion* 83：4(2003)：539—61】，题为《神学伦理学与人道主义的问题》（Theological Ethics and the Question of Humanism）。

作 者 序

本书将收入"西方学术与公共伦理"译丛这一令人称奇的丛书中,付梓面世,本人荣幸之至。在此,我谨对我的译者和出版社深表谢忱,感谢他们让中文读者得以获读本书。本书探讨的是信仰信念与全球动力之间复杂的互动,对就我们所处的全球化境遇所展开的公共和学术讨论,本书或将不无裨益,此为区区之大愿也。

各种势力都在形塑着我们的时代,本书试图说明和分析这些势力,并针对当下的境遇提供坚实可靠的神学和伦理学回应。处于这一回应之核心的乃是一个颇具生命力的宗教性的并且也是人文性的概念,此即我所说的"神学人文主义"。这是一个取自基督教资源的概念,但是,它并不局限于基督教共同体。各种文化和宗教势力现在都可能会威胁到全球化处境的稳定与和平,就此而言,为生存于各种文化和宗教之内提供负责任的和人道的取向,乃是至关重要的。这是全世界人民都在面对的挑战,而迎接这一挑战需要神学和伦理学的资源,拙著试图提供此种资源。

人们常说,我们的世界正在越变越小,而与此同时,人类的意识则在不断拓展,以直面并满怀希望地理解不同的民族和文化。当然,随着中国迈入全球化处境,她自身的那些用来公正地并且人道地引导人们生活的文化资源之意义何在这一问题,正变得日益重要。我的希望是,本书的中文读者将会为负责任的生存发现一种高见和取向,这种高见和取向将会深化就我们的"多元世界时代"所面临的挑战所展开的公共讨论。

威廉·席崴克

美国伊利诺伊州芝加哥

芝加哥大学神学院

马丁·马蒂中心主任

爱德华·赖尔逊杰出服务神学伦理学教授

导　　论

我们生活在一个熹微(twilight)的时代,太阳过于频繁地沉落离开这个冷酷无情、呜咽哭泣的世界。或许,此种幽光乃是曙光,当此之时,一种崭新的全球性的现实会出现于白昼？20世纪的剧痛——大规模死亡带来的恐怖和暴政引发的恐惧——现在已经被这样一种感觉所赶超:我们生活在一种全球性的天旋地转和混乱之中,已很难在其中获得意义与方向。很多人都觉得他们的希望与梦想在时代的黄昏中黯然失色,我们时代的焦虑驱使他们在往昔中寻找安慰。但其他人则仍在黎明的幽光中眨巴着双眼,奋力前行,并拥抱未来。这些人念念不忘此种幽光若隐若现,但他们仍专注于塑造一个值得孜孜以求的世界。的确,熹微既是暮色,也是曙光。①

---

① "熹微"(twilight)这个意象曾与各种不同的哲学和神学思潮产生共鸣。尼采曾论及诸神的黄昏,也曾谈及黎明。20世纪,像蒂利希这样的思想家曾探析将现在与过去区分开来的边界境遇。吉尔基(Langdon Gilkey)以类似的方式考察过当代生活的"旋风",而特雷西(David Tracy)则撰文论述过文化多元性与含混性中"对秩序的神圣渴望"(blessed rage for order)。古斯塔夫逊(James M. Gustafson)以不同的方式探讨过"人间容器中的瑰宝",即基督教信念的历史与社会性的本性。科哈克(Erazim Kohák)曾撰文谈论黄昏、余烬和星星,以探讨自然的道德感。熹微这个意象在此是以一种独特的方式用来言述生活中一个特定的世俗空间,即多元世界的时代里被感知了到的意义与含混性。稍后,我们将在本书中探讨对生活于一个在将死的同时还竭力诞生的复杂而又短暂的现在所做出的各种反应。第二章使用了叶芝(Yeats)诗歌中的一个类似的意象,而第五章则将探析早期基督教思想中的终末论观念。

本书的目的是赋予当下的境况以意义,并发现那些人们亟需用来务实地指导当今生活的真理。这个星球上的人民必须借助于允诺尊重和增进生命的整全性(integrity of life)①来为其生存确定方向,这是我们时代的挑战与大愿。可悲的是,绝大多数形形色色的伦理学中似乎都很难胜任当下的任务。在许多大行其道的思想中,都存在着一种深刻的象征和观念方面的贫困。我坚决主张,伦理学的无能与贫困在某种程度上要归因于近代将宗教资源驱逐于道德思考之外,外加许多宗教思想家所抱持的这样一种假设,即有效的伦理论证仅限于他们自己的社群。在本书中,我将超越这种对宗教资源的驱逐,试图以一种比较的方法阐发基督教传统中的洞见,以达到勾画出一种能胜任的伦理学的目的。我希望展示此种道德运思进路较之道德哲学中的其他选项,如何能提供更有意义的方法,以正确理解和回应当今的熹微境况。然而,本书并非只是为基督徒或有宗教感的人写的,它也是为任何专注于深思负责的生存之要求的人而写的。宗教资源并非只是欲盖弥彰的虔诚愿望,它们能激发并储藏关于如何尽力在一种错综复杂的实在观中生活下去的思想。当然,诸宗教或者说所有的宗教都还在为仇恨和无知火上加油,它们也是我们正面对的全球性天旋地转和混乱的一部分。人们必须缓和这些资源中潜在的恶意,也要消除其系统性的曲解。就我之所见而言,克服伦理学的无能与贫困的方法乃是以一种真正批判性的和建设性的方式,运用宗教资源和其他资源,由此丰富道德运思,并改造这些资源。这正是我将要在下文中做的事。

有很多主题将本书的各章联系在一起。我阐发了生命的整全性这一观念,以便阐明为我们时代的生存确定方向所必需的核心

---

① Integrity 一词在英文中有完整、完全、正直、廉正等多种含义,汉语中没有能与之完全对应的术语,这里,据译者对全书的理解以及本书作者在书中个别地方的解释(例如,作者在本书英文版 204 页将其与 wholeness 互用),将其译为整全性。——译注

的道德之善。全书各章中还有一种不断推进的对各种象征和神话形式——尤其是关于创造和道德秩序的象征与神话形式——的比较分析。我还将探讨情感与在一个全球化传媒时代浸透着人类经验的诸种文化形式之间的深层联系。在更深的层次上,我着手解决风行于每个社会和国家之间的宗教与文化暴力问题。因此,许多主题将本书各章联结为一种多向度的神学-伦理学的分析和对全球化动力的回应。

此外,有两个基本主题构成本书的论点。一个基本主题以对全球化境况及其置于我们面前的挑战的解释为中心,我称之为"多元世界的时代"(time of many worlds);另一个基本主题事关伦理学中的一种被称作神学人道主义的独特视角。为了下文提供指南,开宗明义地阐明这些主题乃明智之举。在解释这些主题之后,将简略阐述本书的方法与结构。

多元世界的时代

伦理学的每部著作都必须对正在发生的事提供解释。我属意于对熹微的感受,将当下的时代称作"多元世界的时代"。"世界"之观念警示了如下事实:人类总是占据着由文化和社会动力建构的某种意义和价值的空间。目前,不同的民族和文化,亦即不同的"世界"正融入一个彼此相互依赖的全球化之中。正如一位学者所指出的那样,这个时代"正在世界各民族中创造一种更为强烈的命运与共的感受,即使它也在产生一种更加充满压力的种族、宗教和文化差异感,也是如此"。[1] 对"世界"间的冲撞的强调可以采取战

---

[1] Richard A. Falk,《人权地平线:追求正义于全球化世界》(*Human Rights Horizon: The Pursuit of Justice in a Globalizing World*, New York: Routledge, 2000),第2页。关于基督教思想中对恶与社会和政治事务之间的关系的讨论,参 Charles T. Mathewes,《恶与奥古斯丁主义传统》(*Evil and the Augustinian Tradition*, Cambridge: Cambridge University Press, 2001)。

争和恐怖袭击中的可怕形式表达,如 2001 年对纽约世界贸易中心的恐怖袭击就杀害了来自许多不同文化和宗教的数千无辜民众;对命运与共的强调也可以采取积极的形式,比方说全世界的人权运动和日益增长的生态意识中的那些形式。不论好坏,民族间的互动正在打造全球生活的未来。对这一正在显现的实在,任何人都不可能无动于衷。从非洲撒哈拉沙漠以南的小村庄到华尔街和东京的高科技商业圈,这个时代的一个显著特征就是文化形式的冲突与混乱。人们应对这一境遇的方式,将始终形塑着这个星球上的生命。

但是,仍有一种为"多元世界的时代"这一观念所缠绕的吊诡。在西方漫长的历史上,时间被想象成流水、过程。有人很快便会想起沃茨(Isaac Watts)的伟大赞美诗:

> 真神是人千古保障,是人将来希望,
> 是人居所,抵御风暴,是人永远家乡……
> 时间正似大江流水,浪淘万象众生。
> 转眼飞逝犹如梦境,醒来不留余痕。①

人类总是与时间置于生命之上的限制进行斗争。我们的生命被扫入生存,又被扫出生存。自然过程(如粒子衰减的速度、星球的运动、我们身体的老化)带来的时间标记为人类对时间的经验形成了一种有规律性的背景。这就是为什么作为流水和过程的时间观念,直观地就具有意义的原因之所在。然而,在人类意识深处,现在也正发生着某些精妙的事情。那为生存提供基本秩序和限制

---

① Isaac Watts,"真神是人千古保障"(O God, Our help in ages past),收入《循道宗赞美诗集》(*The Methodist Hymn-Book*), London: Methodist Conference Office, 1972),第 878 首。[这里的译文由香港中文大学卢龙光教授和邢福增教授提供,特此致谢。——译注]

的,不再只是那"浪淘万象众生"的时间的无情压力。借助于人类对世间过程的描述,时间被赋予了意义。① 尽管人生和自然过程中会有波动起伏,人们却越来越能在一种共享的、普世临在的"真实时间"中彼此沟通。看起来可能显得有些怪异,这个星球上的人类的时间正在被加速、同化。人类在其多样性中,正对其自身变得无所不在。经验的融合和技术的速度始终在改变着生存,生命的道德秩序日益成为一种过于人化的实在。

最奇怪的是,我们必须完全在同一时刻谈论不同的"世界"、不同的文化和道德空间之间在一种共同的全球化时间之内的互动乃至冲突。"真实"时间的统一性乃是人类差异的空间。抽象一点说,当下的境遇乃是在自发互动的"各种文化"中的一种不断加速同化的现在的会合。在统一时间里的人类的多样性借助于谈论"多元世界的时代",而被显示为正在出现的全球化道德秩序。在这一观念之内,可以发现那些贯穿于本书各章的其他观念,亦即关于价值、道德空间和宇宙论的观念、关于那种经常导致暴力的"世界凝缩"的观念、关于道德多样性的实在和"诸世界"间的自发互动的观念。要想说清"多元世界时代"之全部含义,得花费很多篇章。但是,真正的问题乃是如何尽力从伦理学的角度思考这个时代。我们如何在一些世界在消失、一些世界在崛起的熹微中确定方向?

要想做人,就必须持之以恒地致力于建构世界(world-making)和文化创造。这是因为,我们是极为社会性的造物,也是一种不论发生什么都必须赋予我们的生命以意义的存在物。在文化之外,生存将显得毫无意义,潦倒悲惨。我们不可避免地是一

---

① 参卢曼(Liklas Luhmann),《差异理论:重描对现代性的描述》(*Theories of Distinction: Redescribing the descriptions of Modernity*, edited and with introduction by William Rasch, Standford, CA: Standford University Press, 2002)。

种竭力使实在"人化"(humanize)的受造物。然而,文化创造工作却出现了下降的趋势,在多元世界的时代,尤其如此。人力干预越来越多,它们试图改变并支配这个地球上的生命之原动力。正如德布雷(Régis Debray)注意到的那样,人们越来越生活在"晶体管化的、有光纤电缆的、有空调和视频监控的环境之中"。昼夜都充斥着人类之光。这会给我们一种熹微感吗?有些人怀疑人类王国的扩张是否有害。德布雷不无道理地评论道:"为了喘口气,人类仍在渴求非人化的空间。"① 在人化的王国之外,看来几乎没有精神能够生存并且活动于其中的空间;人类的超越感已经丧失殆尽。这就是多元世界时代的挑战,我们可以称之为"过于人化"的挑战。

西方的近代并非一无是处,它包含着对知识的坚持不懈的追求,其目的是扩展我们的能力,以便占有和控制自然,使之为人类的目的服务。过于人化表明了意志的凯旋,而随之而来的乃是如下信念的凯旋,即所有一切有价值的、一切应该指导行为、关系和社会工程的乃是人旨在形塑和创造实在的能力的扩张。对文化工程、象征形式和能力范围之内的生活形式的铭刻意味着增进人类的兴旺发达。这一工程带来了巨大的回报:知识的提升、疾病和匮乏的减少、更自由和更开放的民主社会的建构。然而,具有讽刺意味的是,它也通过战争、生态恶化和文化平庸而导致人类生存和所有生命品质的降低与亵渎。

现在,我们可以更大胆地陈述我们时代即多元世界的时代之核心道德问题。当今时代是受过于人化乃至反人类的支配的时代,这个时代将近代世界最残忍的动力(大规模死亡、集中营、极权制度、毫无节制的消费主义、过度管制的社会制度和环境破坏)扩

---

① Régis Debray,《传播文化》(*Transmitting Culture*, translated by Eric Rauth, New York: Columbia University Press, 2000),63页。

张为一种无可逃避的全球性实在,这样刻画这个时代的特征是最恰当的吗? 相反地,是否有这样的可能性,即锻造一种并不远离或者违反人性、处于生命的整全性之内的人类尊严感? 地球上的人类和其他生命形式的命运将与人们设想和选定要实现的未来密切相关,而这便意味着,只要人类的责任被贬低,所有的生命形式就得听任由道德评估释放出来的力量摆布。这就是为什么有如此之多的人们感受到了我们时代的熹微——黄昏与拂晓之光的原因之所在;在暗光之中,很难分辨出那些能够为人类力量的使用提供指导的清晰标记。

为了给生活提供某种取向和指导,本书将阐发一种价值理论,并为责任伦理学之内的道德行为和选择提供一种规范。这种价值理论是多向度的,并以上帝面前的生命的整全性这一观念为中心。① 正如本书所表明的那样,"生命的整全性"乃是自然美德、社会美德和自反性美德之间的适当关系。更进一步地说,为生命的整全性献身,并且生活于为此负责之中的生命还以另一种形式的善为标记,此即道德正直或良心正直,这两个词说的是同一件事。我还阐发了对价值之来源和范围的解释,目的是在道德思考的范围内阐明有关创造和新的创造这一复杂的象征话语。然而,除了一种价值理论之外,任何能胜任的伦理学都必须为有关人类行为和关系的选择提供某种规范和指示。我以如下的方式阐明了有关责任的律令:在所有的行为和关系中都尊重和增进生命的整全性。

---

① 我知道,"生命的整全性"这一观念在政治上是有争议的。保守主义的思想家们使用类似的语言来限制任何对自然过程的干预,比如说堕胎;而自由主义者则经常用它来谈论生态整体论。我希望读者将会发现对这种道德规范的解释的独特性,以及是如何竭力避免两极分化的位置。关于对"整全性"(integrity)观念的讨论,参 William Schweiker,《责任与基督教伦理学》(*Responsibility and Christian Ethics*, Cambridge: Cambridge University Press, 1995),关于相关但有所不同的解释,参 Darlene Fozard Weaver,《自爱与基督教伦理学》(*Self-Love and Christian Ethics*, Cambridge: Cambridge University Press, 2002)。

负责任的行为和关系都是尊重和增进复杂的美德之间的正确互动的行为和关系,并且还彰显了道德之善与道德正直,也对道德之善与道德正直有所贡献。

正如我们在本书的进程中将要看到的一样,有关责任的律令需要为对过于人化的反应提供方向,这是保护生命的脆弱之善的一种方式。然而,这一律令必须为就如何回应他者所做出的决定提供指导,尤其是在给当今全球局势留下创伤的冲突环境中,更应该如此。为了澄清全球化语境中的这一律令,我依据双重之爱的诫命(double love command)和金律(Golden Rule)揭示了其明确的含义。我们将会看到,这一律令的两种宗教性的具体含义意在回答人类的冲突问题,并回应抗争与苦难的境况。

一旦我们把握了关于选择与行为的规范、关于责任的律令及其旨在为获得生命的整全性而指导负责的生存这一独特的具体含义,那么,我们就拥有了多元世界时代里人们所需要的指导。更有甚者,一种关于如何生活的基本指示就会被显示为对作为上帝之良善受造物的实在的想象的一部分。这允许人们去遭遇价值的熹微,并限制那种过于人化的无情驱动,同时还可以赞美人类是有德的造物和负责的存在。换言之,这个时代的一种能胜任的伦理学必须集中关注人类的独特性的标志,以及那些能阻抗或增进对未来的责任感的势力。我们既不能贬低人的力量,也不能毫无批判地赞美其冷酷无情的扩张。

为了直面人的力量的含糊性,人们就应该不只是拥有一种价值理论和对选择与行为的某些训诫。一种伦理学还必须明白其优势之所在,正是借此优势,生活才得到理解、评估,并得以安然度过。这将我们带到本书的另一个基本主题,即神学人道主义的视角。在这一观念中,也存在着一种吊诡。令人惊异的是,为了抗击过于人化,我们需要更深入地把握人类的尊严、道德天职和弱点;我们需要从一种宗教的观点来考察人的生存。

神学人道主义

我们身处一种就人类的价值与尊严而展开的全球性的斗争之中。在大部分西方历史上,一直都有人抱持一种非常人道主义和自然主义的道德观点。① 这里的"自然"和"人道"被理解成存在于价值的领域之内,而这个领域要比自然过程或人的私利广阔和深刻得多。这个更广阔的实在或者依据更高的存在和行动而得到宗教性的理解,或者借助于关于实在的道德秩序的观念而得到形而上的理解。人类被相信拥有独特的价值,而人类的福祉则依据那些尊重和增进自然能力的东西而得到界定。在当今西方社会中,那种内在于这一道德遗产的对人类的独特性的主张,已经脱离价值和目的、宗教或形而上学的更加无所不包的领域,以至于人类的力量现在被赋予了自由的统治,可以征服和控制生命。这就是过于人化的工程。

在本书各章中,我将论证这样一个观点:过于人化的凯旋以及随之而来的充满活力的人道主义的和非化约主义的自然主义道德观的衰落,在西方文化内部造成了一种深刻的威胁;这一威胁的核心乃是那种支持和支撑着有限的生存的价值感的普遍丧失。从宗教上来解释,对实在的道德深度和人的超越性的范围的意识之已经丧失殆尽。从形而上学的角度来考量,存在现在已经被认为是价值中立的了。高度现代化文化的一个基本假设是,我们居住在一个道德空虚的宇宙之中,亦即居住在价值的黄昏之中。随此黄昏而来的是,人类的力量的凯旋成了所有价值的被信以为

---

① 参 Daniel C. Maguire,《犹太教与基督教的道德核心:矫正革命》(*The Moral Core of Judaism and Christianity: Reclaiming the Revolution*, Minneapolis, MN: Fortress Press, 1993)和 Michael J. Perry,《人权观念:四个调查》(*The Idea of Human Rights: Four Inquiries*, Oxford: Oxford University Press, 1998)。

真的来源。① 高度的现代性旨在使人类生存获得尊严,而反讽的是,它却将人类的价值从除了社会力量的机制以外的任何源泉中驱逐出去。人类被描绘成不得不在空虚的宇宙中创造意义和价值,与此相关的是,人类的尊严也因此而被视为对其他生命形式的价值之威胁,或者,它被相信是被无穷无尽的黑夜所包围的一束闪闪发光的发光体。这又是人们为什么必须矫正和修正伦理学内部的自然主义和人道主义之从冲动的原因之所在。

这里,不妨质问一下,为什么使用人道主义、更不用说神学人道主义这一有争议的术语来谈论伦理学中的这一议程呢?首先,采用一种"人道主义"的姿态意味着要承认所有思想的有限性和局限性特征。这一立场接受人类生存中危险的、不公正的、支离破碎的、愚蠢的和充满暴力的事实,以及这些事实如何触动道德哲学家所说的每件事。没有人会逃避限制,以便获得"上帝"对生存的观点。有些思想家为这一限制而惋惜,其他思想家则借助于提供一种关于万有的理论而否认限制。"人道主义者"接受这种限制,而这正是因为不论何种人道主义者都相信,尽管生存是愚蠢的、不公正的和支离破碎的,还是有可能发现有关如何尊重并增进生命的基本真理。人们会证实这样一种简单但非常重要的关于人类的主张,即我们是一种不完美的受造物,必须坚持不懈地劳作,以塑造值得过的生活。因此,道德的生活并非事关限制我们的人性,事实上,它事关以对生命的深沉的爱,自由充实地生活。

重要的是,很多20世纪的思想家毁掉了对古典和现代的有关大写的"人"的观念的尖锐批评。他们相信,抵制过于人化的驱动

---

① 关于这一点,参 William Schweiker,《权力、价值与信念:后现代时代的神学伦理学》(*Power, Value and Conviction: Theological Ethics in the Postmodern Age*, Cleveland, OH: Pilgrim Press, 1998)和 Hans Joas,《价值的起源》(*The Genesis of Values*, Chicago, IL: University of Chicago Press, 2000)。

的唯一方式是挑战"人道主义",并采取一种反人道主义的立场。这是一种重要的思潮,本书将以各种不同的方式对其予以处理。但是,对"人道主义"的抨击也经常将我们置于没有标准用来为人类的力量提供方向的境地。正如索佩(Kate Sope)令人满意地指出的那样:"实际上,我们必须小心翼翼,以免因我们集中关注哲学性的'人的终结',而鼓励那种会加速人性的实际死亡的消极无为。"① 相反地,在晚近几个世纪里,也发展出了现代世俗的人道主义。这些思想家和思想运动尖锐地批判所有的宗教观点,称之为"超脱尘世的"(other-worldly)和欺骗性的。他们企图以人类的改善为名义,限制人类的超越性。这意味着赞美人的自由和力量。在他们看来,所需要的是建构一种关于人类成就的彻底世俗的伦理学;这一议程也经常无意助长了过于人化的工程。这种伦理学无法设想一种超人之善。于是,我便谈论神学人道主义,以彰显这幅脆弱的生存画面之中的人类责任感的重要性。神学人道主义将详细论述善的来源要比人类工程和力量广阔得多,因而要比价值的黄昏广阔得多。此举旨在做出一个大胆的主张:活着的上帝支持人类为发现如何正确地生活而进行的斗争,并使之能够进行这样的斗争。

因此,我阐发了一种宗教性的、非化约主义的人道主义。这里,诚实是必不可少的。宗教是这个星球上具有含混性的力量,它们培育彼此关爱的社群,但也在地球上的各民族之间培育暴力与仇恨。宗教以音乐、艺术、文学以及那种深化和回应了属灵的渴望的指导丰富了我们的生活。但是,它们也是压制、无知和欺骗性的力量。宗教谈论救赎和人的整全性,但是,它们经常不能给实际的

---

① Kate Sope,《人道主义与反人道主义》(*Humanism and Anti-humanism*, LaSalle, IL: Open Court, 1986),153 页。也参 Timothy G. McCarthy,《基督教与人道主义:从圣经基础到第三个千禧年》(*Christianity and Humanism: From their Biblical Foundations into the Third Millennium*, Chicago, IL: Loyola Press, 1996).

问题提供真正的答案。由于所有这些原因,人们必须坚持与宗教资源进行批判性的战斗,并建设性地运用宗教资源。借助于采用"神学人道主义",人们可以反击所谓"世俗人道主义"的乏味的冲动;在令人接受不了的"反人道主义"里,人们同样要超越标准的丧失。神学人道主义者对生命抱持着一种现实主义的、但也是充满活力的爱。而且,由于这一承诺,他/她认为,道德思考的资源——即便是我们最挚爱的宗教资源——都必须借助于他们是否有助于尊重和增进生命的整全性而得到解释与评估。此处的洞见是,道德思考应该以一种非独断的方式自由采用任何资源,不管它们是宗教性的还是非宗教性的资源,只要它们是唾手可得的,可以用来思考人类生活,并为人类生活确定方向就行。

本书神学的但也是人道主义的特性,不仅超越了有关世俗人道主义和反人道主义的争论,它还需要一种特定的关于道德的视角。有一种来自一些思想家的遗产,这些思想家宣称,人心之取向即是"道德正直"。人生的一个重大问题就是爱和意向的特性,我们由此而能正确地回应他人,不以他人为敌,而是在与上帝的关系中看待他人,并且不仅将神圣者视作暴君或破坏者,也将其视作善的来源。① 本书立足于这一传统之中。它勾画了一种转化或重生的伦理学,这种伦理学以良心为开端,并透过结构性的社会变迁而延伸至解决以下问题:我们如何能够并且必须生活于与我们星球上的其他生命形式的息息相关之中。

---

① 关于对这一观点的经典论述,参 H. Richard Niebuhr,《负责任的自我:基督教的道德哲学论集》(*The Responsible Self: An Essay in Christian Moral Philosophy*,导论为 James M. Gustafson 所作,前言由 William Schweiker 所作。神学伦理学文库,Louisville, KY: Westminster/John Knox Press, 1999)。关于其他反思这一传统的尝试,参 Iris Murdoch,《作为道德指南的形而上学》(*Metaphysics as a Guide to Morals*, New York: Allen Lane/Penguin Press, 1992),也参 Maria Antonaccio,《描绘人性:默多克的道德思想》(*Picturing the Human: The Moral Thought of Iris Murdoch*, Oxford: Oxford University Press, 2000)。

但是,本书的论点也是对那种历史悠久的有关人类面临的基本问题的观念的一种激进的修正。一个"好人"可以在狭窄的范围(如"我的"社区)之内心怀善意;或者说,善可以被想象为仅在此世或即将到来的来世(比如说"天堂")里安居。我一以贯之的观点是,负责任的生存是在"诸世界"之间穿梭的能力;它是驾驭道德空间的能力,而此种道德空间能在时间里自反性地建构社会生存。说到底,那是谈论多元世界的时代的一种观点。道德正直的标记是以最终达到尊重和增进生命的整全性的方式,负责任地在不同的世界之间活动的能力。在当今时代,那是一种无条件的美德。而且谈论这一点,无可否认地是对我们的道德存在的方式的一种独特的洞察,即便这种方式与思想遗产具有连续性。但是,我们将如何谈论那些能够而且必须驾驭彼此撞击和冲突的诸世界的负责任的行动者呢?我们又将如何思考正直感,甚至思考对多元世界的时代里的自我、社群和社会的分崩厘析的意识呢?

人类作为道德的受造物,什么是其最基本、最确定的东西?良心(conscience)是谈论这个问题的一条路径。它是西方道德话语中最丰富的观念。由于这一观念的复杂性和关于良心的诸种理论范围广泛,显然本书既不可能也不意欲探讨其方方面面。① 但是,我的兴趣之核心是以良心为探讨道德存在模式的一种方式。用一个修辞学的术语来说,这是一种提喻法或举隅法(synecdoche),即用局部来说明人类生存的整体。就这个词的词源本身而言,它提

---

① 一般而言,良心这个术语一直是以两种方式得到使用的。它被用来指称道德理性的一种特殊能力或习性,它也被用来谈论我们作为道德性的受造物的整个生存的独特特征。不论以哪种方式谈论良心都会有问题,更不用说如何解释对这一观念的不同感受之间的关系了。为什么用良心这个术语,而不是用其他术语或一套术语来谈论我们整个的道德存在呢?如果良心是关于道德推理的,那为什么不只是谈论实践理性或决疑法?在本书的进程中,我将努力回答这些疑惑。同样地,我认为"良心"的生存论含义可以拓展由圣保罗在其《罗马书》中预告的洞见,并拓展他在良心、上帝的律法和创造之间构建的微妙联系。

示我们应该以（con）他人了解（scientia）我们自身，并要求我们明辨是非。据我的判断，人类乃是这样一种受造物，他们完全拥有在与他者的关系中解释其生存的奇异与惊人的能力，并且拥有尊重和增进生命的整全性这样一种感同身受的主张。我们能够观察和质问我们的自我感觉、还有我们对自身、他者和我们的诸个世界所形成的图景，并且借助于负责任这一要求来检验它们。

循道宗的创始人卫斯理（John Wesly）对此事论述颇为精当：

> 上帝让我们成为能思考的存在，能够感受眼下的事，能够反思或回顾过去的事。尤为可贵的是，我们能够感受任何发生于我们内心或生活中的事，能够知晓我们的所感所行——不论它是在发生，还是已经成为过去。当我们说我们是有意识的存在时，我们的意思是：他对与他本人有关的现在和过去的事物，对他自己的性情与外在的行为有一种意识或内在的感知。

卫斯理接着指出，"良心"以"意识"为前提，但对意识有所增益。良心的"要务"，他坚持道，"是宽恕或谴责，赞同或反对，宣告无罪或加以声讨"。① 留心一下当代心理学和文化力量对意识的影响，人们便不再可能像卫斯理和其他一些经典思想家假定的那样，相信自我对其自身是明晰的。尽管如此，良心仍是一种路径，可以用来谈论我们作为一种道德性的受造物而生活的最基本的方

---

① John Wesly，《我们自己的灵魂的见证》（*The Witness of Our Own Spirit*），收入《证道集》（*Sermons on Several Occasion*）第一辑（London：Epworth Press，1944），124页。我认为，我自己对良心的解释和对激进的解释的践行与卫斯理具有连续性，并因此而与对循道宗神学中一项基本主张的当代的、诠释学的解释具有连续性。关于更全面的解释，参 Schweiker，《责任与基督教伦理学》（*Responsibility and Christian Ethics*），尤其是第七章。

式。它指称的是生存的道德正直,而这种正直则是在评价、批评和与他人一起并对他人负责任等行为之中,并且通过这些行为而得以彰显。职是之故,所谓"堕落的良心"对自我以及与他人一起和对他人的基本关系的可怕瓦解而言,乃是一种恰当不过的象征。它暗示了作为真实的(lived)①实在之结构的"罪"(sin)的领域和各种道德疯狂,对此,我们将在本书中加以探讨。

我将努力揭示良心的观念如何使我们得以清楚地说明在一个人们必须活动于不同的"世界"之间的时代里的道德生活的样态;得到如此这般之解释的良心便是一种道德考核的实践,而此种实践必然会利用一个社群的价值与规范中的语言和概念资源。我们这些道德性的存在的劳作显然与我们生存于其中的社群密切相关,并且要受到这个社群的形塑。而这便意味着,各种传统和社群也必须同样对其系统性的曲解进行检验。更一般而言,作为一种激进的解释的良心乃是对我们能够利用的路径的命名,终究也要屈从于评价——个人和社会想象中的劳作。固然,"自然的道德知识"亦即加尔文后来所说的"对神的感觉"(sensus divinitatis),并非正确地生活所需要的全部。②良心本身必须接受考验,我们这些道德性的存在必须得到评价、判断,甚至被转化。但是,这只是

---

① Lived 一词在本书中出现的频率较高,本意为"有……之生命的",本书大多指"被经历过了的",经与一些专家商榷,觉得译为"真实的"较准确。——译注
② 加尔文在《基督教要义》(*Institutes of the Christian Religion*, 1559)第一卷第三章第一节中指出:"人心甚至由于自然的本能,也有些对神的感觉……每人心上总多少刻有对神的意识。"后来(第二卷第八章第一节),他阐明了此事;"良心不容许我们沉迷不悟,乃在内心做我们对上帝应尽职责的见证人和规劝者,叫我们分辨善恶,当我们偏离职责岗位时,它就会谴责我们。然而人既陷在错误的迷雾中,单凭着这种自然律,难以理解何种敬拜是上帝所嘉纳的,而敬拜当然也就远离正确的认识了。"[以上译文分别参考了徐庆誉译《基督教要义》,香港:基督教文艺出版社,1991年,第9、261页。——译注]加尔文的观点是,依赖我们的道德感来指明什么是正当的敬拜,极容易导向的不是上帝,而是善行正直,因而导向那种否认对基督之救赎行动的需要的虚骄。

说,正如我将要阐发的那样,良心这个观念提供了方法,可以用来分析和阐明我们作为受行为与关系限定的受造物的生命的深度、广度,但还有它的危险性。

因此,本书的观点是,我们生活在一个多元世界的时代;这个时代受到了过于人化的威胁之危害,危害之深,致使对生命的整全性的深度承诺成为必需。还有一种要求,即接受一种人道的但也是炽热的神学的生存观,以便摆脱反人道主义、乏味的世俗人道主义和宗教狂热。多元世界的时代不只是对全球性的社会境况的一种描述,它也触及我们作为个体的生命。在一个淹没在泛滥的传媒形象之中、并因此而淹没在社会性想象的凯旋之中的世界里,我们如何必须思考我们作为献身于生命的整全性的受造物的生活?为了做到这一点,我们需要良心,以之为阐明道德性的存在的特征和任务的路径。

文体与结构

由于基本主题已然清晰,现在就本书的方法与结构略费笔舌,以此结束这篇导论,也许不无裨益。本书的方法决不是直来直去的线性论证;与多元世界的时代本身非常相似,现在的思想也必须通过实在的那些复杂而又相互影响的方方面面而展开。本书各章采用不同的路径切入相同的思想领地;读者很快就会看清本书各章甚至各部分之间的关系,比如说像情感与那些形塑并且扭曲人类生存的文化形式之间的关系,即是一例。全书中还有一种对圣经创造叙事的引申的释经学,本书对此种创造叙事与关于生活的道德秩序的其他思想的象征与神话形式进行了比较。此举意在帮助消除那种将宗教资源驱逐出伦理学的做法,也意在揭示这种宗教资源对于任何对我们这个时代的道德挑战有兴趣的人士的重要意义。

目前,在那些研究诸群体与传统之象征、叙事和圣典的思想家中,有一场相当可观的争论;这一争论事关解释这些资源——尤其当它们是宗教资源时——的最佳方法。在很多方面,这些方法上的差异取决于思想家如何将历史研究与其目的联系在一起:此种历史研究旨在理解传承下来的经文、象征与话语的奇异性或差异性,而研究的目的则是揭示它们的当代意义与真理。在本书的进程中,见于目前这场争论中的各种不同的立场都将得到考察。

两种形式的诠释学看来显然不足以胜任伦理学的工作。前批判的推理形式试图从对文本——比如说圣经——的直截了当的字面解读转向当下的生活,但对文本的历史和文化背景或解释者的境遇则不加任何反思。类似地,所谓历史——批判的方法也经常将文本的意义锚定在其历史背景之中,这种做法蕴含着这样的含义:历史资源对现在的思想几乎无话可说。历史的距离胜过了当下的意义。绝大多数当代神学家和宗教思想家都避免这些选项,而寻求那种被称作后批判的诠释学的某种版本。这些立场是批判性的,因为它们通过使用哲学的、文学的、政治的、心理学的甚至是性别学形式的分析,将原始资料交付给密集的历史解读。但是,它们仍然是后批判的,因为那种分析是解释活动的一部分,而不是它的终点或要旨。对任何后批判理论来说,解释的目的是揭示作品的当代意义与真理,它想要为当前生活的动力之内的更新性的研究开放文本、象征或事件。

但是,这里也有一些差异。对有些思想家来说,诠释学的任务是追溯作为经验与道德认同之本质的内在于经文(或任何文本)的关系。据我的判断,这些跨文本的或叙事性的路径像前批判的解读一样,冒着遗忘读者和文本之间的历史性距离的风险。它们做出了这样一个假设,即人们完全可以在圣经的语言世界或一个群体的信仰系统之内进行思考。相反地,有些思想家则试图将文本和当前的经验联系在一起。这种关联法(correlational approaches)似乎也是有问题的。它们必须假定,一个文本会在一种象征形式中莫名其妙地"表达"出一种意义,而此种象征形式能够与那种对非象征性的分析是开放的人类共同的生存经验联系在一起。而尤其是在一个多元世界的时代里,是否有这种经验,或者任何人类生存经验是否不因其通过象征和语言形式而得到表达的方式而发生变化,则是完全不清楚的。最后,还有一些解构主义或后结构主义的理论;这些见解试图将不稳定性封闭在文本之内,而该文本在每一个解释行动中都会刺激意义的增生。这有助于颠覆那些不易更改的理解,但很难看清这种路径如何能为道德思考提供许多助益。这些见解的目的是厘析出这样的观点,在这种观点中,一种解释的有效性胜过另一种解释的有效性这样的问题被迫缄默下来了,而剩下的只是意义的增生。但是,那种没有对有效性给予判断的意义的产生,几乎不会为行动与关系提供真正的导向。

　　本书阐发的路径也是后批判的,它是一种解释的诠释学,或者像我在别的地方所说的那样,是一种"模拟的"诠释学。① 对文本或神话的解释旨在阐明那些真实的实际经验的复杂性,以使对生活的道德空间的新的理解成为可能。有一些共同的人类需要、挑战,乃至美德,在这一点上,"关联论者们"(correlationists)是正确的;但生活实际上如何得到理解,则与那些我们不得不阐明其意义的独特的资源密切相关。但是,为了使任何确定的意义在道德上是有效的,它必须作为对实际生存的复杂性的解释而得到认可,同时还要为生活提供方向。这样,解释行为就不只是停留在文本的世界里,相反,它会确认或者重新规定实际生活中的文本、象征或事件,正如实际的生存证实或者否定那种对生活的提议一样。这

---

① 参 William Schweiker,《模拟的反思:诠释学、神学和伦理学中的一种研究》(*Mimetic Reflections: A Study in Hermeneutics, Theology and Ethics*, New York: Fordham University Press,1990)。

意味着,我们有时会与那些后结构主义者一道逆着文本本身来读解它,并因而将一种叙事或象征中的不稳定的一些要点厘析出来。那种"阅读"的目标不是追溯意义的产生,而是提供对真实的经验结构的更好的把握。文本、象征和概念必须依据其描述性的力量——它们的语义学的和现象学的结构——还有它们的历史和社会的受益蒙恩状态,而得到理解。如果没有这样的分析,我们就极易沦为那种使我们对生活的真实动力盲然无知的抽象观念的牺牲品。本书中进行的对文本、概念和经验的解释揭示了那种形塑生活的诸多力量,正如它阐明了生存的道德特征一样。

更学术化地说,见于这部伦理学或道德哲学著作中的运思方法是一种诠释学的现象学。我试图阐明和分析实在的真实结构,因为它"显现"在那些就历史和文化而言远离我们的象征、文本和叙事形式之内。人们因此便假定,我们可以通过解释的劳作间接地接近我们生存的复杂性,正如生活本身最终并不是非理性的,或者是一片混沌一样。而且,更进一步地说,我从事这项诠释学和现象学的劳作,是以之为最终详述一种道德本体论的路径,也就是提供对生活的道德空间的结构、还有对作为良心的道德存在的最基本的方式的解释的一种路径。总而言之,本书之伦理学是用来分析和阐明实在的真实结构、以便为生活提供导向和指导的一种路径。① 其显著的特征是从神学角度来理解人的实在与人生,而其伦理目的则是帮助作为行动者的人类思考其生活,并负责任地处理他们的生活。本书的风格显示了独特的运思方式与我们努力思

---

① 古斯塔夫逊(James M. Gustafson)不无神益地将神学界定为解释世界的一种路径。我修改了这一定义,目的是强调神学研究(分析与阐明)的特定的任务、它的经验性和生存性的中心(真实的实在结构),以及思想的实际意图(为生活定向并指导生活)。关于这一点,参 James M. Gustafson,《来自以神为中心的角度的伦理学》(*Ethics from a Theocentric Perspective*, 2 vol, Chicago. IL: University of Chicago Press, 1981,1984)。

考的问题,即如何在一个多元世界的时代生活这两者之间的一致性。而且,本书是按照这样一种方式撰构的:充分阐发这篇导论中提出的思想。

本书由三个部分组成,每个部分都经历了相似的思想进程。第一部分是对当今世界境况和有关创造与新创造的思想的考察。在这部分里,先是描述境况(第一章),然后过渡到更详细地解释多元主义对道德反思的挑战(第二章),最后过渡到对贪婪的探究(第三章),而这一切都是就多元世界的时代乃是受经济力量以及文化和政治力量之驱动而言的。简言之,第一部分是在作为意义空间的当代生存之中来探析"诸世界"之间的互动。

第二部分转向时间(time)①这一主题,这部分始于第四章,对基督教有关时间的信仰的道德含义做了比较分析。接下来的第五章则更详尽地考察了有关时间的信仰如何与紧迫的伦理问题——具体而言,即是如何回应仇敌——产生关联这一问题。这一点与第三章探讨的多元主义的实在颇为相似,只是这一章明确地关注人类的冲突这一问题。第二部分终结于第六章,考察了政治宽恕及其必要性——如果人类历史还想在多元世界的时代持续下去的话。横跨第一部分与第二部分的有关多元世界的时代之画面,是以一种比较和解释性的方式得以呈现出来的,同时也阐明了全球性的诸多问题。

第三部分则过渡到社会想象和良心,它对本书前面两个部分中已经提出的问题给予了反思,这些问题从一种独特的伦理学视角来看,也会引发想象。第三部分一开始即一般性地讨论了诸种道德理论类型之间的关系,有关圣典在宗教和哲学伦理学中的运用的各种主张,及其对良心的含义(第七章)。接下来的第八章则

---

① 作者在本书中使用的 time 一词既有时间之意,亦有时代之意,由于汉语中没有这种包含双关含义的对应词,译者在翻译时只能酌情而定。——译注

致力于对各种宗教架构进行比较分析,以便杜绝宗教狂热的可能性。这里,多元主义的问题又以类似于第二章和第五章的方式出现。但是,第八章的中心是讨论宗教多元主义和冲突的现实。第九章考察道德疯狂的观念,此种良心的沦丧展示了那些深为人们所抱持的宗教和道德信仰也能导向毁灭的方式。因此,如何反击宗教信仰的邪恶潜力的问题,就被引入到良心与伦理反思的劳作之中了。

本书以返回神学人道主义为结尾。本书如此结尾时,充分意识到了我们当下的境况之复杂性、我们现在所面对的深刻的道德挑战,也注意到了各道德世界之间的全球性的冲突。神学伦理学超越于过于人化的钳制之外,揭示了精神能够在其中生存和运动的超越性的空间。

思想的喧嚣

本书是多年来反思我们在当今全球化境况中的喧嚣的、而且经常是充满暴力的生活现实的产物。问题是如何在熹微之中确定生活的方向,我相信,所需要的是,在那些在全世界激发信仰和行动的宗教与文化势力之内掀起一场道德革新。持有善良意志和严肃信仰的人们必须悔改其传统中的糟糕遗产,学习他人的道德洞见,并着手完成这样一项任务,即以其信仰中最人道和最高雅的教义为生。下文的目的即是对如今多元世界时代里每个人都面对的思想的喧嚣助一臂之力。

创造与世界的建构

第一章　全球动力和生命的整全性

阿里斯托芬的世界

"旋转（whirl）为王,已然将宙斯逐出",①希腊戏剧家阿里斯托芬的这行诗仍广为流传,这显得颇为怪异。让我们回想一下诗人诗句背后的神话吧。宙斯逃脱了他的兄弟姐妹们的命运,他们全被其父太阳神克罗诺斯所吞噬,其父之名意为"时间"。及至成年,宙斯哄骗克罗诺斯释放了他的兄弟姐妹——"时间"从他的胃部拽出了他的孩子们——而同是这些孩子们却对父亲和巨人们发起了战争。大获全胜后,宙斯在奥林帕斯山上被加冕为天神,即世界的至高统治者。于是,秩序战胜了混乱。世界诞生于暴力与战争,但现在,旋转——实在的初始的巨大力量——已然以被压制的力量而得以返回;旋转战胜了世界的秩序。

不论这个故事对希腊人意味着什么,这个古代神话在我们的

---

① 本章最初作为"伦理学序言:全球伦理与生命的整全性"提交给2000年2月在巴克内尔大学（Bucknell University）召开的宗教研究论坛。

时代产生了深刻的回响。① "全球性"——一种对世界作为一个整体的强烈意识——不久前产生于20世纪血腥的政治、种族、经济和殖民冲突。我们都深知,现代西方的政治不仅给我们提供了民主,也给我们带来了毒气室。科学和技术发现了治疗古老疾病的新药,但也遗留下了一种生态危机。全球资本主义的传播不仅带来了巨大的经济生产力,也给不计其数的人民带来了荒唐和致命的贫困。于是,很多全球化的理论家们全力关注这些在政治关系、经济制度和技术传播之内发生的从"现代性"到"全球性"的转向,也就不甚奇怪了。

可悲的是,这些理论家经常不能严肃对待世界宗教对全球化的深刻影响,或者,他们纠缠于宗教的极端表现形式,比如说世界性的原教旨主义。怪异甚矣!佛教、基督教和其他传统仍然是这个星球上全球文明最古老、而且仍然是最有力的运转形式。这些宗教跨越国家、语言、文化、经济和种族,重塑(不论好坏)人类的进程,并且被这些进程所改变。确实,宗教长时间以来一直是"全球化者"(globalizers)。此外,那些确实考量全球化的文化向度、并因此偶然论及宗教的理论家们,总是以一种明确的非道德的方式来界定文化。这也是很怪异的。正如汤林逊(John Tomlinson)所指出的那样,"文化"可以被界定为"生活的秩序,人类在这种秩序中通过象征性的表现实践而建构意义"。② 但是,任何"有意义"的生活方式都需要关于人们应该如何生活的信仰,也需要有关人类行为和关系的规范。不论我们对人类还有什么别的说头,我

---

① 当然,人们可以利用心理学的范畴、尤其是弗洛伊德的范畴来考察这个关于孩子与父亲之间的争斗的神话。本章的部分要旨是处理思想的社会文化范式与对宗教话语的解释之间复杂的辩证关系。设若如是,则心理学的范畴尽管重要,在下文中却并未得到排他性的使用。但必须注意的是,在本书全部的探究中,巨人神话都被一种富有心理学意义的不同的关于创造的想象所颠覆。

② John Tomlinson,《全球化与文化》(Globalization and Culture, Chicago, IL: University of Chicago Press, 1999),第18页。

们——不论发生什么事情——都是评价性的受造物。无论谁界定什么是被珍视的、什么是一种文化所尊重的,他都拥有一种独特的社会权力。① 在任何对文化、哪怕是全球文化潮流的探究中,道德问题都会出现。

就此而言,如果我们留心宗教和道德问题,以及古老的天体演化神话,亦即关于世界的起源的故事,我们就能揭示全球化的文化动力。② 这种神话用于启发式和诊断学的目的,但是,人们却能详细揭示它与见于大量西方理论家中关于社会生存的基本概念之间如何关系密切。像霍布斯这样的现代世界黎明时期的思想家,以及晚近如冷战时期的政治现实主义者们都亲眼目睹了由为了权力而导致的冲突和争斗所创造的社会文化世界。建基于阶级冲突的马克思主义者的社会分析—如有关市场之本质的新古典主义的分析一样,都坚持斗争乃社会生活之根本。宙斯和克罗诺斯的故事恰好抓住了大部分现代西方理论的基本观念。而且,就全球化能够被视作——用阿帕杜莱(Arjun Appadurai)的精当之语来说——"全面的现代性"而言,关注这个"神话"——也就是道德想象的一个产物,便可能有助于我们理解和回应全球动力与文化潮流。③

因此,本章要处理的问题是文化创造和世界建构范围之内的

---

① 这是尼采深刻而又不朽的洞见,见其《论道德的谱系》(*On the Genealogy of Morals*, Walter Kaufman 和 R. J. Hollingdale 译, New York: Vintage Books, 1989)。
② 围绕着"神话"的定义问题并不少于围绕着"文化"和"全球化"的定义问题,我不介入这些争论,借助于宗教史以及诠释学理论方面的著作,我获知不少信息。关于这一点,见 Wendy Doniger O'Flaherty,《其他民族的神话:回音的洞穴》(*Other People's Myths: The Cave of Echoes*, Chicago, IL: University of Chicago Press, 1995)和 Paul Ricoeur,《诠释学与人文科学》(*Hermeneutics and Human Sciences*, John B. Thompson 编译, Cambridge: Cambridge University Press, 1981)。
③ 见 Arjun Appadurai,《全面的现代性:全球化的全球向度》(*Modernity at Large: Global Dimensions of Globalization*, Minneapolis, MN: University of Minnesota Press, 1996)。

道德想象之运转。戈诺费(Jonathan Glover)写道:"对道德想象来说,重要的是,考察从人的角度来看什么是重要的;当它受到激发,就会出现人类之反应的突破,否则,就会被诸如距离、部族主义和意识形态之类的东西弄得失去活力。"①稍后,我们将努力利用不同于提坦(Titans)神话的故事,以便激活我们的道德想象。然而,做这类论证的意图需要得到领会;这一论点并非诉诸那种旨在针对"世界"的暴力而展示基督教之独特性的信仰资源。那种在保守的、后自由主义的北美神学研究者中大行其道的观点,没能领会我们居于其中的社会境遇的复杂性。② 它假定,一个社群的"认同"能够以一种外于全球动力的压力的方式得到形塑。但是,那种认为任何社群、任何传统都能自外于与其他文化和社群的自反性互动而保持纯洁的观点,在多元世界的时代是站不住脚的。即便是拒斥或否定这些自反性的关系,也要牵连于全球化的进程之中。罗伯特逊(Roland Robertson)敏锐地评论道:"传统的观念是一种现代现象——是已经成为现代性的一种特征的反现代性的一种形式。"③因此,人们从事诠释学工作,以探究各种有关起源与道德秩序的"神话"的道德意义,并非出于想在其自己"传统"的围墙内保持安然恬适的渴望。对世界的任何感知都是借助于传统而获得信息的,而这个事实则允许我们公开地、批判性地探究宗教。这个时代提出的道德挑战意味着,伦理学家必须致力于研究诸种宗教及

---

① Jonathan Glover,《人性:20 世纪道德史》(Humanity: A Moral History of the Twentieth Century, New Haven, CT: Yale University Press, 2000),408—9 页。
② 关于这方面富有原创性的论述,参 George Lindbeck,《教义的本质:后自由主义时代的宗教与神学》(The Nature of Doctrine: Religion and Theology in a Post-Liberal Age, Philadelphia, PA: Westminster Press,1984)。
③ Roland Robertson,"全球化与'传统宗教'的未来"(Globalization and the Future of 'Traditional Religion'),载《上帝与全球化(第一卷):宗教与公共生活的力量》(God and Globalization vol. 1: Religion and the Power of Common Life, edited by Max L. Stackhouse with Peter J. Paris, Harrisburge, PA: Trinity Press International, 2000),58 页。

其与全球文化潮流之间的自反性关系。①

再补充一点导论性的评论是恰当的。除了对阿里斯托芬诗句的经验性回响外,由于另外一个原因,阿氏的这一诗句还是我们在本章中所作研究的标语。1929 年,著名报纸专栏作家李普曼(Walter Lippman)撰写了一部题为《道德引言》(A Preface to Morals)的名著,②李普曼将阿里斯托芬的同一诗句用作其著作之中心。简言之,他立论以为,现代世界是这样一个世界,其中传统社会秩序的侵蚀已然导致宗教信仰和社会凝聚力的丧失,旋转已经复归。李普曼接着开始赞美现代性的独特之处和无信仰时代里的生活的诸多可能性。我们的世界不再是李普曼的现代性,多元世界的时代是这样一个时代,其间,所有生命形式——从分子结构到雨林——的命运都与人类的力量与文化形式的扩张和运用密切相关。受到威胁的乃是生命的整全性。③ 宗教能回应这一新的情况,增进人类的繁荣,并保护地球吗?

为迎接对生命的整全性的这一挑战,本章的剩余部分将勾画出伦理学的新序言,它将在本书的其他部分得到阐发。第一步是阐明作为多元世界时代的一个因素的全球化的意义。

---

① 换言之,我在本章中是在顺从由康德和大多数近代哲学详细阐述的要求,也对其加以改进。让我们回想一下,康德在《纯粹理性批判》一书中承认和坚执人类理性的有限性,与此同时,他也确保我们可以致力于沉思那些持久地占据着人类心灵的问题,如事物的起源与终结、乃至死亡与不朽。我对此加以补充,主张全球性问题意味着我们必须考量这些问题,并利用传统的象征资源来做这件事。然而,所有这一切都停留在道德反思的语境之中。因此,为了讨论起见,我在就宗教对伦理学的贡献这一问题进行完全公共性的论证。但是,现在关切的乃是理查德·尼布尔所说的"基督教道德哲学"。见其《负责任的自我:基督教道德哲学论集》(The Responsible Self: An Essay in Christian Moral Philosophy,导论为 James M. Gustafson 所作,前言由 William Schweiker 所作,神学伦理学文库,Louisville, KY: Westminster/John Knox Press, 1999)。
② Walter Lippman,《道德引言》(A Preface to Morals, New York: Time, 1964)。
③ 对"生命的整全性"这一观念更充分的解释,见第二章,亦见本书导言。

全球化动力与世界的建构

全球化动力（global dynamics）一词意指一个简单而又重要的事实，即我们关切的乃是社会文化的和经济的进程与结构，而不是带有大写的 G 的全球化（Globalization）。怀特海（Alfred North Whitehead）为使用以大写字母开头的词，如"现代性"、"启蒙"和"全球化"的学术嗜好造了个好词，他称之为误置具体性的谬误（fallacy of misplaced concreteness）。① 我们必须避免错误地将一个抽象的观念如全球化认作一个实际的具体事物；而且，我们也必须避免其他形式的化约主义，比如说，相信仅仅一种分析形式——经济的、政治的、文化的、神学的，或者伦理学的——就能说尽一切。像很多现象一样，全球化也是如此：错过复杂性，你就错过了目标。本章中的"全球化"乃是一种通过对环环相扣的社会与文化动力和结构的描述而得到揭示的复杂的实在。

我们还可以更加准确一些。全球化乃是"快速发展并且不断凝缩的相互联系与相互依赖的网络，而相互联系与相互依赖则构成现代社会生活之特征"。② 罗伯特逊则正确地坚持全球化意指"世界的凝缩"；世界显得更小，而且，我们日益将其想象为一个世界。就此而言，"全球性"是"从社会到世界的现代性的一个放大，它是一种全球规模的现代性"。③ 首先，世界的凝缩之特征可以

---

① Alfred North Whitehead,《科学与近代世界》(Science and Modern World, New York：Macmillan,1948)。
② John Tomlinson,《全球化与文化》(Globalization and Culture),2 页。
③ Roland Robertson,《全球化：社会理论与全球文化》(Globalization：Social Theory and Global Culture, London：Sage,1992)，也参 Anthony Giddens,《现代性与自我认同：现代晚期的自我与社会》(Modernity and Self-Identity：Self and Society in the Late Modern Age, Standford, CA：Standford University Press,1991)和 U. Beck, A Giddens 与 S. Lash,《自反性现代化》(Reflexive Modernization, Cambridge：Polity Press,1994)。

通过不断增加的生活的社会文化密度得到刻画,而这种密度则是由移民和经济发展所导致的。尽管全世界都有一些群体希望如此,但情况不复如此:即社会在任何简单的意义上是一种同质的实体。在我们的时代,人员的大规模迁徙在大部分地方已经使得多元文化主义成为一个事实。当社会密度变成自反性的,也就是说,当我们开始在与那些确实异于或者不同于我们自己的人群的关系中,并且通过这种关系来理解我们自己时,我们就拥有了可以被称作"接近"(proximity)的东西。"接近"并非单单意味着相距遥远的人,现在或者借助于传媒或者通过移民而密切得近在咫尺。"接近"是一种道德挑战:如何与那些身处形塑着其自身的社会和认同的强有力的力量之中的他人共同生活?① 这就好像他人的世界与心灵进入我们自己的世界和心灵,而我们则进入他们的心灵与世界。

借助于经济力量而获得生机的社会密度和接近的一个明显的事例是诸多全球化的城市。萨森(Saskia Sassen)在她的巨著《全球化及其不满分子》(*Globalization and its Discontents*)中指出:"城市确实是作为新主张的场所而出现的:它借助的是将城市用作'一个有组织的货场'的全球资本,还有城市人口中的贫穷部分,后者在大城市中通常像资本一样是国际化的存在。"② 任何看过 2000 年新年庆典影像的人,都不得不因各大城市——巴黎、伦敦、莫斯

---

① 有些理论家如汤林逊(Tomlinson)曾论及"复杂的连通性"(complex connectivity),而不是社会密度,并且在地理意义上理解"接近",这样会错失社会密度的道德挑战。见 Tomlinson,《全球化与文化》,尤其是第一章和第五章。在谈论"接近"时,我的用意是彰显隐蔽在连通性本身之中的道德挑战。关于将"接近"作为他者的挑战予以探究,而又不关注全球化问题的思想家,见 Emmanuel Lévinas,《存在之外或超越本质》(*Otherwise than Being or Beyond Essence*, Alphonso Lingis 译, Boston, MA: Martinus Nijhoff, 1981)。
② Saskia Sassen,《全球化及其不满分子》(*Globalization and its Discontents: Essays on the New Mobility of People and Money*, New York: New Press, 1998), xx 页。

科、纽约——中集中集会的活动方式而深感震惊。诸多大城市乃是作为一种异质但却连贯一致的经济和文化进程的全球化的关键场所或地点；国际性城市是这样的"地方"，在那里，人们的认同，对自我、他者和更大的世界以及价值与愿望的感受处于地方性的境地，但又被全球动力所改变。① 例如，耶路撒冷的一家夜总会的音乐特色是将传统的音调和节奏与摇滚乐和爵士乐熔冶于一炉。因此，见于大都市的世界的凝缩对新的自我理解的形成，尤其是对那些流离失所的人们来说，乃是一种及时的恩赐。但是，"接近"——一个传统的以色列人遭遇到全球性的音乐——乃是这样一个问题，即如何与那些是他者却进入到我们的生活之中的人发生关联。当这些"他者"被卷入了苦难的历史之中时，这个问题就特别尖锐；世界的凝缩使我们遭遇到了如何在他者乃至仇敌之中生活的问题。全球性是一种理性的空间，其标志是暴力和同样多的创造与发现。

世界凝缩的原因是社会密度。但是，世界的凝缩本身又意味着人类的意识在拓展，可以将世界看作一个整体。这种意识的拓展有一段漫长的历史；在西方，古希腊的历史学家们努力撰写"世界历史"，一如早期基督教思想家和罗马斯多亚哲学家们谈论"世界上有人居住的部分"或者整个文明"世界"一样。换言之，"建构世界"的观念，亦即人类超越地方性认同而整合一致的观念，乃是一个古老的观念。将"全球化"运动莫名其妙地仅仅理解成西方帝国主义或资本主义的产物是一种诱惑，这样做会错失我们正努力理解的现实的历史复杂性。但是，我们也不应该否认我们的处境的新颖之处。地球作为一个在围绕着太阳的静舞中漂浮的蓝

---

① David Harvey，《后现代性的条件：文化变迁的起源探究》(*The Condition of Postmodernity: An Enquiry into the Origins of Cultural Changes*, Oxford: Blackwell, 1990)。

绿球体的画面，对人类的想象来说，只是在所谓太空时代才是可以获得的。全球资本的传播也已将人们结合在一种复杂的相互依赖的网络之中；事情并非如此简单，即我们现在可以通过电视、收音机、互联网和市场获得关于世界其他地方的信息，尽管这是重要的。更有甚者，"世界的凝缩"意味着建构世界的想象工程之中的一个新的时机；人们日益生活在一个居间但又是同步的现在之中。建构世界像接近一样，是一个自反性的过程：将世界理解成一个会把其中所有的地方都相对化的世界，不然就会像通常发生的那样，声称某人自己的文化、宗教和民族是世界的轴心（axis mundi）。但是，由于有如此之多的文化与社会，难道真的只能有一个世界中心？

　　从文化的角度来看，全球化是一种复杂的、相互联系的动力：凝缩，还有人们的接近，以及意识的拓展和世界的建构。吊诡的是，正当人们能将世界想象为一个世界之时，社会密度的现实却使人们遭遇到了接近的问题，遭遇到了他者。我们如何看待世界和他者、乃至他者对我们的感受，反过来又会形塑我们的行为、关系和认同。有很多方式可以回应那些外于、异于我们自己的人。有时，比如说在面对像世界贸易中心这样的由恐怖主义者发动的大规模毁灭时，对事件的深恶痛绝在道德上是正义的，也是必需的。① 但是，人们也知道有一些生活方式和信仰体系，是我们愿意进入，但又确实不能进入的。② 全球性的自反性（reflexivity）是伴随着在回应他者时遇到的巨大的道德挑战而

---

① 这里的要点显然并非要对其他的人民、文化和宗教进行妖魔化。这里的要点是，宽容有其合理的限制，对行为和事件做出价值判断是重要的。关于宽容与对不能容忍者的判断之间的复杂关系，见下文第六章。
② 关于对这一问题的所作的敏锐讨论，参 Lee Yearly,《新的宗教美德与宗教研究》（*New Religious Virtues and the Study of Religion*, Tempe: Arizona State University Press,1994）。

来的。

让我们弄清自反性的含义。自反性可见于经济形式与文化形式。想一想想象与世界性的消费之间的关系吧。通过商品的流通，人们的消费范式正被那些是不同的、那些是有差异的东西所形塑和改变。无论乔丹的"形象"在什么地方渗透到一种文化之中，那个形象都赋予耐克鞋以市场增值。就连达赖喇嘛也被苹果用来销售其电脑！阿帕杜莱已经指出："消费现在是一种社会实践，通过这一实践，人们被吸引到一种幻想的作品之中。"①社群和个体从一堆杂乱无章的传达全球性自反性的形象和观念中塑造有意义的生活，而其塑造的方式则能够成为抵御经济强权的方式；这也是参与那些结构和过程的手段。让我们考虑一下另外一个显然是宗教和文化的自反性的事例：一座印度寺庙最近在乔治亚州的亚特兰大建成。困难来自汤伽拉吉（Thomas Thangaraj）所说的印度人"天生的虔敬"（bio-piety）。② 虔敬要求亚特兰大的印度人社区努力复制一个特定的"空间"，这个"空间"本在印度，但现在显然处于一个根本不同的物理的—社会的—文化的语境之中。建造这个寺庙是一种意识的拓展，在这种拓展中这个社区的成员在全球性的景观中以不同的方式看待他们的生活，但它也重塑虔敬。

许多理论家都主要是在经济意义上，或者通过国际关系来思考全球动力。例如，人们会通过阅读而知晓世界的"麦当劳化"，在这里，在经济的标准化、理性化和消费主义的一致性的重压下，文

---

① 见前引 Arjun Appadurai，《全面的现代性》，82 页。
② M. Thomas Thangaraj，"从基督教神学的角度看印度教与全球化"（Hinduism and Globalization: A Christian Theological Perspective），收入《上帝与全球化（第三卷）：基督、世界信仰和文明的领地》(*God and Globalization vol. 3: Christ, The World Faith and the Civilizational Dominions*，Max L. Stackhouse 等编，Harrisburg, PA: Trinity Press International, 2001）。

化差异遭到挤压。① 类似地,国际性的法庭、协定、非政府组织,以及从北约到欧盟、从联合国到世界法庭之类的政治组织的发展,彰显了那些为旨在进行合作与将冲突最小化的国家间的会商和互动而设立的论坛。正义是否得到这些发展的助益尚是问题。另外一些思想家则正确地指出,在国际法和正在传播着的市场资本主义必需的一致性背后,是事实上深刻的差异性势力。这种一致与差异、同质与异质、全球性与地方性的辩证法,看来会成为多元世界时代的"全球化"的自反性动力的持久标志。

否认以下的事实委实是非常奇怪的:我们必须探究那些驱动和阻挠全球化的经济力量和国际关系。在当下"对作为一个整体的世界的建构"②中,这些因素无疑都是最重要的。在本书后面,我们将回到经济问题上(比如,参看第三章)。但是,无论何种形式(经济、政治)的全球化,都是一种文化动力。作为一种商品的耐克鞋在任何地方都是同样的物质性客体,但是,与南非的贫民区相比,纽约市一个篮球场上的耐克鞋就具有不同的价值和意义;而这正是为什么耐克鞋在不同的文化语境里具有不同的市场价值的部分原因之所在。即便是民主的意义与运作,也比一些政治理论家先前相信的更加在文化上具有依赖性。更有甚者,在这些因素之间,无疑存在着一种复杂的互动:也就是说,被渴望的商品(耐克鞋)被用于社会实践(体育运动),而社会实践则处于政治抱负(民主)和经济互动(国际贸易)的包围之中。不管人们是否考虑后殖民社会和经济形势中那些流离失所的人民的新的认同的形成,或者信息技术的世界观,社会结构和文化劳作的同生共栖形塑着我

---

① 参 B. Barber,《圣战对麦当劳世界》(*Jihad vs. McWorld*, New York: Time Books, 1995)和 G. Ritzer,《社会的麦当劳化:变迁中的当代社会生活之特征研究》(*The McDonaldization of Society: An Investigation into the Changing Character of Contemporary Social Life*, Thousand Oaks, CA: Pine Forge Press,1993)。

② Robertson,《全球化》(*Globalization*),53 页。

们思考和生活的方式。"文化"——并非一个统一的东西（请记住怀特海的警告）——是人类试图通过象征表现的实践而使其生活富有意义的作品。就象征表现总是需要那些总体而言为人类的行为创造了一种理性的空间的价值评估与动机而言，文化形式对社会生活是有影响的。① 所有形式的文化劳作都是锻造全球性的力量之一；它是那些见于自反性与世界的凝缩之中的一致性与差异背后的动力角色。

现在，我们面前已经拥有全球化的动力：(1)集中体现在大都市之中的货币与人口的流动，这是一种摧毁了同质性社会实在，并引发了"接近"问题的流动；(2)经由传媒和市场而导致的意识的拓展，它使得我们日益将世界描绘成一个世界，并且是在统一的"时间"中进行描绘，但在这样做的时候，却使得我们的生活相对化；(3)经济、政治和文化动力之中的自反性动力，它借助于那些是他者的、恰恰显明于意识的拓展和世界的凝缩之中的东西，改变着人们的认同。在某些方面，所有这一切都并不新鲜。人们一直以来总是由于各种不同的原因而在流动，一直都存在着货币与形象的经济，不同的民族和传统长久以来都在互动，而且经常是以暴力的形式互动。但是，全球动力却是这个时代的独特标志。人们对这

---

① 关于对文化争论富有启发性的解释，见 Kathryn Tanner，《文化理论：神学的新议程》(*Theories of Culture: A New Agenda for Theology*, Minneapolis, MN: Fortress Press, 1997)。关于简明——如果颇富争议性的话——的解释，也见 Tomoko Masuzawa 的"文化"(Culture)，收入《宗教学关键词》(*Critical Terms for Religious Studies*, Mark C. Taylor 编, Chicago, IL: University of Chicago Press, 1998)，70—93 页。以经济为下层建筑、意识形态/文化为上层建筑的老观念——无论如何，它从来都不是差强人意的——在思考全球动力时，无疑必须被克服。这些因素（表象、评价和动机）一直都为古典社会学的巨人们所关注。例如，马克思(Karl Marx)努力从作为一种表象空间的阶级斗争的角度来理解资本主义的发展，而这种表象空间则得到了那种将工人和资本家一同推入经济生活的辛劳之中的意识形态的赞同。在韦伯(Max Weber)对近代资本主义的兴起的分析中，亦可见出同样的因素。

些发展不敢天真对待。我们应该预期社会认同——接近的问题——和意识的拓展将会——尤其是围绕着匮乏的自然资源和仇恨与苦难的遗产——导致系统的冲突和精神混乱。在全球动力的范围内,分裂和冲突的优势与整合和日益相互依赖的力量的优势不分上下;旋转与宙斯彼此争斗。

现在已厘析出来了的全球化动力,亦即在社会系统之中并借助于社会系统(经济、传媒和政治)运作的接近、意识的拓展和自反性,都深深地受到文化事项亦即象征表现、价值评估还有动机的制约。作为一种理性的空间,全球性实际上是一种表象的空间,一种新兴的文化性的与想象的实在。我们以一种特定的方式看待我们自己、他者和世界,这种方式又形塑着对自我、他者和世界的感受。全球动力受到深刻的文化评价的驱动,也对这种深刻的文化评价构成挑战。文化力量与经济和政治力量一道明显地激励人们进入全球景观。如果我们想理解世界景观中的宗教的力量,这种全球性的社会和文化动力必须被理解成正在形构一种道德空间。于是,在这种伦理学的新序言中,我们便转向第二个、也是更具争议性的步骤。

作为道德空间的全球性

一种道德空间乃是这样一种语境,个人或者社群必须在其中就关于什么是较高或较低、较好或较坏的引导生活的方式的一些观念,为其生活确定方向。① 在这样的"空间"中,我们关注的是行

---

① 我从泰勒(Charles Taylor)那里借用了"道德空间"这个术语,但以一种不同的方式给予了阐发。见 Charles Taylor,《自我之源:现代认同的形成》(*Source of the Self : The Making of Modern Identity*, Cambridge, MA: Harvard University Press, 1990)。也参 William Schweiker,《价值与信念:后现代时期的神学伦理学》(*Value and Conviction : Theological Ethics in the Postmodern Age*, Cleveland, OH: Pilgrim Press, 1998)。

为的理由,而不是事件的原因;我们想详细解释人类行为,而不是自然现象。这样界定之后,每一种文化——以及全球性本身——便都是一种道德空间;它是一种规范性理性(normative reasons)的空间。对道德空间的洞察需要我们想象代理者(个体的或者社会的)具有如下的能力或力量,即有意识地行动、提供原因,并就关于什么是善的导向性观念而言,对行动进行指导。如果没有代理者(比如说个人、或者像公司或国家这样较大的社会实体),或者他们屈从于顽固的决定论,或者这些代理者缺乏行动和做出决定的力量,或者事实上没有关于什么是较好的和较坏的东西的导向性观念——这些观念是由那些确实拥有有意识地行动之力量的代理者所持有的,那么,道德空间这个观念本身就毫无意义。论证没有代理者,可能在哲学上是颇有诱惑力的,但与此同时,在我们实际的现实生存中,很难怀疑他们的真实性。事实上,全球化的当下动力依赖于自15世纪晚期以降西方统一的民族——国家的出现及其影响,还依赖于同一时期处于发展之中的个体乃至"人性"的观念,并且使之激进化。

　　当然,人们会为这一发展深感惋惜;人们可以将现代有关个体和国家的观念视作具有异化性和破坏性的。思想家们一直努力通过集中关注相互依赖的内在关系,来矫正现代西方的个体观念中的根本缺陷。① 但事实仍然是,全球化已然从这些现代的代理者——个体与国家——中,以其当下的形式兴起了。下面的事实也是同样清楚的:这些代理者在一个谈到关于什么可以算作

---

① 见 Douglas Sturm,"认同与他者性:召唤一个新的轴心时代(展望地球宪章运动)"(Identity and Otherness: Summons to a New Axial Age,[Perspective on the Earth Charter Movement], Lewisburg, PA: Forum on Religion and Ecology, Department of Religion, Bucknell University, October 1999)。人们应该注意到,像托克维尔(Alexis de Tocqueville)、密尔(J. S. Mill)、马克思和尼采和其他一些思想家——他们都迥然不同——在19世纪就已经挑战过与现代民主有关的关于个体的某些观念。

善——比如说国家的自我利益或者最大化的利益或者像人权和经济公平之类的道德价值——的理性的空间中行动。① 不论发生什么事情,全球景观乃是各种各样的代理人(公司、种族团体、国家和个人)在其中以促进或破坏生活的方式行动,并为他们自己确定方向的景观。为了理解这一景观,需要探究那些被用来详细解释行为的理由。就全球化的动力内在地受那些影响着这些代理者并干预这些代理者的表现性的、评价性的和动机性的力量之约束而言,全球性就是一种道德空间,是一个感知、动机和选择的空间。

据此,让我们回忆一下前面的一个事例。点缀在地球表面的大型国际性都市是人们必须在其中确定其生活方向的"空间"。萨森(Sassen)已经揭示:通过因特网和人们在家中的劳动,"家庭(household)"已经变成了全球经济过程中一个关键的分析范畴。家庭作为经由传媒而与他者联系在一起的全球经济活动的场所,乃是全球自反性的所在。我们经历着"新型的跨越边界的休戚与共,成为会员的经验,以及那种代表新的主体性包括女性主义主体性的认同的形成"。② 城市、家庭甚至电脑空间都是人们在其中依据什么是善的某种观念、确定其生活方向的环境。它们都是道德空间。

全球性还有另外一个我们必须厘析出来的方面。这个"方面"展示了为什么多元世界的时间必须被看成一种道德空间,亦即有关行为与关系的规范性理性的空间。没有什么能像人类那种回应、形塑乃至创造实在的能力的奇异甚至令人恐惧的扩张——也

---

① 由新古典经济学家们就现实政治中的国家利益或者利益与理性选择所做的宣称,是否需要更加决定论的关于社会和个体的代理者的解释,对这个问题是有争议的,我想将这些争论搁置一边。在对此不加争辩的情况下,我的立场的力量在于,任何想从单一的角度——比如说经济学或政治学——来理解全球动力,并且以此为其主"角"的努力,都是不充分的。

② Sassen,《全球化及其不满分子》,84—85页。

就是人类力量的爆炸性增长——那样能够成为全球化时代的特征。全球性关乎人类的巨大力量,这种力量日益超越于我们试图予以控制和规导的能力与愿望之外。从遗传学技术到太空探险,从正在进行中的世界性的大规模森林砍伐到完全含混不清的原子能,从骇人听闻的经济不平等到高科技战争,我们生活在一种人类力量的空间之内。文化过程越来越干预和重构自然过程,遗传学的革命和生态危机已经将这一事实强加于我们。我们能够感受到这种由地球上的生命的脆弱性对人类力量提出的道德挑战吗?我们有耳朵倾听由乔纳斯(Hans Jonas)优美地描述的"沉默之物的哭泣"吗?①旋转与宙斯是这种过于人化的力量的象征;人类力量的这种疯狂的增长完全未被李普曼在其"道德序言"中觉察到。

在这个当口,我们就能够领会坚执全球性是一种理性的空间的更深层的原因了。人类力量的大规模增长和不均匀的分布意味着,各种代理者——个体一如公司、国家一如国际性的非政府组织——正在塑造着生活,还有未来的生活所必需的条件本身。既然人类的力量在所谓的第一世界得到极端的增长,我们必须思考一下,未来在眼下如何被设想,它又应该如何被设想?人类的力量似乎大有吞噬克罗诺斯亦即地球上的时间之势;全球技术的部分修辞似乎是,我们能够在过去、现在和未来之间想象出一种极端的非连续性。许多人幻想有朝一日,疾病、年龄、生育和饥饿都在人类的控制之下,并因此切断与目前的生物学限制之间的连续性。有关用电子人或基因工程与"人造人"来改善我们人种的想法代表着一种未来,它为当下生活空间中的行动确定了方向。有些对这些想法盲目狂热的理论家在谈论着"对自然的再创

---

① Hans Jonas,《道德与必死性:奥斯维辛集中营之后对善的探寻》(*Morality and Mortality: A Search for the Good after Auschwitz*, Evanston, IL: Northwestern University Press,1996)。

造"①;这些势力与想法正是本书导论中所说的"过于人化"的象征。处理这一新的现实的困难在于,西方伦理学的传统形式假定人类力量的延伸范围是有限的;遥远的未来的命运通常都被认为是超出了人类行动的能力之外。那么,我们将如何从伦理学的角度思考人类力量的新的延伸范围呢?②

重要的是,正是在这一点上,在现代道德哲学中长久遭到驱逐的宗教可以为伦理学提供资源。那种认为人类的力量能够超出其惯常的空间与时间限制的想法对宗教并不陌生,天国与神圣的存在的形象、得到改变与完善的灵魂、天堂与地狱、通向来世的漫游,以及关于未来的其他形象,一直都在为人们的道德观提供着信息。宗教是生机勃勃的复杂的想象性和仪式性的力量,它通过勾画那种超越对人类力量的惯常限制的时间和永生而形塑着生活和行动的过程,并以此改变着人类的意识。③ 但是,当未来生命的命运在我们的掌控之中时,我们在代表着世界、自我和他者时,应该想象出多少新奇的事物呢?稍后我们将不得不回到这个问题,并将同

---

① 见 Donna J. Haraway,《猿猴、电子人与女性:对自然的再创造》(*Simians, Cyborgs, and Women: The Reinvention of Nature*, New York: Routledge, 1991)。关于对这种立场的批判,见 Paul Ramsey,《人造人:基因控制的伦理学》(*Fabricated Man: The Ethics of Genetic Control*, New Haven, CT: Yale University Press, 1970)。

② 见 William Schweiker,《责任与基督教伦理学》(*Responsibility and Christian Ethics*, Cambridge: Cambridge University Press,1995),以及 Hans Jonas,《责任的命令:探寻技术时代的伦理学》(*Imperative of Responsibility: In Search of an Ethics for the Technological Age*, Hans Jonnas 和 David Herr 译,Chicago, IL: University of Chicago Press, 1984)。

③ 何谓"宗教"? 这是一个聚讼纷纭的话题。但是,任何对宗教的解释都试图将一些经验的向度含括在内,比如说超验的经验,还有一些象征性的、仪式性的和伦理性的因素。正如桑德梅耶(Theo Sundermeier)已经指出的那样,"宗教是人对于超验经验的集体回答,这种超验经验在礼仪和伦理之中有其形象。"见氏著《什么是宗教? 神学语境中的宗教学:一部教科书》(*Was ist Religion? Religionswissenschaft in theologischen Kontext. Ein Studienbuck*, Gütersloh: Chr. Kaiser/ Gütersloh Verlaghaus, 1999), 27 页。

时论及伦理学里神话的地位这一问题。

人类力量的拓展以及随之而来的再造自然和确保世界之秩序的梦想,意味着在"全面的现代性"之中最深受珍爱的东西乃是人类力量的无休无止的最大化。事物依照其得自人类力量并实际增进人类力量——即回应、形塑和创造现实的能力——的程度而获得价值(他们重要,并且本身就是善的);当然,情况一直就是如此。作为好像不能逃脱死亡、短缺和挫折的现实的受造物,任何逃避死亡、满足短缺和确保圆满的手段都会被直觉地理解成有价值的和重要的。宗教在此也是解释性的。从巫术性仪式到对不朽的信仰,从苦行到对神助和成全的希望,它都会部分地使用那使得人类去直面无可回避的生存现实的某种或某些力量。但是,在未来的生命都任我们支配的时代,认为仅仅人类的力量就能成为所有道德价值的根本的假设,是一种危险的假设。

人类力量的增长是深刻地不均匀的,主要由所谓的第一世界国家所把持。力量的不平等威胁着世界的稳定,并且完全可能在"拥有者"和"非拥有者"之间无休无止的暴力中吞噬掉未来;也正是这种力量还对世界的凝缩以及这种力量遭受的道德挑战施加着影响。情况如何如此,是显而易见的。日益增加的生活的社会密度助长了接近的问题。迥然不同的人们如何同生共栖,尤其是在他们的生活和历史受到你来我往的暴力和仇恨的损害时,如何同生共栖?巴尔干半岛、中东、北爱尔兰和美国的种族冲突,在在皆彰显了对不义的记忆持续弥漫于人类的时间之中的方式。随着那种借助于全球传媒而运转的沟通能力的增长,仇恨变成了全球化的东西,并且容易获得武器——包括核武器和生化武器——而武器又使得苦难旷日持久。成问题的并不仅仅是正义或对他者的尊重,而是宽恕——宽恕是一种使得仁慈得以实施,并借此在破坏性的暴力之后重建人类共同体的力量。接近作为某人自己生活中的仇敌的自反性临在，意味着报复性正义的逻辑必须受到仁慈的遏止。但是，将仁慈作为任何可行的正义观念的语境予以挚爱即是限制人类的力量，限制复仇的力量。我们能如此限制这样的力量吗？要么，只不过是仇恨之火将不断增长，直到它们吞没这个世界？

适当限制人类力量的问题揭示了有关克罗诺斯和宙斯的神话之最显著的道德意义。人类的技术力量能够吞噬未来、破坏未来生命所需要的条件，正如对苦难和暴力的记忆——亦即暴力的历史被铭刻在现在之中的方式——会在无休无止的仇恨与复仇之中产生吞没我们的危险。我们必须学会倾听沉默之物的哭泣，还要热爱仁慈和正义。但是，刚刚说完这番话之后，伦理学家们就会遭到白眼，这是他们的特点。道德观和信念中的深刻差异使得所有人都会怀疑，全球伦理是否真的可能。人们真的能够想象任何一套道德价值观——东方的一如西方的，本土的一如跨文化的——就能满足每个人吗？但是，如果没有这样共通的道德信念，我们如何避免未来生命的灾难，将是完全不清楚的。全球性的世界似乎是诞生于暴力和战争，而且，说来令人悲哀，它可能会以其诞生的方式死去。非常吊诡的是，我们的伦理学新序言似乎要迫使我们进入一种非常不幸的判断，即我们正在任由那些超出控制的力量和过程所摆布，正被由我们创造但可能吞噬生命和梦想的巨大力量所裹挟冲走。

神话与全球伦理？

在思考全球化和多元世界时代的生命的整全性的过程中，我们已经历了一种相当复杂而又令人烦扰的旅程。当今的时代使得我们遭遇到了全球动力不能回应的挑战和可能性。全球性不能帮助我们逃避暴力的遗产，因为社会密度和全球自反性凸显了对苦难和仇恨的记忆,正如它们为相互理解与宽恕开启了新的可能性一样。的确,伴随着对世界贸易中心的攻击而来的是,这一点已变得足够清晰。全球动力将不会限制人类的力量,这只是因为全球动力正如民族国家或关于人性的观念一样,就是那种力量的产物。同样是这种带来了巨额财富和减缓了众多痛苦的力量,也滋生了苦难和不公正的贫困。全球化形塑着未来,正如它随身拖拽着一段暴力的历史一样。关于世界起源于暴力和战争的神话——奥林匹斯山诸神对抗巨人们——在其最深刻的影响范围内似乎意味着,世界被诱入了,并且令人恐怖地陷入了永无休止的破坏与报复的循环之中。

　　当然,这一神话从未成为西方人——更不用说东方人——的唯一有效的信仰体系,这是事实。即便关于世界借助于破坏而诞生的宇宙天体学的神话极度流行,情况也是如此。"现代性"这个观念本身和作为"全面的现代性"的全球化,是以产生于历史上的宗教和文化暴行的人类自由的新时代——德国人称现代性为新时代(Neuzeit)——这一观念为食粮的。① 阿里斯托芬的神话不是我们的神话,但这个事实完全无关紧要。有时,我们最好是借助于别人的眼睛来理解自己;有时,我们必须自反性地使用他者的故事,以便知晓我们自己的境况。关键在于,如果我们想迎接今天的挑战,我们需要思考如何设想这个世界。伦理学家们能够而且必须按照道德需要的要求利用传承下来的神话,并且翻新这些神话。②

---

① 见 Stephen Toulmin,《国际都市:现代性的隐秘议程》(Cosmopolis: The Hidden Agenda of Modernity, New York: Free Press, 1990)。
② 诚实是必需的。有些信仰完全不能胜任我们时代的任务,有些世界观、有些神话低于我们实际生活于其中的世界的复杂性之水准。换言之,全球性的现实甚至使得宗教也在被相对化。它迫使我们提出以下的问题:对于务实地回应对我们星球上的生命的整全性的威胁,这些宗教能做出什么贡献?

现在,该归纳一下这一论证,并展示基督教信仰对全球伦理的贡献了。在关切全球伦理之挑战的思想家中,与眼下的论题密切相关的两种不同路径值得注意。有些人,如汉斯·昆(Hans Küng)和世界宗教议会(1993年)炮制的"全球伦理宣言"试图将见于各种宗教中的共同的价值、标准和态度厘析出来。① 批评家们已经正确地指出,这个宣言令人生疑,它看起来像是十诫的一个版本,因而表达的是西方人的价值观。不过,有趣的是,所有宗教都赞同有关讲实话、禁止杀人和性道德的一些观念,还有一些类似的价值观与规范。通过签署这一宣言,各种传统的代表确认了这些标准,但也依据人类的共同性而使得他们自己的传统相对化了,而这一点是很重要的。这里,在道德规范和价值的层面上,又见到了地方性的与全球性事物的辩证法,而这正是作为多元世界时代的一种因素的全球化的特征。

这也适用于在发展一种全球伦理时的另外一个主要的选项,亦即转向人权。② 当然,人们通常会争论说,"权利"这种观念本身无可救药地是西方的观念。在那些对什么是自我和人类的含义拥有不同的观念的宗教和文化里,难道在一个作为自由的决策者的个体之中"天生地"固有的"权利"这一观念具有任何可信性吗?边沁(Jeremy Bentham)坚持认为,自然权利的观念是"辞藻华丽的胡说,是夸夸其谈的胡说"。③ 但是,事实上没有哪个国家、文化或传统想在全世界面前宣布它是反对人权的,指出这一点也是很重

---

① 见《全球伦理:世界宗教议会宣言》(*A Global Ethic*:*The Declaration of the Parliament of the World's Religion*,Hans Küng 和 Karl-Josef Kuschel 编,New York:Continuum,1995)。
② 见 John Kelsay and Sumner B. Twiss,《宗教与人权》(*Religion and Human Rights*,New York:The Project on Religion and Human Rights,1994)。
③ Jeremy Bentham,"无政府主义的谬误"(Anarchial Fallacies),收入《著作选集》卷二(*Works* vol. 2,Edingburgh:William Tait,1843),523 页。

要的。而这再次证明了有关全球自反性、接近和意识的拓展的论点：全球化的动力正在改变着（不论好坏）地方性有关人性的价值观和信念。面对贫困、仇恨的遗产和环境危机，全世界的人们都在共同的道德空间中理解他们自身，并在寻找共同性，同时坚决主张人权。

在这些发展一种全球伦理的策略中，有很多值得赞同之处。但是，我们探究的力量在于指出，最有争议的乃是我们如何"描绘"或想象生活的道德空间。如果我们想为那些阻挠道德抱负的对世界的解释留有适当的一席之地，那么，将共同的标准、价值观和态度厘析出来是不够的，哪怕它们事关人权。在西方，现代性在很大程度上与面对科学知识之凯旋而来的去神话化（demythologization）有关。那些包含信仰的传说或神话一直被看作投射、幻想或绝对的谎言，"神话"这个观念本身就带有负面的含义。顺便提一下，这正是为什么很多非西方的文化发觉全球化具有威胁性的一个原因。全球化似乎是一种大规模的去神话化，是对拥有全部继承来的信仰和神圣传说的文化的一种无情的清洗。

像克罗诺斯和宙斯那样的古代神话能够成为对道德理解的一种激励。根本就没有"无神话"的道德，也没有任何"神话"不能激发并需要伦理的解释，这是要点之所在，第一个认识到这一点的是柏拉图。贯穿于本书全书的那种诠释学的道德探究，将神话与道德的辩证法用于解释生活和为生活确定方向的劳作之中。所需要的是一种对关于世界和他者的传说的伦理性的重新解释，这样我们便可能避免或者至少遏制仇恨的全球化和未来的毁灭。当然，伦理学的探究的发生是有代价的，它不会为传承而来的宗教信仰和实践留下适当的位置。现在，我们通过实行那种依照基督教信仰的道德反思形式，而采取了这一探究中最后也是最有争议的步骤。赌注是，其他传统中也有相同的洞见，它们可以通过进一步的比较研究得到探讨和运用;①当下提供的论点将既根据价值理论也根据它所需要的选择规范而加以阐发。

仇敌与创造

诚如我们所看到的那样,全球伦理面对的根本挑战是,如何以一种超越赞美那种已然威胁到生命的整全性的人类的力量、能够指导道德行为的方式,理解和评价被创造的秩序(沉默之物的哭泣)以及他者——哪怕他者是仇敌。② 有关世界起源于战争和暴力的信念对我们完全无所裨益。这些信念只是过于轻易地为我们所发现的那类世界提供了正当理由,那类世界即是"全面的现代性",那里的过于人化经常都是过于暴烈的,是对他者和自然界具有破坏性的。一些基督教神学研究者声称,这个世界被包裹在罪里,注定要遭受神圣的毁灭,他们所作的这些宣称在道德上也是危险的。西方批评家中有一些天真的信念,认为生态整体对人类的独特性和苦难是漠不关心地熟视无睹的,这些信念低于我们实际生活于其中的世界的复杂性。谢天谢地,不

---

① 例如,人们会探讨印度人关于业的观念如何既包含了通向救赎的旅程,也因此能解答仇恨和苦难的问题,并将人们和实在的其他部分乃至未来联系在一起。至于渴望和苦难以及佛教在普世性的悲天悯人中对这些问题的回应,亦可予以类似的探讨。沿着这些或者其他路线进行比较研究,在本章中是不可能的。

② 请回忆一下前面的一个注释。我是在着手考虑伦理反思范围之内的一种显然是宗教性的关切,而这一考虑是因为苦难和暴力问题而出现的,这一点颇为重要。正如康德所认识到的那样,恶的问题理应激起那种超越由哲学方法所规定的限制的反思。这也与前面那个对模拟的或解释性的诠释学所做的注释有关,我已经在别的著述中对下面几页的观点做了论证,参见 William Schweiker,"多元世界中的责任伦理学:创造与生命的整全性"("Verantwortungsethik in einer pluralistischen Welt: Schöpfung und die Integrität des Lebens"),载《福音神学》(*Evangelische Theologie* 59:5[1999]:320—324),或参下文第二章。

同的宗教都有不同的神话与观念资源,而这些神话资源正好可以按照这篇伦理学的"序言"中勾画的路线加以探究。我们可以探讨宗教神话的"道德意义",当我们这样做的时候,我们就能发现资源(不是答案),以思考对多元世界时代来说颇为重要的权力与价值之间的关系、以及那些有关有限生命的价值乃至如何回应仇敌的宣称。

基督教圣经中的创世传说是一种可以按照很多不同的路径予以读解的创造神话。对我们当下的研究来说,有两种路径是重要的,它们展示了"创造"成为对自然过程和文化动力之间的相互作用的解释的方式。首先,这个传说描述了贯穿于整个创造"日子"(days)里的人类,他们被置于一种复杂的实在之中,这种实在里有不同的时间、生命形式、节奏和自然的形态。其中有光和黑暗的时间,有白天和夜晚,但也有与上帝行动的时间迥然不同的人类生命的时间跨度。神的祝福被倾注给受造物、人类,甚至安息日。威尔克(Michael Welker)写道,创造是"生命与事件的自然形式和文化形式交互作用的有区分的结构形式,它们将人类的能力引导和指向经验"。[1] 创造是自然与社会文化过程(例如夜晚和白天,同样还有为受造物命名)之间的互动,这两者都各有其独特的动力。白天和夜晚的节奏之中的克罗诺斯亦即时间并未吞噬所有其他事物。

其次,这个复杂的实在被神称作"好的","上帝看着是好的"。价值(worth)被写入了得到上帝认可的事物的本质,上帝在那里的认可行动是创造性的。有限存在的善良(goodness)并非只是神圣力量的一种表现形式,创造的故事事关世界的建构,在这一建构

---

[1] Michael Welker,"创造:大爆炸抑或七天之事工"(Creation: Big Bang or the Work of Seven Days),载《今日神学》(Theology Today)52:2(1995):183—184 页。

中,祝福而非战争乃是理解实在的关键,而这一洞见在有关挪亚和洪水的叙事(参《创世记》6—9章)中达到巅峰。在因为人类的邪恶而毁掉这个世界之后,武士般的上帝高悬其弓箭于天空,立约永保各类生命。贯穿于整个被列入正典的圣经文本之中的,都是作为正义但愤怒的上帝与作为生命之维系者和救世主的上帝这两者之间持续不断的张力。

令人惊异但很少引起注意的是,处于基督信仰者和犹太人的思想倾向深处的,乃是作为善良的并因此值得我们关爱的创造与仇敌的问题之间的关系。对多元世界的时代做出回应的伦理学家们在利用有关创造的信仰以及有关宽恕的观念时,务必运用这种关系。贝茨(Hans-Dieter Betz)指出:

> 作为叛逆者和仇敌的人类是上帝必须处理的。《利未记》19:18中托拉(Torah)的诫命说:"要爱人如己。"那么,如何爱你的邻人呢?看看创造吧:这就是上帝爱人之道。上帝甚至将生命的仁爱施与仇敌,施与叛逆者和忘恩负义者……山上宝训激励性地说,他把像雨水和阳光这样好的东西都浪费在那些不配得的人身上了。他为什么不对行恶的人采取任何报复行动呢?①

《圣经》中有根据仇敌问题而对创造的故事给予的一种道德

---

① Hans-Dieter Betz 和 William Schweiker,"论山岳与道德:有关山上宝训的对话(Concerning Mountains and Morals: A Conversation about the Sermon on the Mount)",载《标准》(*Criterion* 36:2[1997]:23页),也参 Hans-Dieter Betz,《山上宝训》(*The Sermon on the Mount*, Philadelphia, PA: Fortress Press, 1997)。当然,我们不应该认定圣经文本中的上帝都是"蜜和光"。完全相反:上帝也被描述成破坏者和杀手。这里的论点是,文本里存在着对这些有关神的记述进行道德批判的手段。吊诡的是,在道德性的和政治生活的某些领域里,上帝的方式不是我们的方式,上帝是人类的目的的杀手,这一点很重要。

性的解释,也是一种讲评。对邻人乃至仇敌的爱,通过好的但又是复杂的创造这样的主题而被赋予了内容,创造借助于以爱的诫命而对它给予的解释被引领到道德生活的深处。创造不是借助于宙斯般的强迫或冲突,而是借助于一种创生生命的次序关系战胜了混乱。上帝不能再被看成是以破坏和暴力("洪水")来回应仇敌,而是在一种以改宗与和好为目的的创造的慷慨中回应仇敌;创造与关爱他者之间的这种深刻的关联在耶稣治愈病人和喂饱饥者的故事中得到延续。① 喂饱饥者的故事显明了一种丰盛(abundance)的逻辑,并且重组了社群,以便使所有人都可能分享上帝的统治。治愈病人(的故事)则改变了社会边界,使之超越了传统的社会标记,他们包括外乡人和被驱逐的人。耶稣挑战了洁净与污秽之间的界线;创造和上帝的规则是一种可以被想象为丰盛而又仁慈的道德空间,从这一洞见中流溢出另外一些有关上帝的创造性的活动和维系性的活动之间的关系的信念。而挑战则在于,要在这种委身于创造、正义和仁慈的空间之内正确地生活。正是这一洞见将在本书剩余的部分里得到延续和深化。

如果不在进一步的圣经分析中致力于这一点,那么什么是关键要点?如果我们只是阅读《圣经》,全球化的问题就将得到解决吗?决不!摆在我们面前的挑战是这样一个巨大的任务:消除"接近"转化成持续不断的暴力、全球性的技术力量威胁地球上生命的生存能力的路径。我们需要理解和描述实在的方法,需要从事建构意义这一想象性和文化性的工作的方法,建构意义可以将宽恕与对有限的和自然的生命的尊重联系在一起。对从事这一工作来说,在宗教文本、叙事和象征中,隐藏着不少

---

① 关于这一点,参 John Dominic Crossan,《革命性的耶稣传》(*Jesus: A Revolutionary Biography*, San Francisco, CA: Harper SanFrancisco, 1994)。

资源。①

　　那些非常相同的资源在对由这些宗教传统形塑而成的文明的文化记忆中,是最重要的。② 这就是为什么对大多数西方人来说,阿里斯托芬有关克罗诺斯和宙斯的诗句根本就是陌生的。在一种深刻的层次上,任何被不同宗教的象征力量所感动的人——这样的人毕竟非常多——看到兴起于杀戮和战争的实在,并且还相信"仇敌"是道德秩序(创造)的实际原则,确实是件难事。但是,宙斯与旋转现在在我们的经验中产生共鸣这一事实却向我们昭示了道德世界观中一种可能的转向。事实上,多元世界的时代可能正好是对宙斯般的世界观对实际生活的可信性的一种试验。但是,人们在做出回应时,不是没有资源的。伦理学家们拥有取之不尽的象征、隐喻和叙事财富,这些财富事实上一直形塑着道德意识和对文明的感受力。他们的任务是阐明这些资源,并从遗忘的淹没中

---

① 毫不奇怪,神学家们被吸引到有关创造、救赎和天佑的关系的长久的讨论之中。在不进入这些教义问题的细节的情况下,我的观点的力量在于更紧密地将通常有关上帝的创造行动的宣称与对救赎与天佑的信仰联系起来。我的解释也许不像它看起来那么新颖,不过,这一步骤的全部伦理学含义一直未得到其他人的探究。让我们考虑一下其他类似的论点吧。巴特(Karl Barth)在其《教会教义学》(*Church Dogmatics*)中坚持认为,上帝的选择——即上帝决定做我们的上帝——是原初的实在,而这将创造置于救赎的语境之中。阿奎那(Thomas Aquinas)在《神学大全》中立论以为,"逻各斯"(logos)是上帝心中为世界的创造而设立的范式(paradigm),但它是在救世主中道成肉身的逻格斯。更近点,则有莫尔特曼(Jügen Moltmann)赞成在终末论和创造以及新的创造观念之间建立联系。参氏著《上帝的临到:基督教终末论》(*The Coming of God: Christian Eschatology*,Margaret Kohl 译,Minneapolis,MN: Fortress Press,1996)。我的观点是,在"创造的伦理学"与"救赎的伦理学"之间所做的旧式区分必须由基督教思想家在全球语境中予以重新思考,而且,这样做是有其优先性的。

② 虽然某些怀疑论对宗教实际上形塑人们的道德信仰、态度和行为的力量所持的看法是正确的,但我们应该总是对证据保持开放。在这方面,吉尔(Robin Gill)最近有关宗教成员资格事实上确实有助于培育道德观和道德行为的方式的著作,是极其重要的。见氏著《上教堂与基督教伦理学》(*Churchgoing and Christian Ethics*,Cambridge: Cambridge University Press,1999)。

回忆起这些资源,以便为生活确定方向。

人们可以用责任伦理学的语言论证这一观点,并因此在象征问题和概念问题之间采取行动。《圣经》中的思想对责任伦理学在象征方面的贡献需要人们将一些通常被撕裂得支离破碎的宣称合为一体,一个宣称是关心——甚至爱——仇敌,这会在报复的另一方重建正义,因而打破暴力的循环(参看第六章);第二个宣称是对创造的善良性的根本肯定,这会确保对未来的生命和沉默之物的哭泣承担责任(参看第二章)。对创造的肯定会支持对生命的尊重、对作为我们之中的他者的极端形式的仇敌的关心,并为提升生命、使之超越复仇的逻辑奠定基础。这两个信念弥漫在基督教信仰的象征与仪式资源之中,并能够被阐述为对人类力量负责方向的命令:在所有行动和所有关系中,都要在上帝面前尊重和提升生命的整全性。在本书后面,责任的律令(imperative of responsibility)将依据基督教得到详细阐述——亦即被阐述为用来处理冲突的问题的双重之爱的诫命(第五章)和金律(第九章)。但是,这些规范本身得到了创造之善的保证。

一种为着多元世界时代、在这些显然是基督教的资源之中运作的伦理学应该揭示责任的律令如何表达那些已经塑造了一种世界观和生命观的因素,但这些因素一旦被阐明为一种律令,就会与深刻的道德感受产生共鸣,并为迎接全球化的挑战提供指导。一种伦理学可以在两个层面上这样做。第一,这种伦理学将核心的道德价值、至高的善详细阐述为生命的整全性,也因此是一种善的创造。诚如我们从本书的导论中所了解到的那样,生命的整全性遏制那种必然会成为人类主要抱负的人类力量的最大化。第二,这种伦理学作为行为的指导,在不同但彼此相关的诸多社会亚系统——它们处于一个社会甚至全球性——之中发挥作用,这些亚系统包括经济、政治、法律和传媒等等。换言之,一种全球伦理学必须能够揭示,一种对生命的整全性和责任的命令的理解如何能够在全球化过程的复杂的、自反性的动力之中激发个性与行为。基本的洞见乃是,圣经象征性的话语中创造和仇敌之间结合可以用作一种资源,以迎接当今的道德挑战,亦即对未来生命的威胁和接近的问题。

我们不是以回顾一个古典的神话或圣经文本的道德资源,而是以一个真实的生命故事来结束本章,它把握住了笔者就全球化的道德挑战所说的大部分内容,它也向我们展示了宗教必须并且能够塑造生活的方式。尽管这个故事非常个人化,道德上敏锐的人士却都曾以难以言传的方式经历过类似的故事。①

在仇敌眼中

在"二战"接近尾声时,盟军进攻远离日本南端的琉球群岛中的最大岛屿冲绳。冲绳是太平洋战事中最残酷的战役,它预示着对日本的真正的入侵。对日本的入侵从未发生过,原子弹终结了战争。甚至直到今天,美军在冲绳的存在仍有争议和麻烦;苦难的遗产经久不衰。但是,在这些过去的和现在的全球化实在之中,生活却在实实在在地度过,在人性之中度过。

真正登陆冲绳花费了数日时间,在最初冲刷残忍和鲜血之后,一位年轻的海军上校——远在后方爱荷华州的两位卫理公会信徒的儿子——带着他的队伍例行巡逻。② 他们来到一个山洞面前,

---

① 我当然注意到,围绕着处于战争的恐怖之中的道德遭遇会有很多含混性。在承认这一事实的情况下,我相信,这个故事显明了当处于这些恐怖之中的责任和道德感受仍然不可战胜时的一些基本特征。关于对这一观点富有洞见的解释,以及包括了与下文相像的其他故事的记述,参见 Jonathan Glover,《人性:20世纪道德史》(Humanity: A Moral History of the Twentieth Century, New Haven, CT: Yale University Press, 2000)。

② 那位上校是我的父亲。长久以来,我一直在深思他的故事,深思这个故事就人文关怀的力量教给了我什么。我在爱和感恩中对父亲感激不尽,他现在已不属于我了。

然后进入这个山洞搜索敌人。靠近这个山洞尽头,一个日本士兵躺在地上,他已奄奄一息。美国士兵们想完成工作。这位上校后来讲述这个故事时说,这些士兵想敲下这个日本士兵的牙齿,以获得金牙,并想拿走其余任何有价值的东西。这位上校义愤填膺,他命令他的人马立即离开山洞,而他则留在后面。他弯下腰,将这位垂死之人抱入怀中。他们彼此凝视对方的眼睛,日本士兵意识到他不会再遭受侵犯、折磨和更大的痛苦,微笑着嘀咕了几句。在那一刻,那位美国士兵感受到了共同的人性的权利与深度。这个由他抱着、死在他怀中的敌人进入他之中,但仍然是他者。在一位他出于宗教信仰而被迫予以保护的敌人的眼中,闪现出共有的人性的一瞥,那是一种共同的尊严和命运!

多元世界的时代是一个极易陷入仇恨的遗产之中、并且极易抛弃未来生命的时代,这个时代的伦理学的任务是,充分地使这样的故事富有意义。因为在这样的善良的行为中,世界便不是诞生于暴力和战争,而是由生命的慷慨建构而成的。

第二章 创造中的多元主义

我们时代的特征

1921年,叶芝(W. B. Yeats)在他的诗作"基督复临"中写下了一些难解但很优美的诗句,宣示了一种现代的先知预言:

> 在不断扩张的旋转中旋转呀旋转,
> 猎鹰听不见养鹰人的呼唤。
> 万物皆崩溃,中心不复在,
> 世上只散漫着一片混乱……①

这些言辞表达了我们时代的精神。我们生活在一个熹微的时代,当此之时,人们的生活被多重角色撕成碎片,并遭受巨大压力。这些角色包括:为人父亲(或母亲)、专业人士、爱人和公民。对个人自由的

---

① W. B. Yeats,"基督复临",收入《牛津英语文学选集》卷 2(*The Oxford Anthology of English Literature* vol. 2, New York: Oxford University Press, 1973),1700页。在对这首诗的注释中,叶芝坚持认为:"我们的科学的、民主的、堆积事实的和异质性的文明属于一种向外的旋转,并未为其自身的延续做好准备。"(同上书,1699 页)在这个注释中,叶芝对我们在多元世界的时代注意到的许多势力和过于人化的问题,给予了一种诗意的表达。

大声疾呼、失控的消费和世界性的种族冲突与战争,正以无政府状态或社会纽带的崩溃威胁着我们。还有一些无休无止的辩论,辩论民主社会如何处理道德多样性以及文化多元主义。① 对当今的全球化态势,亦可作如是观。种族群体、宗教传统和古代文化分界线都在再次强调它们自身。各种声音的大合唱不会自动离去,而且确实也不该自动离去。该如何思考我们时代的道德生活呢?

面对这一问题,诱惑是让叶芝强辩到底,这一诱惑是认为我们的时代卡在价值的混乱和渴望新的启示之间。这是一种怀疑论的和悲观论的回应,它会使得我们在复杂的社会势力面前软弱无力,它会使得我们默默地渴望另一个时代。若采取这种态度,许多新近的道德、哲学和神学反思要么通过赞美后现代"游戏"(play),要么通过竭力遏制其混乱的暴力而集中关注混乱,这也就不令人惊异了。于是,便要求我们对这种熹微做出另一种回应。

上一章着手制定对当前形势即所谓多元世界的时代的回应,而第一章则勾画了"伦理学新序言",该"新序言"试图把握我们时代的最一般的特征,并对有关创造的价值以及生命的整全性等问题做出回应。这一章将处理我们时代的另一特征,亦即道德多元主义和成为当代世界之凝缩的特征的人类力量的疯狂扩张这些问题。我想揭示,"创造/新创造"这些象征和生命的整全性这一观念有助于抗击那种经常与多元世界时代紧密相关的道德怀疑论,这一点会令人惊异。这些象征提供了一种路径,可由此肯定强烈的多元主义感,同时对冲突及其吞噬我们的生命与社群的力量施加强大的限制。②

---

① 参 Michael Walzer,《论宽容》(*On Toleration*, New Haven, CT: Yale University Press, 1998)。也参 George Kateb,"多元主义注解"("Notes on Pluralism",载《社会研究》[*Social Research*]61:3[1994])第 511—537 页。

② 关于这一点,参 Donald W. Shriver, Jr.,《一种为了仇敌的伦理:政治中的宽恕》(*An Ethic for Enemies: Forgiveness in Politics*, Oxford: Oxford University Press, 1995)和 Jean Bethke Elshtain,《旧瓶新酒:国际关系与道德话语》(*New Wine and Old Bottles: International Relations and Ethical Discourse*, Notre Dame, IN: University of Notre Dame Press, 1998)。

诚如我们在第一章中所看到的那样,面对接近的问题和一个饥饿的世界里的资源匮乏的现实,极容易也会过于频繁地导致无休无止的暴力的循环。对多元世界的时代做出回应,部分地需要仔细考虑如何正确地、最合适地打破那些仇恨与冲突的循环。通过将创造和新创造结合在一起,形成了对基督教道德信仰的一种大胆的修正。作为一种显然是神学的观念,创造包含了"自然",但要多于"自然"。得到这样界定的创造便将责任的领域扩展至所有的人民。此外,良心的转化与更新——此乃我们作为道德性的受造物的存在之主要方式——恰好是如何最好地在上帝的仁慈宽厚的创造活动这样的实在之中生活。最后,本章的主张是,新的责任伦理学是阐明这些宗教信念的道德含义的最佳方式。因此,这里的探究可以始于对责任伦理学的议程的陈述。

伦理学的议程

在伦理学中,"责任"是一个相对新近的术语,只是在几百年之前,这个词儿才进入西方道德话语之中。它标志着思考我们生活的一种新的路径。尼布尔(H. Richard Niebur)主张,责任伦理学不是像所谓的神学伦理学那样抓住目的与结果不放,也不是像道德理论中的义务论那样,坚持认为一种普世的、绝对命令式的义务是道德的最后权威。责任伦理学为这些道德理论的主干提供了一种选项。尼布尔坚持认为,人类主要是对他者的回应者,是各种复杂的交流性互动的参与者。但是,也有一些关于"责任"的其他解释。巴特曾论及责任。他是依据在每一选择的情形中,自由地、回应性地顺服上帝,来理解道德生活的。韦伯则主张,责任伦理学事关在忠实坚持绝对规范不可能的情形下,对行为与后果的责任问题。其他一些思想家如庀奇(George Picht)和图特

(Heinz Tödt)也探讨过责任与时间。图特坚执良心的重要性,并主张在基督教思想中责任最初乃是一个终末的词语。诚如乔纳斯敏锐地指出的那样,责任事关权力,这个世纪的标志——技术的进步以及各种形式的暴力使得责任成为伦理学的基础。德国的胡伯(Wolfgang Huber)和美国的库兰(Charles Curran)与古斯塔夫逊(James M. Gustafson)都在责任伦理学中有所劳作。费歇尔(Johannes Fischer)就集中关注基督徒气质及其有关实在的宣称的神学伦理学范围之内的责任,阐发了一些观念。汉斯·昆是全球责任伦理学的坚定的倡导者。最近,交往伦理学(discourse ethics)的支持者如哈贝马斯(Jügen Habermas)、阿佩尔(Karl-Otto Apel)和本哈比布(Seyla Benhabib)赞成依据交往行为和合理性而对责任给予解释。当然,这些思想家的分歧相当广泛,我们不可能在本章中探讨这些分歧。① 但是,在每一种情况

---

① H. Richard Niebur,《负责任的自我:基督教道德哲学论集》(*The Responsible Self: An Essay in Christian Moral Philosophy*,导论为 James M. Gustafson 所作,前言由 William Schweiker 所作。Louisville, KY: Westminster/John Knox Press, 1999)。参 Heinz Eduard Tödt,《神学伦理学的视角》(*Perspektiven theologischer Ethik*, Munich: Chr. Kaiser, 1988); Georg Picht,《真理、理性和责任:哲学性的研究》(*Wahrheit, Vernunft, Verantwortung: philosophische Studien*, Stuttgart: Ernst Klett, 1969); Hans Jonas,《责任的命令:探寻技术时代的伦理学》(*The Imperative of Responsibility: In Search of an Ethics for the Technological Age*, Chicago, IL: University of Chicago Press, 1984); Wolfgang Huber, "迈向责任伦理学"("Toward an Ethics of Responsibility"),载《宗教杂志》(*Journal of Religion*) 73:4(1993): 573—91 页,及其《冲突与共识:》(*Konflikt und Konsens: Studien zur Ethik der Verantwortung*, Munich: Chr. Kaiser, 1990); Johannes Fishcer,《神学伦理学:基础与取向》(*Theological Ethik: Grundwissen und Orientierung*, Stuttgart: W. Kohlhammer, 2002)。也参 Hans Küng,《全球责任:探寻新的全球伦理》(*Global Resposibility: In Search of a New Global Ethics*, John Bowden 译, New York: Crossroad, 1991)和 Karl-Otto Apel,《话语和责任:向后传统之道德过渡的问题》(*Diskurs und Verantwortung: Das Problem des übergangs zur postkonventionellen Moral*, Frankfurt: Suhrkamp, 1990)。

下,作为负责的代理者的我们的生命这一概念乃是一种伦理学的规范性立场的基础。

刚才提到的思想家们宣示了西方历史悠久的关于做人的意义的信念的崩溃,而且,若假定道德的多样性,他们也宣示了有关道德规范的共识的丧失殆尽。责任伦理学一直是将我们的生命设想成一种道德性的存在,设想成对他者、与他者、为他者的回应者的路径。人们是在复杂的交流性的互动形式中生存的,道德规范必须详细阐明对生活的复杂性做出回应的诸多方法。然而,一个新的问题已经在伦理学中浮现出来。当多元主义被视为内在于一种文化而存在着,而诸种文化间的互动得到了扩展时,这个问题便产生了。伴随着通过全球体系而产生的世界的凝缩而来的是,我们开始思考人类共享的道德多样性的时代。那么,我们该如何将多元主义的世界设想成一种生活的道德空间?此外,关于世界的概念又如何形塑着道德意识?叶芝对吗?我们的生活空间是混乱与渴望之间的鸿沟吗?我们将以这种方式看待世界吗?

在关于世界观与道德意识之间的关系这个问题中,有许多危险。作为行动者,我们总是依照某种关于善的观念、某种关于较好或较坏的尺度来为我们的生活确定方向。人类不可避免地要持有一种强烈的评价,以便指导其生活。[①] 而这些关于价值或者道德善良的观念被体现在我们有关世界的信念中,并且通过我们有关世界的信念而得到表达,而多元主义对伦理学的新挑战恰恰事关道德与现实之间的关系。用一种相当陈旧的术语来说,多元世界时代的伦理学面对的问题是澄清形而上学与伦理学之间

[①] Charles Taylor,见 Charles Taylor,《自我之源:现代认同的形成》(*Source of the Self: The Making of Modern Identity*, Cambridge, MA: Harvard University Press, 1989)。

的关系。① 为了使我们避免使用"形而上学"这个术语产生的尴尬,我们可以谈论提供"道德本体论的伦理学",也就是一种实在观和关于如何在那个世界中正确地生活的训诫。② 我主张,实在的多元特征通过《圣经》的创造象征得到了最好的说明。"生命的整全"是一种适合于多元主义时代的关于道德之善的概念,本章的目的在于揭示"生命的整全性"在价值论或价值理论的层面上阐明了创造的道德含义。因此,责任是在创造之中献身于作为生命的整全的善的生活之实际任务。③ 我们将在本书后面探讨正确

---

① 很多思想家都在论证这一观点。参 William Schweiker,《责任与基督教伦理学》(*Responsibility and Christian Ethics*, Cambridge: Cambridge University Press, 1995)和《权力、价值与信念:后现代时代的神学伦理学》(*Power, Value and Conviction: Theological Ethics in the Postmodern Age*, Cleveland, OH: Pilgrim Press, 1998)。也参 Franklin I. Gamwell,《神圣之善:现代道德理论与上帝的必要性》(*The Divine Good: Modern Moral Theory and the Necessity of God*, San Francisco: HarperCollins, 1990); James M. Gustafson,《从以神为中心的角度看伦理学》(*Ethics from Theocentric Perspective*, 2卷本, Chicago, IL: University of Chicago Press, 1984); Erazim Kohák,《余烬和星星:自然的道德感探究》(*The Embers and the Stars: An Inquiry into the Moral Sense of Nature*, Chicago, IL: University of Chicago Press, 1984); Iris Murdoch,《作为道德指南的形而上学》(*Metaphysics as a Guide to Morals*, London: Penguin Press/Allen Lane, 1992); 和 Maria Antonaccio,《描绘人性:默多克的道德思想》(*Picturing the Human: The Moral Thought of Iris Murdoch*, Oxford: Oxford University Press, 2000)。

② 参 William Schweiker, "权力与上帝的代理" ("Power and the Agency of God"), 载《今日神学》(*Theology Today*) 52:2 (1995): 204—24。诚如我们将会看到的那样, 在那篇论文中提出的道德本体论反思的三个基本的认知性行为即分析、阐明和规定也成为本章的结构。

③ 我知道世界教会理事会(World Council of Church)以及一些神学家已经谈及"创造的整全心(integrity of creation)",并以之为基本的道德价值。虽然我同意那一论述的大部分意图,但我发现它犯了个范畴错误。在我看来,"创造"是一种独特的语言表达方式,对活生生的实在结构而言,它是一种象征。而整全性则是指称善的道德概念。因此,我将创造与整全性联系在一起,但将它们区分开来。在我看来, 世界教会理事会没有充分细心地探讨象征(创造)和概念(正直)之间的差异与联系,以及它们应该如何在神学伦理学的反思中被正确地联系在一起。

的选择的规范,尤其是双重之爱的诫命和金律,它们与生命的整全性——此乃负责任的生存的核心之善——是一致的。在这个节骨眼上,我们较少关注善(价值的领域)与正确(选择的原则)之间的关系,而更多地关注多元主义向任何关于价值的实在的概念所提出的挑战。① 在后面几章里,尤其是在第五、六、九章里,我们将更多地谈及选择的规范、责任的命令及其在基督教话语中的具体要求。

就伦理理论而言,多元主义挑战的是道德实在论(moral realism)。大多数多元主义的路径坚持认为,我们必须将道德信仰与有关实在的本质的宣称分离开来。也就是说,许多思想家和很多人都相信,关于我们应该如何生活的规范,必须在不涉及有关社会的或自然的实在的宣称的情况下得到确定。相反,一个道德实在论者则是这样的人,他认为,在道德与实在之间实际上存在着某种联系。在一种较强的意义上,我们可以在道德上正确地或错误地理解它,因为"道德"并非只是社会习俗或个人喜好的问题。实在论者有许多种类:圣诫伦理学(divine command ethics)、理性主义者和自然主义者。我们应该注意到,大多数宗教,包括基督教信仰一直都是很强的实在论者。信徒们认为,善植根于事物的本质、神圣者和上帝的意志之中。本书提供的立场可以称之为诠释学的实在论:我们为了有道德地生活,就必须正确地予以回应的那个善的领域,内在于事物之间的复杂的关系之中,这些关系要么会抚育生命,要么会毁掉生命。这一立场

---

① 在西方伦理学中,就有关善的宣称与正确的选择和行为之间的关系所展开的争论可谓由来已久。有些理论家主张,"什么是正确的"是依据通过按照规范行动而获得的善而得到界定的(结果论);其他一些理论家则主张,正确的行为的规范与关于善的宣称毫无关系(严格的义务论者);还有另外一些思想家比如我本人则赞同一种"混合"的道德理论,在这种理论里,善是选择的规范的有效性的必要条件(善——生命的整全性——告诉我们什么是我们应该尊和增进的),而按照有效的规范行动本身又会产生一种形式独特的人类之善,这是真正的伦理之善。

以后面将会指出的一种方式，与传统的基督教自然法伦理保持着某种连续性。①

但是，这里提供的道德实在论的路径并非旧式的自然法。我们不能简单地从自然中读出生活的规范。所有对价值的感受、对行为和关系规范的每一理解都是通过想象、理解和解释这些复杂的活动而得以形成的。道德想象的工作是持续不断的。此外，解释活动会利用传统语言形式、象征和意象中的含混不清、取之不尽的资源，以发现生活的意义与方向。这正是为什么我们稍后会在与叶芝对我们时代的想象的对比中，就创造的象征有所申说的原因。创造的象征是对世界的一种解释，它需要伦理学范围之内的批判与解释。然而，我们当下面对的令人迷惑的事情不是我们必须修改我们的传统。令人迷惑的事情乃是我们必须决定哪种资源、哪种意象、哪种象征和传统应该形塑我们自己对生活的理解，而这正是谈论诠释学实在论和作为道德与宗教取向的神学人道主义的原因。

方才提到的可能显得过分抽象。人们倾向于认为，伦理学事关社会规范与政策，是一套关于应该做什么、不应该做什么的规矩。例如，人们可能将"伦理的"仅仅看作在社会生活的领域里给

---

① 最近，在神学研究者、法学理论家和哲学家中，出现了对自然法伦理学的新兴趣。传统上，自然法伦理学既阐明了一种关于正确的理性的宣称（诚如托马斯·阿奎那所说的那样：自然法是人类对上帝的永恒法的合理的参与），也阐明了一种价值论（阿奎那：所有事物都想得到其自然的繁荣）。最近的讨论一直试图保留自然法伦理学的这两个要素，但不赞同一种静态的和化约主义的自然主义或非历史性的"理性"观念，这两者在罗马天主教的伦理学中屡见不鲜。关于这一点，参 Charles Curran,《基础道德神学指南》(*Directions in Fundamental Moral Ethics*, Notre Dame, IN: University of Notre Dame Press, 1985)。也参 Lisa Sowle Cahill,《性、性别和基督教伦理学》(*Sex, Gender and Christian Ethics*, Cambridge: Cambridge University Press, 1997)和 Cristina L. H. Traina,《女性主义伦理学和自然法：绝罚的终结》(*Feminist Ethics and Natural Law: The End of Anathema*, Washington, DC: Georgetown University Press, 1999)。

予和接受尊重的逻辑,还有些人认为道德事关性行为或个人诚实的规范。我们喜欢认为伦理学谈论的是我们生活的一个领域,即沉重的责任的领域,而不是生活的所有领域。但是,本书采用的是一种更宽泛的、而且实际上是更古典的关于伦理学与道德生活的概念。最基本的道德问题是,我们应该如何生活?任何对这一问题的解答——任何伦理学——都需要一些关于人类的生存的信仰,和关于我们能够、必须而且可能生活于其中的世界的信仰。现在,不论我们还想就此说些什么,"多元主义"一词看来似乎对当前的形势即多元世界的时代抓住了一些真相。让我们转向多元主义的挑战,作为为生命的整全性提出一种责任伦理学的下一步骤。

多元主义的三个方面

多元主义的伦理挑战是简单而又激进的。诚如米格蕾(Mary Midgley)已经指出的那样,道德是"我们的大规模的认知性的和实践性的态度——我们运思和生活的全部原则(policy),我们与周围的人发生关联的方式"。① 多元主义似乎隐含着这样的意思:不可能有为人共同持有的"运思和生活的原则"。它威胁着要摧毁这样一种观念本身:即我们生活在一个或多或少融贯一致的道德空间之内。但是,如果情况真的如此,那人们如何避免社会冲突与分解?难道只有混乱弥漫于这个世界吗?可是,真正的多元主义能够借助于多种社会势力的互动而与社会和政治暴政进行斗争,这也是事实。那么,所需要的便是一种有效的而又不具破坏性的多元主义。在通往这一洞见的道路上,人们必须一开始就澄清多元

---

① Mary Midgley,《难道我们不能做出道德判断吗?》(*Can't We Make Moral Judgment?* New York: St. Martin's Press, 1991),23页。

主义的含义。

多元主义的首要的也是最显著的方面是认知和价值的多样性(diversity)。人们以不同的方式思考和评价生活。有人寻求财富,而有些人却想做烈士;有些人相信人权,而有些人却坚执生态整体论。道德多样性是多元世界时代的一个核心事实。罗伯特逊阐述得很精当:"全球化是一个多向度的过程,这一点必需得到清楚的认识。换言之,全球化同时是文化的、经济的和政治的。此外,我们不应该设想这一过程必然会导向一种很强意义上的全球性的整合。"① 多元主义与全球化是深刻地联系在一起的。多元世界的时代是这样一个时代:不同的道德世界、不同的文化在其中相互作用、冲撞,并融入一种未知的未来。未来是一种拥有人民之间的更大的凝聚性的未来,还是具有更大的冲突的未来,抑或是二者兼而有之的未来,这是完全不清楚的。

文化与价值的多样性并非多元主义的唯一含义。多元主义还有第二种含义,即一种极易将运思和生活的原则与关于事物的本质的宣称割裂开来的社会境况。虽然上面已经有所论述,我们仍需澄清这些观点。让我们考虑一些典型的立场。由于认知和价值的多样性,哈贝马斯在他的交往伦理学中,罗尔斯(John Rawls)在其政治理论中都坚持认为,在多元主义的社会里,没有关于实在的一般概念或道德之善,也没有罗尔斯所说的综合性的理想(comprehensive ideal)是可能的,或者是必需的。诚如这种论调所说的那样,所有为我们所需要的就是在政治上或交往上有正当理由的(warranted)关于正义的

---

① Roland Robertson,"全球化与'传统宗教'的未来"(Globalization and the Future of 'Traditional Religion'),载《上帝与全球化(第一卷):宗教与公共生活的力量》(*God and Globalization vol. 1: Religion and the Power of Common Life*, edited by Max L. Stackhouse with Peter J. Paris, Harrisburge, PA: Trinity Press International, 2000),53—54页。

第二章 创造中的多元主义

规范,①道德无需比在社会上有正当理由的习俗来得更加深刻。像汉斯·昆这样的全球伦理的支持者以一种与此相关的方式利用了宗教传统中的资源。但是,他们坚持认为,宗教的道德规范可以与见于有关神圣者与实在的诸多宗教中的信仰分离开来。此外,对于迎接多元主义的道德挑战来说,综合性的信仰是无足轻重的。这便意味着,多元主义社会必须将道德规范植根于与综合性的理想不同的东西之中。它还进一步隐含着这样的意思,即多元主义本身并不是一个关于我们生活于其中的实在的概念,不论这个概念是多么含蓄。这是正确的吗?

我们已经将多元主义的两个反面厘析出来了:运思和评价方式的多样性,以及在承认这一点的情况下的一种信念,即相信道德必须与任何关于生活和世界的综合性的信仰分离开来。多元主义还有第三个方面。多元主义也将任何社会的或自然的实在刻画了一番:不同的势力通过相互的、自反性的调节而不是简单的分层调整(hierarchical ordering)在这种实在中相互作用。诚如从韦伯到卢曼(Liklas Luhmann)这样的社会理论家已经揭示的那样,复杂的社会在功能上是分化的,而每一个亚系统(法律、经济、传媒等等)都是按照其自身的逻辑、价值和话语运作的。② 在这方面,"多元主义"是一种伦理的挑战,因为它是人们必须在其中为其生活确定方向的社会环境、公共领域的形态。③ 体育英雄的形象满天飞,

---

① 参 Jügen Habermas,《道德意识与交往行动》(*Moral Consciousness and Communication Action*, Christian Lenhardt and Shierry Weber Nicholsen 译,Cambridge, MA: MIT Press, 1990)和 John Rawls,《政治自由主义》(*Political Liberalism*, New York: Columbia University Press,1993)。也参 Franklin I. Gamwell,《宗教自由的意义:现代政治与民主革命》(*The Meaning of Religious Freedom: Modern Politics and the Democratic Revolution*, Albany: State University of New York Press, 1995)。
② Liklas Luhmann,《社会系统》(*Social Systems*, John Bednarz, Jr. 和 Dirk Baecker 译,Stanford, CA: Stanford University Press,1995)。
③ David Tracy,《多元性与含混性:诠释学、宗教与希望》(*Plurality and Ambiguity: Hermeneutics, Religion, Hope*, San Francisco: Harper and Row, 1986)。

养肥了市场系统,也被一些人用来形塑他们的个人认同及其文化。宗教领袖和体育英雄的形象促进了功能分化的各个系统——市场、传媒、体育与宗教——之间的互动,正如它也带来了认知和评价中的改变一样。被如此理解的多元主义的实在必然会形塑道德想象,要么使之失去活力,要么使之生气勃勃。

我们现在可以更加直截了当地陈述一下多元主义的伦理问题了。目前,全世界的人民大多生活在一些高度分化的社会之中,这些社会中的亚社会系统(市场、法律等等)使得各种不同的认知和评价方式成为必需。社会亚系统的互动带来了这些认知和评价架构的改变,并且形塑着道德想象:例如,经济必须适应法律实践,而教育(说来令人悲哀)正日益被经济市场的逻辑与价值所渗透。这些认知与价值的改变从个体意识的层面一直蔓延到社群与国家之间的关系。而世界性的传媒则意味着,完全是产生于正在扩张的市场系统的形象在向全世界人民的意识中渗透,并激发着他们的道德想象。传媒使得那些被看作对人很重要的东西失去活力,或者使之生气勃勃。

假定认知和评价在发生改变,看来就不可能提供任何有关人类生存的综合性信仰。道德规范与有关实在的信仰被分离开来了。毫不奇怪的是,我们时代的巨大的焦虑植根于这样一个事实,即人们日益觉得他们控制不了那些形塑他们自己的意识的力量,或者那些决定他们的角色与生活的社会系统。很难对那些流经意识并形塑着对自我、他者和世界的感知的形象、图像和传说获得自反性的距离。但与此同时,我们是形象的生产者,是勾画和想象世界的生产者。从本书的导论中借用一句话来说,吊诡的是,当今的世界正如我们觉得它是非人化的和世俗的一样,也是过于人化的(自然和意识都日益被包裹在太人化的描画和评价世界的多种方式之中)。它是这样一种境况,其中"生活与艺术、实在与表象之间的区分成为不可能之事……生活变成了表象世界的原型,而表象世界又成了生活的原型"。① 这就是为什么叶芝的诗会在我们的文化和我们的内心产生如此深刻的共鸣的原因之所在。

作为多元主义实在的创造

请注意一下到现在为止本章中所论证的观点。多元主义最好被理解成对任何社会和文化实在的界定,这种实在在不同的亚系统的互动中、并且借助于这些互动而培育了运思与评价活动中的变化。对多样性的意识看来使得谈论任何共同的生活原则都很困难,只能谈论社会系统中的信息流。根据伦理学理论,处于危险之中的乃是实在与道德亦即对生活空间的解释与我们的生活方式之间的关系。如上所述,挑战已经以叶芝提出的强有力的措辞在个人的生活中被感受到了。有这样一种感受,即混乱弥漫于地球之上,人们渴望着某种新的启示。难道叶芝的想象是我们的道德境况的唯一可能的图像吗?

我们必须绝对澄清刚才所问的问题。为了充分回应叶芝的想象,我们必须改变探究的平台。前面对多元主义的各个方面的讨论是对我们的境况的一种分析。叶芝所提供的不是分析,而是对生活领域以及我们目前如何在其中生存的一种想象性的描述。诗寻求的是表达经验的脉络,而不是分析它;他从事的是道德想象。他的想象在形式上必然是象征性的,因为他想抓住实在的活生生

---

① Christoph Wolf,"模拟"(Mimesis),收入《历史人类学:论当今人文科学或者一种新论证的尝试》(*Historische Anthropologie*: *Zum Problem der Humanwissenschaften heute oder Versuch einer Neubegründung*, Gunter Gebauer 等编, Hamburg: Rowohlt Taschenbuch Verlag, 1989),119页。关于对这一问题更进一步的考察,参 William Schweiker,《模拟的反思:诠释学、神学和伦理学中的一种研究》(*Mimetic Reflections*: *A Study in Hermeneutics*, *Theology and Ethics*, New York: Fordham University Press,1990)。

的密度。在表达有多少人事实上在理解他们的生活这一点上，叶芝的诗拥有广泛的共鸣。如果有人总是反对道德怀疑主义，那么，所需要的并不是一种对多元主义的不同的分析。我们需要的是对活生生的实在的外观的一种不同的描述，这种描述显然是评价性的，它将是一种运思活动的想象性架构，而这种架构是由评估或评价生活的方式所形塑的。换言之，任何不同于叶芝的做法将完全是一种在想象上得到了解释的道德本体论。这种本体论首先必须提供某种用来理解不同的社会过程与自然过程之间的相互关系的路径，还有评价与认知的形式。其次，这种可供选择的对生活的描述需要确保一种不同于懒散地坐等伯利恒诞生的生活原则是正当的。

提出这类对世界的解释是一项繁重的任务，本书只能勾画这种论点的一些基本要素。为了做到这一点，我们可以将基督教传统的资源当作意象、象征、神话和用来解释实在的叙事的宝藏而进行考察，我们的目标最初只是审视这些宗教资源在伦理学中能做什么样的工作。与像罗尔斯这样的理论家以及那些将宗教资源从伦理学中驱逐出去的全球化伦理学家相反，我们希望揭示有关实在的信仰对道德生活的重要性。假定这一点，我们将再次转向创造与新创造的象征及其道德意义。①

传统上，基督教神学中的"创造"观念是在万物皆"依赖"上帝的意义上得到表述的。这种"依赖"可以从形而上学的角度予以理解（诚如阿奎那所说的那样，上帝是所有存在的原因），或者从心理学的角度予以理解（在施莱尔马赫[Friedrich Schleiermacher]的

---

① 关于"道德意义"这一观念，参 William Schweiker, "理解道德意义：论哲学诠释学与神学伦理学"("Understanding Moral Meanings: On Philosophical Hermeneutics and Theological Ethics")，收入《基督教伦理学：问题与前景》(*Christian Ethics: Problems and Prospects*, Lisa Sowle Cahill 和 James F. Childress 编，Cleveland, OH: Pilgrim Press, 1996)，76—92 页。

第二章 创造中的多元主义

思想中,基督徒有一种对上帝的生命上的依存感),或者从主体间性(intersubjectively)的角度予以理解(诚如巴特所坚执的那样,创造使得上帝在耶稣基督中成为我们的上帝的存在肉身化)。但是,在任何一种情况下,存在着的每一事物按照推测都是因为上帝直接的和持续的创造(*creatio continuum*)而继续存在的。依赖的观念是用来揭示上帝与世界的关系及其对世界的超越性的。而且,依赖的观念还进一步与权能的政治意象有关联:上帝乃至高无上之主。最近,神学家们一直厌恶依赖这个概念和有关政治权能的观念,其目的是在基督教的叙事资源的范围内研究创造。例如,女性主义神学家一直坚执三位一体的教义,以便阐述一种对上帝的存在的关系性的理解,这种理解可以对建立在依赖基础之上的等级式的权能观念釜底抽薪。①

如果想拥有诠释学的敏锐,人们就必须坚持对圣经的创世叙事进行文学解释(literary interpretation),以此摆脱那些包围着有形而上学和政治含义的依赖观念的概念问题。人们可以将有关这一叙事的两种截然不同的论点分离开来:一种事关创造和实在的多元主义外观,另一种则体现在较晚一层的传统中,事关上帝对世界的回应如何成为人类道德生存的楷模。本章和其他各章中的阅读策略是,在其相互关系之中并且借助于这种关系来探析这些论点;它是将创造文本与有关宽恕和救赎的宣称放在一起阅读。从事解释性的阅读将会(1)提出一种关于道德空间的象征性描述,但又(2)在道德反思的压力下,修改这种象征。此外,在对创造的道德意义的理解中,一个概念——生命的整全性——必须取代"依赖"。

---

① 比如,参 Elizabeth Johnson,《她是谁:女性主义神学话语中的上帝的神迹》(*She Who Is: The Mystery of God in Feminist Theological Discourse*, New York: Crossroad, 1992)。也参《上帝的他者性》(*The Otherness of God*, Orrin F. Summerell 编,Charlottesville: University of Virginia Press, 1998)。

首先,圣经叙事中的创造是对实在的一种解释,但它依据的不是依赖,而是丰盛与充裕(abundance and fecundity)。上帝与"世界"的关系不是一种简单的原因、一种根源的原理,或者一种形而上的支持。当上帝"创造"之时,那些受造物(天/地、动物、人类)立即参与到这个正在进行中的建构世界的事件之中。在《创世记》的叙事中,人类被赋予了给世界命名的权能,也就是说,被赋予了语言并因而文化性地栖居于实在之中的权能;他们被置于诸多时间、生命形式、节奏与自然的范式的复杂的分化之中,神圣的祝福被倾注在受造物、人类和安息日之上,这种祝福乃是一种能力,即参与在生命的全部复杂性和多样性之中展示生命。"创造在形形色色的生命结构范式与事件之间创生了一种复杂的统一。"①换言之,创造是自然过程与伴随着自身之逻辑的社会/文化过程之间的相互作用。这一象征提供了关于现实的一种描述,此种现实可以被分析为具有多元化之特征。

这种对实在的解释如何与思考和评价的原则相关联?如何与道德性的生存相关联?这将我们带到有关以上帝对世界的回应为中心的创造叙事的第二个论点。如上章所论证的那样,在圣经文本中,爱邻人和创造之间有一种深刻的联系。正义和正义的行动是"创造事件",恰恰是因为它们使得人们重新参与世界的建构。上帝通过提供生存的恩惠而爱邻人,甚至爱上帝的仇敌。在山上宝训中,耶稣教导了一种激进和看起来严厉的事情:上帝降雨给义人,也给不义的人(《马太福音》5—7章)。这是否意味着上帝对义与不义之间的差异无动于衷呢?上帝对待做坏事的人、对待上帝的仇敌的方式,不是借助于使仇敌成为达到获得义这一目的的手

---

① Michael Welker,"创造:大爆炸抑或七天之事工"(Creation: Big Bang or the Work of Seven Days),载《今日神学》(Theology Today)52:2(1995):183—184页。也参其《上帝的灵:神圣的上帝的神学》(Gottes Geist: Theologie des Heiligen Gottes, Neukirchn-Vluyn: Neukirchner Verlag, 1992)。

第二章 创造中的多元主义

段的报复。见于创造本身之中的神对世界和人们无微不至的呵护,是将仇敌引向皈依。① 当然,这几乎不是上帝的仇敌所想要的。在其极端的形式中,"仇敌"会支持弥尔顿(John Milton)以撒旦的口吻所说的话:"邪恶呀,你是我的善。"通过善使恶皈依,从恶中汲取善,也是一种审判。邪恶的心灵、决意要降低和破坏生命的整全性的心灵就会不再为生活确定方向,就会软弱无力,就会转向先前被鄙弃的东西,那么,生命的整全性就应该得到尊重,并应兴旺发达。在基督教的信仰中,以仁慈之善拯救邪恶注定要与创造和通过基督而赢得的新的创造之间的关系密切相关。在《圣经》乃至耶稣的教导中,一种旨在结束复仇的循环的原则被注入到创造事件本身之中。

在整部《圣经》中,上帝的慷慨创造可以被读解为一种对上帝的"仇敌"的非报复性的、非强迫性的战胜;义成了(Justice is done),毁坏生命者将不会长盛不衰。创造不是借助于见于像克罗诺斯和宙斯这样的希腊神话中的强迫或冲突而战胜了混乱——这个神话已在第一章中得到考察;创造是通过一种创生生命的排序而完成的。它是一种有多重原因的建构世界的事件。亚当和夏娃被置于一个旨在唤起感激和愉悦之顺从的乐园之中;通过出埃及,奴仆被创造给了以色列人;耶和华赐予律法和土地,由此兑现了由亚伯拉罕和撒拉生养众多后嗣的应许。耶稣治愈病人和喂饱饥者。喂饱饥者的故事彰显了丰盛的逻辑,并且重建了社群,以便所有人都分享上帝的统治。喂饱之事超越了传统的对洁净与污秽的划分及二者间的冲突,修改了社会生活的界限。紧随基督的死亡与复活而来的是圣灵的倾泻,它战胜了犹太人与异教徒之间的分

---

① 稍后,我将回到这一主题,并在对政治宽恕的解释中,转而讨论所谓正义的战争这一思想的地位(第六章),还有对狂热的暴力(第九章)和道德二元论的其他回应(第五章)。

裂。在信仰的社群的生活中,布道和圣餐是神慷慨地带给世界的语言和仪式性的律法。这样,恩典和创世的故事便阐明了创造的核心意义。即便自然世界的特征是匮乏和苦难,创造也是丰盛和仁慈的。

将这些有关创造叙事的观点综合观之,我们可以说,"创造/新的创造"富于想象力地刻画了生活的道德空间,并阐明了一种生活的原则。这些象征的逻辑试图将运思与评价的方式奠基于一种有关富足与非报复性的神的活动的主张,道德生活是而且应该是对神的活动的一种模仿。但是,这种对创造观念的解释无可否认地是对传统的一神论的一种深刻的修正。互惠的核心道德要求、表达在像你希望别人爱你一样地爱别人这一主张之中的正义的支柱,都为我们如何理解上帝对世界的意义提供了一种概念上的转换。内在于圣经中对上帝的描绘之中的报复问题(参看洪水、神悔改的行动、基督的十字架)便因贯穿于山上宝训与《创世记》之间的跨文本的联系而得到消解。① 更直截了当地说,在其教导、行动、死亡和复活中的耶稣基督乃是上帝的存在本身,而这个上帝可以从根本上解释为超越了报复的逻辑。人们承认,在基督里,上帝的实在彰显于并且临在于世界之中,它使得一种效仿神圣之道的生活成为可能,并且要求这样的生活。那些——比如说,在阶级冲突、贬低和毁灭人的绝对贫困乃至内战之中——滋生占有欲、暴力和仇恨的行为和社会结构,从宗教上来说,乃是罪的国度。但是,当生活被用来增进人类的尊严,培育共同的善,并且消除冲突,那

---

① 在基督教神学家中,对关于十诫或山上宝训是否最好地表达了基督教道德生活之核心这一问题的争论可谓由来已久。例如,卫斯理认为山上宝训即是基督教的总括,而另外一些人如加尔文和许多天主教思想家则以十诫为中心。我在此的立场则是将卫斯理式的洞见与"创造"的重要性联系起来,以之为用来理解耶稣的教导的视野,而这两种主张也与作为良心之更新与转换的新的创造这一观念密切相关。

第二章 创造中的多元主义

么,它就是一种植根于上帝以非强迫性的手段对付敌对力量的做法的真正的善。① 即便是面对冲突,这种观点也促进了对生活之善和对复元性正义的承诺(commitment to restorative justice,参第六章)的深刻的肯定。

我们已经获得了一些真正的洞见。第一个洞见是,创造对于从伦理学上理解被"罪"玷污了的活生生的实在之多元主义外貌而言,乃是一种恰当的象征,它激活了用来把握那些对人类来说是重要的东西的道德想象。创造叙事在多重力量和实在(天/地,光明/黑暗等等)的相互作用中,并通过这种相互作用,将生活解释成善的王国。真正的多元主义并非放任自流于地球之上的混乱状态,它是一种复杂的、相互作用的实在,这种实在被证明是善的,但是也有其特征,即有永远存在着冲突和暴力之可能性。其次,通过在创造之内诠释爱的诫命,互惠的原则被用于在面对冲突因而面对罪的实在和国度时,阐述上帝创造的丰盛之道德意义。这并不是试图将文本化约为一种单一的道德原则。斯特勒(Joseph Sittler)精当地写道:"试图从基督的生活中推出一些原则的渴望,可能是人们想将活生生的爱的原料冷却为可以触摸的责任模具的隐藏的愿望的一种形式,而这样就不考虑……我们与之息息相关的上帝了。"② 寻求正义并非以某些普遍的原则

---

① 在内容和方法上,我都不赞同米尔班克(John Milbank)和其他思想家,他们认为,"俗世"乃是植根于一种被认为是没有理解圣经的和基督教的世界观的"暴力本论"。参 John Milbank,《神学与社会理论:超越世俗理性》(*Theology and Social Theory: Beyond Secular Reason*, Oxford: Blackwell, 1990)。确实,圣经中的想象始于和谐与丰盛,那种观点既不像这些思想家们主张的那样是理想主义的,也不像他们想象的那样是含糊不清的。在我的阐述中,在有关神的主张中,真正成问题的乃是重新评估权能,从而尊重和增进生命的整全性。我认为,这是对基督教有关上帝的存在即是爱的信仰的一种概念化的表述。

② Joseph Sittler,《基督教伦理学的结构》(*The Structure of Christian Ethics*,前言为 Franklin Sherman 所作,神学伦理学文库,Louisville, KY: Westminster/John Knox Press, 1999),49 页。

为生，毋宁说，寻求正义乃是与处于罪的结构之中但又在新的创造的权能之下的创造保持一致而生活。这是一种现实的正义观念，为了抵御那些过于频繁并过于轻易地扰乱所有人类社群的破坏和冲突性势力，这种观念是必不可少的。但是，第三，这也是对正义和我们常见的创造观念的一种彻底的转换。当创造被按照生命的整全性之内的互惠模式而不是按照形而上的依赖模式得到思考时，当上帝通过生活之善对付仇敌表现出来的丰盛成为正义原则之基础时，那么，正义和创造就得到了重新评价；正义不再只是对某人权利的声称和公平对待他人的责任。诚如罗尔斯所主张的那样，正义不只是公平（fairness）。毋宁说，正义乃是人与社会、自然过程之间的正确关系的仁慈宽容的确立。它是一个创造事件。我们关于创造的观念也依据道德要求而得到了转换，创造不只是有关实在的多元化外貌的一种主张，尽管它是这样一种主张。它也是一种活出复元性正义和救赎的方式。道德想象可以深化人们对那些重要的东西的感知，在这种想象中，道德与实在是密切相关的。

将实在描述为创造，乃是一种综合性的信仰，它证明了那种显然不同于叶芝之诗和过于后现代的怀疑主义的人生态度是正当的。这是一种肯定生命并且能够遏制报复之循环的态度，为了能够在一个多样性的世界里生存下去，这种态度是必需的。然而，我们对这一象征的解释是不完全的。我们坚持互惠的观念——像你希望别人对待你一样地对待别人——阐明了上帝的丰盛及其仁慈地对待仇敌的做法，这是一种关于生活原则之内的运思与评价的关系的主张。创造也具有多元化的特性。这是一种关于价值的深度和善的地位的陈述。现在的问题是，如何将这些有关正确行为的规范的观点与有关善的来源的主张整合到一种融贯的立场和伦理学之中。我们以一种类似于传统的自然法伦理学的方式，来关注一下正确的道德推理（互惠原则）的次序和显示善的自然的次序

（创造的丰盛）。为了完成这一论证，我们必须回到以生命的整全性为目的的伦理学。

以生命的整全性为目的的伦理学

现在，我们做出运思中的第三个也是最后一个转向。本章的观点一直是在对多元主义的分析和对生活的道德空间的一种具有竞争性的阐述之间，亦即在叶芝的创造象征和圣经中的创造象征之间移动。我们这样做是为了澄清和迎接多元主义对伦理学的挑战。通过在《创世记》和"山上宝训"的交叉点上理解创造的象征，下面这一点便得到了证明，即要提供(1)一种生活和运思的原则，(2)这种原则肯定一种充满活力的多元主义，(3)并且将道德与对实在的描绘联系在一起。这样，借用利科的著名观念来说，[1]象征便引发了思想。具体而言，即是得到如此解释的创造的象征激发了旨在回应多元主义之各个方面的反思。研究至此的任务就是要在规范伦理学的工作范围之内，将分析与阐述结合在一起。

实际上，一旦我们领会到在创造和基督里的上帝的丰盛与规范伦理学的思想的不同因素是有关联的，那么，这两者便是可以结合在一起的。这些因素首先是针对正确的选择和行为的规范，其次则是一种价值理论，即关于我们应该在所有行动与关系之中都应该寻求的善的理论。上帝通过倾注生命之必需品来对待"仇敌"的做法为正确的选择与行为规定了一种规范，如上所述，这就是为什么耶稣在山上宝训中，用爱邻人的话阐述这种规范的原因之所

---

[1] 参 Paul Ricoeur,《解释理论：话语与意义的剩余》(*Interpretation Theory: Discourse and the Surplus of Meaning*, Fort Worth: Texas Christian University Press, 1976)。

在。所谓金律不过就是被解释为行为与选择之规范的创造事件。按照金律行事部分地即是人类该如何效仿上帝的正道;它也是基督徒该如何反报复之道而效仿基督,并生活在新的创造之中的正道。通过将作为规范的创造之中的积极的和仁慈的向度含括进来,我们可以使这一观点更强一些。请让我将这一点阐述为一种原创性的责任律令的公式:在所有行为和关系中都尊重和提升生命。尊重生命的诫命把握住了互惠的观念,提升生命的要求显示了创造的丰盛。按照这一规范行事便可以实现正义;它可以限制报复,同时还可以保护无辜者。创造的律令性公式中的全部意义将在本书的其他各章中得到探索。

  价值理论的下一步怎么办呢?诚如我们已经领会到的那样:"从一开始,创造就以上帝与特别的人类以及上帝与一般受造物之间的有差异的沟通(differentiated communion)为目的,并由此而以关于上帝和关于创造的知识为目的。"[1]为了把握到创造的道德意义,我们便需要生命的整全性这一观念。正如本书导论所述,生命的整全性这一观念指明了两重含义:第一,整全性意指将多元之善整合到某个融贯的、复杂的整体之中。价值乃是生活的不同向度之间的相互作用所固有的一部分,这些向度包括自然的生存(比如说健康)、社会互动与过程、还有自反性的善和文化之善与意义。整全性是具有丰富性以及融贯性或整体性之特征的生活,生命的整全性表明内在的价值在多元之善的正确关系中被发现了。[2] 这

---

[1] 参前引 Michael Welker,"创造",收入"创造:大爆炸抑或七天之事工"(Creation: Big Bang or the Work of Seven Days),载《今日神学》(*Theology Today*)52:2 (1995):184 页。

[2] 有时,这是对一种"相关性的"和多向度的价值理论的呼召。关于这一观念,参 H. Richard Niebuhr,《激进的一神论与西方文化》(*Radical Monotheism and Western Culture*, New York: Harper Torhbooks, 1960),也参 James M. Gustafson,《神圣感:从上帝中心论的角度看自然环境》(*A Sense of the Divine: The Natural Environment from a Theocentric Perspective*, Cleveland, OH: Pilgrim Press, 1994)。

便是《创世记》中上帝看着它是"好的"那个陈述的意义。其次,人类生活的整合、我们作为道德代理者的生存总是要借助于对某种会带来生活的整全性的东西的认信;这正是我们为什么会将正直的人说成是按照原则行事的人、说成是活出了他或她的信念的人的原因之所在。明显的道德之善乃是一种生活,这种生活的整全性是通过献身于尊重和提升生命的整全性而被发现的。正直也因此而是一种批判原则,可以用来对那些运作于多元社会之中的势力进行评判,而这些多元社会又会形塑我们对他者和世界的看法。献身于负责任地生活不过就是保持一个人的生命与意识的自由与尊严。

现在,我们可以将我们对上帝的丰盛的创造性的反思中的诸种因素结合在一起了。生命的整全性是一种多元主义的善的概念。它认为,我们所说的善的含义恰恰就是对在圣经文本中被象征性地描述为创造的复杂的实在的整合,负责的生活即是服务于那种善。这是一种受到了对生命的整全性的信奉之塑造的生活。设若如此,则以下关于责任律令的准确公式便是可能的:在上帝面前,在所有行为和所有关系中尊重和增进生命的整全性。这是一种关于负责任地生活的律令,因为它为回应复杂的实在之域阐述了一种规范。要想将这一律令认可为行为与关系的规范,所需要的是复杂的、被整合了的实在的价值,和自然的善、社会的善以及自反性的善之间的互动。责任的律令将有关创造的各种基本主张关联在一起,而这些主张乃是在我们的诠释性的研究中形成的。本书后面,这一点将借助于作为对责任律令的宗教性阐述的双重之爱的诫命(第五章)以及所谓的金律(第九章)而得到探究。

然而,在理解这种关于善的多样性的观点之后,我们立即便会获得一种极端而又令人烦心的认识:它使得我们在一种更深刻的层次上回到综合性理想与多元社会这一问题上来。生活从来就不是秩序井然与一团和气的。各种声音和社会争议的喧闹充斥着这个世界,报复性暴力也过于轻易地吞噬着整个社会,也许是整个地球。为了尘世的好处,生命与生命竞争;与友人共度时光却削弱了家庭,工作带来满足,但付出的代价却是感情与身体健康。我们的生活局促于高度分化的社会中的各种角色——集父亲、公民、学生和消费者于一身——就此而言,生命与生命的竞争侵扰了生存。更为深刻的是,我们天天遭遇罪的实在,亦即削弱和破坏生命的整全性的骄奢淫逸。

通过肯定生命的整全性,人们也同时是在承认道德悲剧的事实。由于有限的生命、多元的社会生存结构和真正的邪恶的限制,并非所有应该得到尊重和提升的都能得到尊重和提升。非常吊诡的是,难道叶芝最终竟然是对的?如果人们认可创造之善,难道道德中心就不再有效,而一种悲剧性的混乱就会侵入我们的生活?有人会猜想,我们终于触及多元世界时代的最深刻的困惑。如果有人将我们世界的多样性理解为真正的人类之善,如果有人认可多元主义,那么,悲剧性的事件看来就会无处不在。那么,如何热爱生命呢?在关于实在的图景中,真正成问题的事实上就是对道德悲剧的回应。

我们时代的一种回应可见于叶芝的诗歌之中,这种对生活的刻画是一种综合性的理想。它告诫我们要忍受生活的冲突,亦即偶像的熹微,同时对某种新的启示和某个新的救世主翘首以待。① 通过利用宗教资源,我们已经勾画出一种不同的回应和生活原则。事实上,圣经文本是借助彼此对观的方式而得到读解的,这样做的目的是为了以此将创造与救赎结合在一种综合性的

---

① 我们可以在像海德格尔这样的思想家及其有关"诸神"退出的主张中,还有在尼采和未来的哲学家以及超人的来临之中,最明显地见到这种举措。这些立场的启示录式的氛围应当为我们提供犹豫的理由。

生命观之中。救赎已经改变了创造，一如我们等待和争取作为在他者和我们自身的生存之中的新的创造的充充满满一样。① 这可能是一种非同寻常的回应。其要义是，我们必须负责任地生活，我们必须尊重和增进生命的整全性，这并非因为这样做将会使我们摆脱悲剧，而只是因为作为上帝的造物去生活是善的，并且是正确的。换言之，对道德生活而言，是没有深谋远虑的正当理由的；而对献身与致力于生命的整全性而言，也是没有自私的理由的。所剩下的就是对这种生命观的内在的主张，以及它所需要的风险，这种风险即便是神也会承担。诚如我已经指出的那样，多元主义最深刻的挑战是，它通过形塑我们运思和评价的方式，能够使我们对生命的整全性应该得到尊重和提升这一内在的主张熟视无睹，多元主义能够使我们对临在于我们之中的上帝的实在熟视无睹。

但是，我们并非赤手空拳。在上帝面前尊重和提升生命的整全性这一律令，在人们的生活中产生了深刻的共鸣，善并非没有其见证。借助于家庭、社群、教育、传统、爱和自然天赋之间的复杂互动，我们确实觉得，我们不应该降低和破坏生命的整全性。这种责任感不过就是对上帝的善的创造——不论它是不是这样被命名的——的意识，它是良心的主张。由于这种责任感，我们被呼召并且被允许效仿神对尘世的举止风采。因此，道德生活的基本问题是，人们是否会活出对生命的真正价值的感受。多元世界时代的

---

① 我是在从卫斯理那里引申出一种洞见，他坚持认为，基督在尘世的临在好像有一种反作用力；没有任何事物和任何人能够存在于基督的救赎行动的范围之外。这便意味着，没有某些被称作的"自然"的东西存在于救赎之外。卫斯理称之为"预期的恩典"（prevenient grace）：它需要并且允许对基督的形迹与事工做出自由的回应。我在阅读之后，同样的观点是按照圣经通过"创造/新的创造"这些观念而形成的。实在本身——尽管它破碎不堪——总是并且已经处于上帝的关爱与仁慈的范围之内。类似的观念后来得到了20世纪罗马天主教神学家拉纳的大力阐发，我在此处不能阐发这些问题。

任务是去搜寻能够使人们和社群坚定地、负责任地迎接生活的资源,创造性地想象这个世界会培育一种超越时代的焦虑的对善的深度的感受。

第三章　重新思考贪婪

本书的前一章勾画了多元世界时代的各个维度，包括全球化动力与多元主义的道德挑战。借助于在良心的更新中将创造和"新的创造"结合起来的后批判的、解释性的诠释学，一种新伦理学被提出来。由于认识到任何对当前的全球化态势的全面解释超出了本书和任何其他著作的范围，因此本章采取了另一种反思措施。诚如许多人注意到的那样，法人团体的、跨国资本的扩张是多元世界时代里最紧迫的问题。在全世界，都有这样一种认识，即"全球化市场"是形塑人类生活的主要力量，这种力量似乎完全超出了我们的控制。也存在着挥霍性消费的危险，这种消费助长了对负责任的人类生活具有破坏性的世界的过度人化。还存在着这样的事实，即在获得物质商品方面十分明显的不平等滋生着敌意、恐怖主义和冲突的循环。诚如最近一项联合国开发项目指出的那样，"全球性的收入和生活标准的不平等已经达到了荒唐可笑的比例"。①

正如联合国的报告正确地继续写道，这也并不是建议竞争性

---

① 转引自 R. C. Longworth 的"一种荒唐可笑的差距"中的开篇故事，载《芝加哥论坛》(*Chicago Tribune* 153，no. 193[July 12, 1999])第一版，第1页。

的市场应该受到拒斥。事实上,市场一直在增长。更有甚者,人类总是在从事各种交换——实物交换、贸易等等。从神话的角度来说,伊甸园是"前商业性的",但是,一旦真正的人类进入历史的世界,交换就出现了。古代"经济"是农业性的或游牧业性的,并且被嵌入在特殊的社会和文化关系之中,这些关系在性质上通常具有深刻的宗教性和父权制特性。而在我们的境况里,由于已经经历了商业和工业时代,我们发现,高度分工合作的金融和信用系统、高科技工业乃至后工业的信息流正影响着经济生活的所有方面。这样就出现了各种新的代理者(世界银行、国际货币基金、世界贸易组织以及北大西洋自由贸易协定)以及在国际法制定过程中的跨国公司之间的合作。我们应该如何对这种经济境况做出回应呢?在全球化的语境中,它又意味着什么呢?

对许多思想家来说,这种境况里的任务是探讨和阐明将会确保市场服务于人们和社群的规则与制度。虽然这是必需的,但本章不会集中于单纯的政治与经济分析,也不会因此而集中于有关全球经济的重要制度问题。由于我们在其他几章里探讨过一些社会和文化发展,此处考察一下人类的感受力便是很重要的了。追求财富的动机之道德是什么?对物质性的生活必需品的分配中骇人听闻的不平等,我们能探究那些可感受到的反应、对财富的热爱和我们的反感,或者道德指责的付之阙如吗?更直截了当地说,在本章中,我们是在处理全书的一个基本主题,即想象的角色及其与道德感受力的关系。从这个角度来看,"经济"根本上是那种形塑人类的愿望的社会想象的动力。孩子们被不停地用新游戏、新玩具和新流行的形象轰炸;各汽车公司在大谈安装冰箱式的储藏箱,以便司机能随意消费;一些报道说,美国人实际上是在昼夜不停地吃快餐,美国人口中相当大一部分都可以被诊断为过度肥胖。因此,我们的主题便是,当这一切撞击着道德生活的某个方面时,人的愿望与以文化为中介的价值系统之间的复杂关系。愿望能够采取的一种形式最好被称作老话中的"贪婪";也许该重新思考一下贪婪了。

那么,如何开始呢?我们必须在时间上回溯到近代西方黎明时期的重商主义哲学,而且,通过求助于一种在其对人的愿望与社会问题的分析中富于想象的作品,我们是能够做到这一点的。该书写于近代工业革命急速发展的时期,写的是一个游历于多个世界之间的人。

格列佛(Gulliver)的抱怨

在叙述他在智马国(the land of the Houyhnhnms)——优雅有德的马的国度的游览时,格列佛在其《游记》中记述了雅虎(Yahoos)①即人类在外貌和举止上是如何粗鄙和邪恶。在被允许生活于智马之中,甚至被允许做一个主人的奴仆之后,格列佛很快便享受着一种大多摆脱了雅虎之恶的生活。"我没有机会行贿、阿谀奉承或为人拉皮条,以获得任何大人或者他的宠臣的青睐,我无须防卫欺诈或压迫。"②但是,这绝对不是一种极乐的"自然状态",就好像"马"比人类更"自然"。雅虎——无知、凶暴、小气而又好色——也活出了它们的"自然"。③ 智马国实际上是美德之国,这些美德遏制了邪恶,并为"理性的受造物"培育了和睦安宁。这个国度无需"防卫",因为冷静的理性支配着社会互动。

格列佛被智马们驱逐出其国境,他遭到驱逐的原因是智马们很正当的担心:格列佛中"一些理性的初级产物"与"那些动物

---

① Yahoos,亦译人形兽。——译注
② Jonathan Swift,《格列佛游记及其他著作》(*Gulliver's Travels and other Writings*),Ricardo Quintana 编(New York:Modern Library,1958),226 页。
③ 我得赶紧补充道,这里的某种联系对大行其道的互联网搜索引擎雅虎(Yahoo)委实是恰当的。

(雅虎)的自然的堕落"的奇怪混合可能会在智马国里产生坏作用。格列佛的存在本身、他看起来没有能力去过一种有理性与美德的生活,这些都意味着他对理性社会的脆弱的纽带是一种威胁。在遭到拒绝,并且悲痛欲绝之后,格列佛坐着一条凑凑合合的小船离开了那里,一段时间后,他回到了自己的出生地英格兰。他告诉我们,他花了数年的时间才能容忍雅虎同伴,乃至他的妻子。最后,他终于能与他的妻子和儿子在同一张桌子上共进晚餐。

格列佛再也没能完全重新融入人类团体,在其游记的最后几页,他告诉了我们个中缘由:"我与雅虎同类的和好总体上可能不至于这样困难,如果他们只是满足于自然赋予他们的那些邪恶与愚笨的话。"自然分配给雅虎的邪恶是偷盗、拉皮条、撒谎、行骗等等。但是,格列佛继续写道:"当我深怀自豪,目睹一块畸形物和身心疾病,它便立即毁掉了我所有忍耐的法子,我也不能理解这种动物和这种邪恶是如何如此匹配的。"①《格列佛游记》的作者斯威弗特(Jonathan Swift)不无理由地认为,一种二元论困扰着人类,就是说,我们有正确行动的能力,但我们总是做不到这一点。悲剧和喜剧就是出自这个事实。斯威弗特坚持认为,最大的悲剧就是蓄意的欺诈和自吹自擂,也就是傲慢。

斯威弗特针对雅虎的邪恶尤其是傲慢的抱怨是才华横溢和适时的讽刺杰作。撰写于不列颠帝国的经济与政治扩张时期,并且(毫无疑问地)注意到洛克(John Locke)在其《政府论》(下篇)(*Second Treatise on Government*)中坚持认为"起初,全部世界就是亚美利加"——即应该由人类的产业来加以改善的不毛之地,斯威弗特的讽刺作品集乃 18 世纪欧洲各种环环相扣的争论之大成。格列佛遍游陌生的外邦之地,它学到的不是英国雅虎们的优

---

① Jonathan Swift,《格列佛游记》,242 页。

越性,而是真正的他者智马们———一种仅仅被欧洲人视为"动物"的理性的受造物——的智慧。斯威弗特对处于"自然状态"的雅虎的描绘,乃是卢梭著名的有关自然与文化之间冲突的争论的一部分。雅虎绝不是卢梭挚爱地想象出的摆脱了腐败的社会势力的、自由而又和睦的"自然人"。格列佛坚决主张,智马之间无需防卫压迫与欺诈,他的这种主张浸染了英国的政治哲学。他支持霍布斯(Thomas Hobbes)的判断,即政治社会的形构恰恰是为了避免每个人对每个人的战争。但是,这仅仅适合于雅虎;人们可以想象另一种受造物,另一种并非如此野蛮的社会生存方式。与洛克相反,斯威弗特似乎是在说,真正的"不毛之地"并非难以控驭的自然资源,而是人的心灵,最需要的产业乃是美德、理性和谦恭。最后,《格列佛游记》推进了像洛克、孟德维尔(Bernard Mandville)以及后来的休谟(David Hume)和斯密(Adam Smith)这样的思想家们对"恶"在文化尤其是商业社会的发展中的地位的讨论。人们也许会想起,孟德维尔坚持认为:"充足的财富和外国的财宝总是不屑于来到人间,除非你接受它们难分难解的伴侣,这就是贪婪和奢侈。"①

难道傲慢、贪婪和短缺是财富的发动机吗?难道资本主义是愚昧无知的、凶暴的、小气的、贪心的吗?难道资本主义骨子里就是雅虎吗?当今许多对经济问题的反思都对有关如何评价追求财富的动机的讨论弃置不顾,而斯威弗特则认为这是个基本的问题。这种忽视似乎有两个原因。首先,在20世纪的基督教思想家中,存在着对市场经济深刻的怀疑。从像利奥十三(Leo XIII)这样的教宗和饶申布什(Walter Rauschenbush)这样的社会福音派思想

---

① Bernard Mandville,《反思商业生活中的蜜蜂的寓言:从柏拉图到目前的经典文献选集》(*The Fable of the Bees in Reflection on Commercial Life: An Anthology of Classic Texts from Plato to the Present*, Patrick Murray 编, New York: Routledge, 1997),150 页。

家,到拉丁美洲的解放神学家,对于公平分配物质性商品而言,市场通常都被视为一种纯粹的障碍。在其最极端的形式中,这种观点实际上将经济上的不公正与资本主义视为一体。对这些思想家来说,资本主义在骨子里就是雅虎;资本主义超出了基督教伦理的影响范围。这些神学家对于重新审视市场和人的动机几乎没有兴趣。

在 20 世纪 80 年代,至少是在美国,这一评估略有变化。一些新教思想家,如斯塔克豪斯(Max Stackhouse)、科鲁埃格(David Krueger)和其他一些人,以及罗马天主教的主教和道德神学家,如马克恩(Dennis McCann)和霍伦巴赫(David Hollenbach)重新开启了对市场的道德评价这一问题。① 甚至是教皇若望·保禄二世也在其关于劳工的通谕中,为市场的增长和扩展留有虽然有限但很恰当的一席之地。② 但是,尽管所有这一切已经成为一种颇受欢迎的发展,对人的动机问题的探讨却仍然是少之又少。近年来,社会正义的问题,而不是道德人类学和心理学,一直是核心问题。制度分析和政治分析的话语一直支配着这个时代。

斯威弗特的世纪让人感兴趣的是,其中心问题是如何解释人类社会尤其是商业文化的纽带。斯威弗特和其他一些思想家坚决主张,为了正确理解这些纽带,我们必须把握人的欲望的趋向。这便意味着,经济是道德研究的一部分,进而言之,伦理学需要一

---

① 参 Max Stackhouse,《公共神学与政治经济:现代社会中基督徒的管理》(*Public Theology and Political Economy: Christian Stewardship in Modern Society*, Grand Rapids, MI: Eerdmans, 1987);《全球化时代的基督教社会伦理学》(*Christian Social Ethics in a Global Era*, Max. L. Stackhouse, Dennis McCann 等编, Nashville, TN: Abingdon Press, 1995);David Krueger,《商业公司与生产性正义》(*The Business Corporation and Productive Justice*, Nashville, TN: Abingdon Press, 1997)和《为了所有人的经济正义》(*Economic Justice for All*, 美国罗马天主教主教会)。
② 例如,参看 John Paul II,《百年通谕》(*Centesimus Annus*, 1991)。

种充满活力的心理学。因此,目前忽视这一主题的第二个原因是,与斯威弗特和斯密不一样,现今的政治经济学不再被视为道德哲学的更大任务的一部分。18 世纪后期以降的"科学"的兴起与分化一直意味着,经济学和伦理反思经常是在非常不同甚至是分离的轨道上运动的。此外,太多的当代伦理学都忽视了心理学的工作。① 比如,认为道德代理者的标志是"理性"和"自由"这一观点就曾得到颇具特色的争辩。但是,任何对行为所做的有见识的解释想必都需要提供一种更丰富的、更有条理和浸透着文化的有关人类生存的图像。由于认识到我们是在证实一些主张的层次上跨越多个学科,早该重启有关恶与资本主义的讨论了。批判的目标是一种消费文化,这种文化是在社会想象与市场之内,并且借助于社会想象与市场而运作的。而我们的目的则是获得作为经济活动之目的而非其手段的生命——尤其是人类的生命——的整全性,它将主张通过一种新人道主义的视角摧毁经济的过度人化。

在通往这一结论的道路上,我们下一步必须以概括性的笔触勾画出对商业生活中的贪婪的传统性的评价。这一讨论构成了对那个曾困扰过斯威弗特和孟德维尔以及其他一些人的问题的处理之背景,这些人对雅虎之恶提出过抱怨,或者给予过赞美。

---

① 关于最近有关伦理学和心理学的著作,参 Ernst Wallwork,《心理分析与伦理学》(*Psychoanalysis and Ethics*, New Haven, CT: Yale University Press, 1987); Don S. Browning,《宗教思想与现代心理学:文化神学中的一种批判性的对谈》(*Religious Thought and the Modern Psychologyies: A Critical Conversation in the Theology of Culture*, Philadelphia, PA: Fortress Press, 1987); Owen Flagan,《道德人格之种种:伦理学与心理学实在论》(*Varieties of Moral Personalitiy: Ethics and Psychological Realism*, Cambridge, MA: MIT Press, 1990); 和《认同、个性与道德:道德心理学论文集》(*Identity, Character, and Morality: Essays in Moral Psychology*, Owen Flagan 编, Cambridge, MA: MIT Press, 1990)。

评价贪婪

除非被纯粹的意识形态所蒙蔽,绝大多数人都会承认,贪婪是一种真实而又在场的实在。这个星球上的许多人都处于饥饿状态,其中少数居民以不断增长和令人惊骇的速度消耗着资源。诚如朗沃斯(R. L. Langworth)在 1999 年所报道的那样,微软公司的三位最富有的高级职员当时拥有的资产(约 1400 亿美元)超过了拥有超过 6 亿人口的最不发达的 43 个国家的资产总和。全世界约一半的国家,人均收入低于 10 年或者 20 年之前。[①] 对财富与财产的渴求经常通过全球化的传媒系统而得到传递,这种传媒系统乃是显示商业性的天花乱坠的广告宣传之特色的形象之泛滥。此外,恰恰是在那些获得地球上的资源最少的国家里,人口正在急剧增长。这加剧了"富国"与"穷国"之间的分裂,一如它预示着,由于民众和国家争夺资源,可能会出现一个全球移民、社会暴力和国际冲突的时代。我们生活在一个匮乏和消费失控的时代,这种消费决心吃光人类与地球。我们建设的城市与文化以及我们自己对自我的感受,似乎都是奔着财产和消费而去的。

贪婪不仅是在场的实在,它似乎是人类生活不变的特征。因此,谴责的声音跨越了从古代先知延伸到当今对经济权利的倡导者这一时期,这也就一点也不令人惊讶了。隐藏在西方道德想象之内的是这样一种假定:贪婪会奴役和毁掉个人和社群。但是,什么是贪婪?简而言之,贪婪(greed)或者贪心(avarice,拉丁语 *avarus*,意为"贪婪的"[greedy];"渴求"[to crave];"强烈地渴望"[to desire])是过度地爱财,是对超过一个人所需要或应得的

---

① 参前引 Longworth 的"荒唐可笑的差距",载《芝加哥论坛》(*Chicago Tribune* 153, no. 193[July 12, 1999])第一版,第 1 页。

财产或财富贪得无厌的渴求。① 因此，贪婪表示人的渴求与那种渴求的特定的对象，即在文化上被确定为"财富"的东西之间的关系，当且仅当这种渴求超出了人的基本需要，并且也超出了对消费的合理正当的限制。我们也许会认为，这就是为什么贪婪这个论题传统上被界定在交换伦理学和由此而来的对交换正义的要求与个人道德即品德高尚的自我这个问题的交叉点之上的原因之所在。② 当然，要确定"限制"以及何时这些限制被逾越了，乃是一个难题。至少从经验上来看，这似乎是不同的社会边界与设计的问题；在一个社会里可算作"贪婪"，在另一个社会里则可能不是。

贪婪是人的过度的复杂的欲望。从现象学来看，我们可以根据"被渴望的东西"和对财产的合理限制，将"贪婪"描述为一种在文化上得到了界定的渴求，一如它侵犯了对个人的饱足的限制与社会关系。贪婪的人想拥有一种文化的最高财富的全部，并因此而在逾越其社会系统所规定的界限的同时，使得他或她自己的愿望无保留地被社会的价值系统所吸收，被铭刻于该系统之中，并得到该系统的详细说明。反讽的是，贪婪之人的生活削弱了对界定

---

① 关于这一点，参 Richard Newhauser，《贪婪的早期历史：早期中世纪思想和文学中的贪婪之罪》(*The Early History of Greed: The Sin of Avarice in Early Medieval Thought and Literature*, Cambridge: Cambridge University Press, 2000)。同样的观点也可以通过比较研究得出，也就是说，其他的宗教传统也已注意到了人生中过度贪求的问题。关于这方面的事例，佛教方面的可以参看 Hammalawa Saddhatissa，《佛教伦理学》(*Buddhist Ethics*, 导论由 Charles Hallisey 所作，Boston, MA: Wisdom Publica-tions, 1997)；此外，印度教方面的可参看 Raharkrishnan，《印度教的生命观》(*The Hindu View of Life*, London: Mandala Books, 1960)。社会正义问题和对贪婪的批判也见于伟大的希伯来先知(如弥迦、耶利米等)，可惜的是，本章不可能探讨这些比较。

② 关于交换正义(commutative justice)这个观念与交换伦理学(ethics of exchange)，参 Jon P. Gunneman，"资本主义与交换正义"(Capitalism and Commutative Justice)，载《基督教伦理学学会年刊》(*The Annual of the Society of Christian Ethics*, Washington, DC: Georgetown University Press, 1985)，101—123 页。

他或她的愿望的社会网络系统的参与。这就是为什么出现在书籍和电影里的贪婪的人总是形单影只、无亲无友的原因之所在；这也是为什么在传统的德性理论中，贪婪被理解为与世俗的欲念以及要求节制有关的原因之所在。诚如阿奎那所说的那样，贪婪（covetousness，因而贪心[greedy]或者贪财[avarice]）①使人的意志屈从于一种低于上帝和人的真正目的的善，因而罪孽深重。贪婪使心灵杂乱无章，美德将理性的秩序置入激情之中，具体而言，节制可以约束唆使人走向任何违反理性的东西的激情。② 贪婪是一种激情，是人的一种强烈的愿望，它企图将某种被社会界定的物质性的或理想的价值（金钱、权力等等）攫为己有，并由此而削弱社会意义；贪婪因削弱人类社群必不可少的纽带而导致对自我的孤立。人们可以将贪婪理解为本末倒置的自我陶醉的一种形式，在这种自我陶醉中，自我不是被提升到世界的中心，而是试图消耗世界，并使自身迷失在他所消耗的东西之中。贪婪是过于人化的动力之一，它将整个实在揽入人的企划与愿望之中。

格列佛是这种粗糙现成的贪婪现象学的一个恰当的事例。在他与智马们朝夕相处的某一时刻，他了解到雅虎发现了一种钻石宝藏。这些石头在智马国一钱不值，但格列佛却求之若渴，而且，他确实在夜深人静的时候搜出了这些石头。换言之，他的渴求是由欧洲人的"财富"形象在文化上予以界定的，这种形象使得他与他（大概）想融入其中的智马社会格格不入。而且，他对钻石的渴求削弱了他所有的社会关系：它卷入了对雅虎的偷窃，而且，由于担心被看作真的雅虎，他欺骗了智马。贪婪以社会关系维生，同时又削弱了社会关系。它是一种由文化构成的、充斥着无节制（rid-

---

① 在一般工具书里，这三个英语单词的汉语翻译实际上差别很小，这里只能勉强加以区分。——译注
② 参 Thomas Aquinas，《神学大全》（*Summa Theologiae*，）II/II 问题 118（贪婪）；I/II 问题 61（美德）。

dled with excess)的渴求。这种无节制是,贪婪的人想违反对饱足的自然限制和规范性的公共的纽带,包揽由社会界定的财富。就个人的道德过失和违反分配正义的要求这两点而言,贪婪都肯定是传统的邪恶之一。贪婪是一种将个人的自我关系(self-relation)与他或她跟一个社会的互动联系在一起的恶。

如果这是完全正确的,那么,人们就能很容易理解为什么长久以来在基督教伦理学中,贪婪一直遭到谴责了。对贪婪的禁止可见于十诫(出 20:17)以及新约文本(路 12:15),乃至恶的清单(西 3:5)之中。我们甚至被告知,"贪财是万恶之根"(提前 6:10),而且,在山上宝训中,耶稣坚决主张,一个人不能侍奉两个主,即上帝与玛门(太 6:24)。这强化了《马太福音》6:21 中的宣称,即一个人的财宝在哪里,他的心——人的存在之核心——也在哪里。个人与群体的认同受制于被占有的东西,因此,不被一个人所拥有的东西支配便具有重大的道德和精神的重要性。简言之,耶稣的教导关系到财产关系中的双重性:它对生活来说必不可少,但对正确的自我理解、社会生活和与神圣者的关系也具有潜在的破坏性。

传统的基督教思想家们利用这些圣经中的主题教导说,贪婪之恶在于将钱财作为规定生活之目的的东西去获取和保存。贪婪的人不明白,这些东西只是在作为正直的生命的手段时,才是有价值的。在贪婪之内,在什么该被用作生活的必需品与什么该被作为善本身得到追求这两者之间,存在着疑惑。比如,路德支持基督教反对高利贷的传统教义。但是,在一篇关于"公共基金"(Common Chest)的论文中,他也认为通过投资赚取财富是偶像崇拜。投资者相信上帝之外的某种东西是时间与生命的真正主宰;投资者认信经济力量,以之为主宰。这使得我们明白为什么贪婪被称作资本之恶。由于其对象之故,贪婪能够成为众多其他罪孽的原因。诚如希伯来人的先知阿摩司所说的那样,上帝不会免去对以色列人的刑罚,因为"他们为银子卖了义人,为一双鞋卖了穷人……又在神的庙中喝受罚之人的酒"(摩 2:6—8)。偶像崇拜、逼迫、蓄奴、剥削和欺诈,都是聚集于贪婪,并且都来自贪婪。此外,贪婪能潜伏为美德,它能以准备日后地球上的生命之需要为借口而自吹自擂。在整个基督教伦理学的历史上,对财富的过度奢求或耽乐于财富,一直都被视为对道德生活的败坏。

在传统的基督教伦理学中,有关贪婪的判断一直意味着对商业的一种明显的矛盾心理。阿奎那在《神学大全》II/II 问题 77 中对亚里士多德(《政治学》I.3)萧规曹随,区分了两种交易。一种是所谓的"自然的交易",其目的是满足生活的需要。这是一家之主和公仆们的工作,他们的责任是照管家庭和国家。另外一种交易是"牟利交易",其目的不是为了满足生活之需要,而完全是为了牟利。自然的交易弥足称道,而后者用类似于路德的话来说,则"活该受到谴责,因为,就其自身而言,它满足的是对利润的贪欲,这种贪欲不知节制,趋向无限"。重要的是,阿奎那的观点以通过交易而寻求的"目的"为中心(参《神学大全》II/II q.118)。由于贪婪的目的是追逐无限的利润,而不是满足人的基本需要,它在道德上就该受到谴责。只有当商业是致力于为必不可少的或者善良的目标服务时,它才是"合法的"。路德和阿奎那在他们的判断中效仿了被基督徒和像亚里士多德和柏拉图这样的"异教"哲学家们所抱持的历史悠久的信念。圣盎博罗削(St. Ambrose)对这个问题阐述得很好。在公元 379 年某时写给康斯坦丁主教的一封书信中,他写道:"靠欺诈聚敛财富、在鲜血中建造城池亦即其灵魂的人,真是不幸啊,因为正是灵魂建得像城池。贪婪不会建造它,而是将它置于火上并焚毁它。"[1]

---

[1] St. Ambrose,《圣盎博罗削书信 1—91》(St. Ambrose: Letters 1—91),收入《教父们》(*Fathers of the Church*, Mary Melchior Beyenka OP 译,New York: Fathers of the Chruch, 1954),80 页。

第三章　重新思考贪婪

贪婪贯穿着整个社会生存——"城池"与交换伦理学——和个人生命的整全性与"灵魂",它对个人和社群都具有潜在的破坏性。贪婪是一种边界现象:它将经济、政治、文化和自我联系在一起。在贪婪的周围聚集着许多意象:饥饿、火、破坏和原始的贪得无厌;基督徒最多能适应以生活必需品为目的的商业。相当有趣的是,贪婪对社会和个人具有破坏性这一观念继续在那些对过于人化的蔓延之道德危害颇为敏感的人士中,找到了表达形式。

圣盎博罗削或者阿奎那之类的古典思想家和当代批评家们所要说的是,人们必须考虑愿望与商品化之间在社会想象之内的自反性联系;也就是说,必须考虑对处于经济交换方式之内的某些东西的渴求如何有助于形塑和界定自我以及他或她的愿望。贪婪是一种在文化上膨胀的愿望。有些愿望——如果不是全部的话——并不只是"给定的",它们并不是在完全天生的人的生命中产生的。诚如耶稣可能会说的那样,你所爱的会形塑你的所是,但是,我们的爱也会受到文化形式与习俗的形塑。我们必须理解财产如何对人们事关紧要,较之于仅仅满足饥饿、性或居住这样的基本需要而言,这是一个更加复杂的问题,尽管它也包括这些需要。从这个角度来看,许多重商主义的哲学都是有缺陷的,因为他们不能把握财产是如何与个人的人格之形成自反性地相关联的。一个明显的人文事实是,"财产"是一种文化形式,并因此而与一种文化对人的认同、尊严与价值的感受和安排纠缠在一起。成问题的是,我们如何建造灵魂与城池。

然而,"贪婪"的道德名号(是否)①真的适合于由市场驱动的经济、甚或道德愿望与认同的形成,这一点是根本不明晰的。这是斯威弗特卓尔不群地予以助推的那场辩论的要点。从亚里士多德、盎博罗削、阿奎那和路德的视角来看,这一辩论标志着一种决

---

① 括弧内文字系译者根据语境所加。——译注

定性的转向。首先,为什么我们会挑战对人的贪婪或获取财富的愿望所做的非常轻而易举的道德谴责,是有一些经济原因的。要知道,如果缺乏一种无情获取的精神,人们如何去生财、刺激生产并提高储蓄?诚如弗里德曼(Milton Friedman)曾经说过的那样,经商的社会责任是增加利润。① 认为道德规范能够而且应该对市场施加压力的观念是固执错误,而且在经济上是危险的。对"贪婪"数不清的谴责不过就是误置的道德主义。其次,尼采可能会说,道德主义显示了穷人对富人的权力的怨恨。弱者颠倒了由有权有势和健全的人所确立的价值表,以效力于弱者的目的。生命力、力量和财富对有权有势者是美德,而在弱者和流浪汉的心目中,这些"美德"却成了有权有势者(即恶人)强加于无辜者(即弱者)身上的罪恶。② 因此,人们不仅会对贪婪的古老的罪恶抱持一种弗里德曼式的经济学的怀疑,而且会发展出一种尼采式的、对道德主义的心理学的拒斥。

在西方伦理学的历史乃至当代的话语中,对如何最好地界定和理解贪婪这个问题,似乎鲜有争论。但是,对大多数基督教的话

---

① Milton Friedman,《经商的社会责任是增加其利润》("The Social Responsibility is to Increase its Profits"),载《纽约时报杂志》13(*New York Times Magazine*,1970年9月),32页以下。也参 Paul Weaver,"社会责任之后"(After Social Responsibility),收入《美国商业公司:转型中的建制》(*The US Business Corporation: An Institution in Transition*,John R. Meyer 和 James M. Gustafson 编,Cambridge,MA: Ballinger Publishing,1988),133—48页。也参 C. Edward Arrington 和 William Schweiker,"解释实践的修辞与合理性"("The Rhetoric and Rationality of Accounting Practice"),载《解释、组织和社会》(*Accounting, Organization and Society* 17:6 [1992]:511—33),和 William Schweiker,"解释我们自己:解释实践与伦理学的话语"("Accounting for Ourself: Accounting Practice and the Discourse of Ethics",载《解释、组织和社会》(*Accounting, Organization and Society* 18:2/3 [1993]:231—52)。

② Friedrich Nietsche,《悲剧的诞生与道德的谱系》(*The Birth of Tragedy and the Genealogy of Morals*),Francis Golffing 译(New York: Doubleday Anchor Books,1956)。

语来说,与贪心(covetousness)有关的"贪婪"似乎囊括了人的所有形式的贪得无厌,这使得谈论在道德上正当地追求收益和财富即便不是不可能的,也是很困难的。相反地,当今很多注意到社会亚系统之间的分化的经济学思想则将道德与经济区分开来,并将贪婪这个概念本身从"交易"的领域驱逐到私人生活的领地。市场需要人的渴望这一动力,但是,关于那种渴望的话语却是奇怪地去道德化的。意识到基督教思想中长久以来对贪婪的这种谴责以及当今的经济现实,下面让我们转向先前关于贪婪与商业生活的争论。当然,只是简略而言。为了简短起见,我们认为孟德维尔的《蜜蜂的寓言》和休谟的论文对贪婪和商业的问题具有决定性。更大的问题再一次是如何理解在对经济生活的反思中,"贪婪"这一话语的沦丧,亦即贪婪这一话语事实上被从道德词典中放逐出去。①

不道德然而繁荣的蜂房

按照孟德维尔在《蜜蜂的寓言》中所作的解释,社会是由贪婪、嫉妒和不满足驱动的。商业是交易之事,而非生产,职是之故,便存在着持续不断的趣味革命,继续推进市场;社会就像是一个蜂房。而且,诚如莱安(Alan Ryan)所指出的那样:"没有谁能够断然声称蜂房中的受造物是幸福的……他们对其已经拥有的永远都不满足。但是,这个蜂房却是繁荣的……他们都非常适应一个祥和而又繁荣的社会。"②孟德维尔的论点及其寓言的力量就在于要

---

① 关于颇有助益的经济学(如果不是贪婪)史,参 Lionel Robbins,《经济学思想史》(*A History of Economic Thought*, Steven G. Medema 和 Warren J. Samuels 编,Princeton, NJ: Princeton University Press, 1998)。
② Alan Ryan,《财产权》(*Property*, Minneapolis: University of Minnesota Press, 1987),99—100 页。

揭示所有所谓的恶——而且只是恶——实际上是一种良好的社会秩序的基础。恶对自我可能意味着道德堕落,但是,它事实上却是经济上的拯救。孟德维尔并未全盘赞同恶,好的结果不能证明恶的行为是正当的。毋宁说,他的论点事关市场运作所必不可少的诸多动机;经济和交易的道德必须根据不同于私人美德或恶的话语而得到评价。比如,市场不仅需要贪婪和傲慢,而且需要穷人永远处于匮乏之中。"当人们对懒散与享乐展示出一种如此非同寻常的喜好时,我们有什么理由认为他们会不断地工作,除非他们因当下的需要而不得不工作?"[①]一个富国必需确保大多数穷人总是在工作,消费他们之所得,并且因此而总是由于需要而被激励去劳作。

孟德维尔的论点是以一种特殊的人类学为基础的,他是这样阐述这种人类学的:

除非受到其愿望的激励,人决不会竭尽全力;当他们沉睡时,没有什么能唤醒他们,其卓越和能力永远不会被发现。如果没有其激情的影响,这架笨重的机器仅相当于一架巨大的毫无生气的风力压榨机。[②]

人的行动源泉是渴望,因此,如果人们需要经济产品,就必须激发这些渴望。傲慢、贪婪和需要驱动着人们去劳作。而且,同样是这些"恶"还使得消费保持着增长,而这种增长又是经济繁荣所必不可少的。如果追求繁荣和消费的动机本身在道德上遭到谴责,那么,人们便不可能使一个国家强大和富足。按照孟德维尔的看法,严格意义上的道德旨在根除激情,而不是引导激情。

---

① Mandeville, 151 页。
② Mandeville, 149 页。

换言之,他的人类学在根本上支持的是道德理论家们所说的伦理学中的"非自然主义"。像在他之后的康德和在他之前的许多基督教神学家那样,(他认为)① 道德责任和美德与自然的愿望和需要是对立的,而不是对自然的愿望与需要的恰当的满足。因此,孟德维尔必需使经济"去道德化",目的是解放财富的产生所必需的动机。

因此,正是关于道德特性的这一假设要求孟德维尔必须使得经济生活"去道德化",并赋予作为生产与消费之动力的恶以完全的行动自由。这一举措产生了两个重要的结果。其一,它迫使道德问题向内转向自我,并推助其他一些迈向狂热的个人主义的动力,这些动力包括私人宗教、心理学研究的增长以及个人偏爱的滋长。美德与恶跟作为经济之动因的人们的生活便分离开来。自我占据了多重角色,每个角色都受其自身的逻辑、话语和价值之支配。人们怀疑,生活的这种区隔化(compartmentalization)会导致某种对个人生存的深度与意义的公共失语(public muteness)。其次,一旦私人生活与公共生活被如此分离开来,经济活动与人际交往除了受纯粹的效用支配以外,就不受其他价值之支配了。如果国家的财富需要穷人保持匮乏状态,以此驱使他们去劳作和消费,那么,贫穷就成了经济生活的合法必需品。合法化原则就不再是道德的甚或经济的了,它在本质上就完全是经济性的了。人们就不是依据道德,而是以经济计算为根据,来决定什么程度的人类堕落是可以容忍的。公私之分不仅会对个人、也会对社会交往施加压力。国家跨立于两套不同的价值体系之上:在个人生活中,对责任和美德的要求占支配地位;在国家的生活中,严格的效用指导着决策与方针。换言之,"贪婪"或者贪心这一术语除了成为有关人们追逐财富的动机的术语以外,不再与经济生活有任何关系。

---

① 此括弧中的文字系译者据语境所加。——译注

默里(Patrick Murray)已经指出,通过严格区分不辞辛劳的穷人和贪婪的富人,孟德维尔"避免了……突然出现于20世纪资本主义之中的一种吊诡,在这种资本主义里,同一个人被指望拼命地工作和拼命地消费"。① 但是,我们必须看到,这种区分是建立在一种特定的道德观以及一种对愿望的解释的基础之上的。结果是,商业并非一种人文化的力量,即便它带来了财富。在这方面,有点反讽的是,孟德维尔继续着对商业的历史悠久的责难或者勉强的适应,这种责难或者勉强的适应从阿摩司和亚里士多德延续到路德和教皇若望·保禄二世。

效用(utility)与社会美德

休谟告别了传统基督教思想中对商业的谴责和适应,休谟也有别于孟德维尔。他对纯粹的贪婪这一"不可纠正的"激情持批判态度,而且,他甚至认为,仅仅靠"幽默感和美德"就能"抑制或调节对金钱的贪爱"。尽管如此,在休谟眼中,"商业是历史上伟大的人文化力量。道德因素与许多其他因素结合在一起,极有利于支持商业。"② 与孟德维尔不同,对休谟来说,商业不仅服务于经济目的,也真正服务于人文目的。这些人文之善包括增进知识,确立法律和秩序,使人性情温和,乃至增进幸福。与那种严厉的、化约主义的人类观和商业观相反,休谟提出了一种气魄更加恢宏的对经济活动的解释。休谟是如何阐述这一观点的呢?

对于孟德维尔和一些(但不是全部)传统的基督教道德,休谟所做的一个决定性的举措是拒斥伦理学中的非自然主义。对休谟来说,道德的要旨是引导和驯服各种自然愿望,而不是在责任的呼

---

① 见前引 Murray 编,《反思商业生活》,148页。
② Murray,《反思商业生活》,155页。

召之下否定或超越它们。孟德维尔对伦理学中的非自然主义的羞辱意味着"道德"局限于私人的领域。休谟坚持认为,人类对他者怀抱着真正的同情。"因此,社会美德必须被允许拥有自然之美与和善,这种自然之美与和善最初先于所有的训导和教育,使得它们赢得未受教育的人类的尊敬,并且赢得他们的爱戴。"① 未受教育的与自然的人类绝对不会是斯威弗特式的雅虎,他们对共同的善和效用有一种纯朴的同情,并且因此而拥有对社会美德的赞赏。当然,人需要社会美德方面的训练,这种训练事关道德原则。

这似乎是一个事实,即在所有臣民那里,效用之环境乃是赞扬与嘉许之源:在对行为之优点或缺点做出道德决定时,它总是得到求助;它是那给予正义、诚实、荣誉、忠诚和高雅的高度尊重之唯一来源;它与所有其他社会美德是不可分离的,这些美德包括:仁慈、慷慨、慈善、和蔼、温和、宽恕和节制;简而言之,它是道德的主要部分的基础,对人和我们的同伴具有特别的意义。②

在确立了主要的道德原则——效用及其与同情(fellow-feeling)的关系之后,休谟所面对的与商业有关的问题是,商业是否会增进效用和社会美德?

休谟的基本观点是,商业本身会提高社会美德,因为它以效用为目的。"实业、艺术和商业会增强君主的权力以及臣民的幸福。而那一政策是凶暴的,它会通过个人的贫困而抬高公众。"③ 这里,两个主张得到了表达。首先,根据休谟的看法,幸福存在于行动、愉悦和游手好闲之中。休谟继续写道:"在实业与艺术繁荣

---

① David Hume,《道德原则探究》(*An Enquiry Concerning the Principle of Morals*, La Salle, IL: Open Court),48页。
② 同上,66页。
③ David Hume,《道德、政治和文学论文集》(*Essays: Moral, Political and Literary*),"论文一:论商业"(Essay 1: On Commerce),见《反思商业生活》(*Reflections on Commercial Life*),159页。

兴盛的时代，人们拥有长期的职业，并且作为对他们的回报而享受着职业本身，还有作为他们的劳动之果实的愉悦……如果将这些艺术驱逐出社会，你就既剥夺了人们的行动，也剥夺了人们的愉悦；而如果只是让人们游手好闲，你甚至会毁掉游手好闲的乐趣。"① 商业和艺术越是发达，可见于这个国家里的社会美德和幸福就越多。其次，休谟不像孟德维尔那样能为个人的贫穷构想出一种功利主义的正当理由。一种彻底的自然主义，也就是对人类的实际的愿望与情感的谨慎的考察表明，我们不能赞成贬抑和破坏我们的同胞公民的做法。如果一个国家的政策想获得赞成，人类的生活想得到提高，那么，人的社会情感的形成意味着效用与个人的幸福必须携手共进。诚如休谟所认识到的那样，它也需要地方社群培育美德和认同。由于对同情能延伸多远似乎是有限制的，地方社群在扩展情感方面，要远远好于更大和更复杂的集体。依据情操与情感，没有人是世界公民；这样宏大的社群仅仅存在理论层面上。

难道这是一幅过于乐观的关于经济生活的画面？休谟确实考虑过"邪恶的满足"。任何特定形式的满足都能变成邪恶的，他写道："当它独占人的全部费用，当其状况和运气需要时，也不会为这类义务行动和慷慨留有任何能力。"而且毫无疑问，他心想着孟德维尔，继续写道："断言若没有奢侈，劳力就不会得到使用，仅相当于断言人性中还有其他缺陷……对人性来说，奢侈在某种程度上提供了一种治疗。"② 休谟与孟德维尔针锋相对地辩称，人们永远不能将恶理解为"有利的"。但是，这一判断产生于一种建立在同情的基础之上的不同的道德人类学以及一种自然主义的伦理学，

---

① David Hume,《道德、政治和文学论文集》(*Essays: Moral, Political and Literary*),"论文二：论艺术中的优雅精致"，164—65 页。
② 同上，170 页。

在这种伦理学里,道德和像商业这样的社会建制的目的是涵养和引导、而不是阻挠人的自然愿望。正是由于这个原因,社会效用决不能在任何简单的意义上凌驾于个人的幸福之上。商业社会应该增进美德,而且,当其与幽默感结合在一起时,应该扩展情操,使之超越单纯的贪婪这一"极其荒谬"的欲望。

在对商业社会的讨论中,休谟所引入的乃是商业与自我的情操亦即圣益博罗削所说的"灵魂"之间的关系。与孟德维尔著述中的观点不同,人的情操是可以得到训导和扩展的;商业的特殊益处是扩大我们的同情和对效用的挚爱。但是,这当然也会引发大量的问题。诚如默里已经指出的那样,"休谟还只是对问题略有所知:全球化经济会侵蚀那些形构认同、忠诚与美德的地方性条件吗?商业对我们的情操的'扩展'会将这些情操延展得超越其弹性的限制吗"?① 进而言之,休谟似乎为觉察到孟德维尔的真知灼见的力量:为了平衡生产与消费,商业社会可能需要培育"恶",亦即贪婪。我们可能会质问道,若不是就同情而言,而是在经济动机的强化这一意义上而言,"贪婪"本身如何就不是情操的扩展?声称全球规模的商业社会可以改变情操和无节制的欲望,引导它们达到幸福和社会效用这类恰当的目的,难道不是轻而易举的吗?

评价的冲突

我们的反思行程经历了这样一个过程,即从受益于斯威弗特的才智与洞见的一种原创性的、而且相当正式的对"贪婪"的现象学描述,到由古代基督教的与"世俗的"道德主义者对贪婪所做的评价,再到作为重商主义的近代哲学家的孟德维尔和休谟的论点,对贪婪的评价是有冲突的。被考察的思想家们在他们就商业

---

① Murray,前引《反思商业生活·导论》,156页。

的雅虎本性(Yahoo-nature)所做的判断各有差异。传统的基督教伦理学家谴责那种极易主导商业的雅虎之恶,但是,像路德和阿奎那之类的思想家也持论以为,我们可以变得更好;我们不应被宣判为永葆雅虎本性。孟德维尔因雅虎之恶的经济驱动力而赞扬之,在评价实际的经济生活时,孟德维尔是现实主义者,他对转化亦即人类的改善的可能性是相当悲观的。休谟对人类的改善是很乐观的,而且认为人类的改善借助的恰恰就是商业。他相信商业在骨子里不是雅虎,它会莫名其妙地将我们的恶转化为真正的美德。我们或许可以这样说:对于驱动商业的动机,传统的基督教思想比休谟更悲观,一如它对道德改善比孟德维尔更怀抱希望。这一回应的理由是,基督教伦理学不仅必须解释人类的罪恶与过错,还必须解释人类生活中不断增长的善。至于对人的任何动机的分析,基督教思想由于其内在的逻辑,将在对人的自然能力进行彻底的谴责和给予简单的支持这两者之间,沿着一条中间道路迂回前行。

从我们的探究中,可以引发出两个普遍的结论。第一,在各种得到了探究的思想传统中,商业社会的意义是迥然不同的,这一点是显而易见的。对于传统的基督徒来说,要想负责任地生活在一个商业社会中,就必须为生活的必需品而劳作,遏制贪欲,并寻求更高的属灵生活的善。相反地,孟德维尔式的人可能会像当今的一些自由选择的理论家们一样争辩说,我们应该寻求,而且是无情地寻求获得财富。① 在商业的王国里,"恶"必须被赋予完全的行动自由;美德必须只是与私人关系有关。最后,休谟式的人主张,负责的生活需要培育社会美德,而且,如果引导得当,商业恰恰就是过这样一种生活的手段。换言之,我们已经看到,我们目前探

---

① 关于对这些观点的分析,参 Margaret Jane Radin,《重新解释财产权》(*Reinterpreting Property*, Chicago, IL: University of Chicago Press, 1993)。

讨的基本问题是不易得到解答的,这是因为,"消费文化"对有道德地生活容许有不同的解释,这些解释具有明显彼此分歧的含义。因此,那种被这些不同的思想传统以及其他传统烙下了深刻印记的社会似乎找不到商业社会中的融贯一致的责任观,也就不太让人觉得奇怪了。即便人们以(比如说)明显是休谟式的说法来理解生活,我们工作、爱和死于其中的社会仍然弥漫着诸多不同的生活观,这个社会居住着孟德维尔式的人、基督徒和许多其他的人。这只是说,第二章探讨过的道德多样性和多元主义的问题困扰着商业性的生存之事,也同样多地困扰着社会生活的任何其他方面。

第二,我们也学会了另外一些东西。贪婪是人的一种渴望,它灌注着社会的"财富"观念。诚如此处所描绘的那样,贪婪是由想象形塑的欲望。一个小孩可能因为最新的视频游戏而经历过了贪婪的剧痛,一个成人则想要大笔的财富、小汽车和服装。过多的愿望本身并不是贪婪,当且仅当就有关什么可算作"财富"的社会习俗而言,这种愿望是因想象而饱和的时候,它才会变成贪婪。"财富"标示着一种社会目的或目标,而对此目标而言,愿望能够成为人的行动或选择的有效动因。但是,这是一种独特的愿望或行动之因。如前所述,贪婪的人是这样的人,他或她在其消费那些在文化上得到了界定的商品消费行为本身中,渴望其愿望得到满足,其需要被吸收到社会习俗之中。当阿奎那断言贪婪使意志屈从于低于人的正当目的的善(《神学大全》II/II, q. 114, a. 5)时,说的就是这个意思。因此,我们必需不只是依据其用处或交换价值来理解财产与财富,而且要依据鲍德里亚尔(Jean Baudrillard)所说的商品的"符号价值"来理解它。① 一个少年可能渴望得

---

① Jean Baudrillard,"消费者的社会"("Consumer Society"),收入前引 Murray,《反思商业生活》,447—473 页。

到一条 GAP 牛仔裤，这并非因为裤子的市场或交换价值，而更重要的是因为这种牛仔裤在他的朋友中具有符号价值，这种价值与地位和社会认可有关。符号价值在社会想象之内发挥作用，从而满足人的愿望。

贪婪是试图使人们的自我和最基本的情感被铭记在文化的符号学亦即其符号价值之内的愿望。正如我已经说过的那样，贪婪现象学严肃对待在一个人的自我感的形成过程中商品的符号价值。在传统的基督教话语中、在斯威弗特尖锐的讽刺作品中、在休谟对扩展情操的需要之敏锐感受中，一些伟大的思想似乎是显而易见的。看来只有孟德维尔未能把握这一要旨，而这是因为按照其伦理学中的非自然主义，人的情感是完全不可调教的。换言之，孟德维尔没有把握住贪婪的自反性结构：被渴望的东西如何通过想象的混合而构成符号价值，而热望又如何构成一种最好被称作贪婪的新的愿望的秩序？对他来说，情感仅仅是给定的（given）。

那么，这种洞见是什么呢？这一论点如何不只是关于一种人的情感的描述性宣称？对伦理学来说，这一洞见是，被称作贪婪的情感的奇怪的动力是这样的：它以文化价值尤其是符号价值为资源，同时又威胁社会生活的祥和与公正。贪婪将一个人铭刻于文化的价值表格之内，但是，在驱动着将它们囊括于自我之中时，它也威胁着那些需要公平、公正和对共同的善给予关切的社会纽带。这就是为什么个人生活中的贪婪类似于在全球规模的过于人化之后的诸种势力的原因之所在；人们也许会设想，这也是为什么盎博罗削勾画出"城池"与"灵魂"之间的关系的原因之所在；这也是为什么孟德维尔力图区分道德与经济的原因之所在；这也是为什么路德和阿奎那虽然有其他差异，却将贪婪视为偶像崇拜和对共同的善的侵犯的原因之所在。吊诡的是，商业文化通过其符号价值的力量能够而且确实滋生了过度消费和贪婪，但在如此这般做的行为中,又威胁着社会的稳定与繁荣。因此,我们在发达的商业文化中,既在那些以令人惊异的速度消费的富人中,也在那些渴望着那种高水平消费的穷人中,看到对共同的善的关切之崩溃,会觉得错愕吗?在这一点上,传统的基督教思想是正确的:贪婪是首恶,因为在它的周围聚集着其他各种形式的恶,这些恶削弱了可持续的社会生存。那么,我们该做些什么呢?

想象、愿望与消费

如果上述反思在根本上是令人信服的,那么,在刺激经济行为的热望和获取心(acquisitiveness)——这是一方面——与总的来说具有破坏性的真正的贪婪——这是另一方面——之间的界线,就必须以较之伦理学中通常所得到的更大的关注而得到勾画。人们必须依据财富的符号价值如何通过社会想象而在人的愿望的形成过程中发挥作用,而将贪婪与获取心区分开来。由于这个原因,商业社会在骨子里就是雅虎,当且仅当它力图仅仅通过商品的符号价值而培育愿望。当社会想象找不到那种借助于它来形塑愿望的可供选择的象征系统时,这就成了一种真实而又近在咫尺(present)的可能性。当社会想象仅仅充满着商业形象时,这就成了一种可能性。在那种情形下,商业化就成了极权主义。它以表面上无限的欲望骚扰着生活的所有其他领域。身体的每个部分、孩童、爱——一切都变成了用来出售的商品。而现在,我们看到了抗击将贪婪的话语驱逐出社会生活的理由。在理解和表述人的愿望与动机时,"贪婪"的语言预设了某种价值的表格和不同于"商品"及其符号价值的象征资源。之所以如此,是因为称一种愿望是"贪婪的"即是对这种愿望对个人和社会的破坏性做出一个判断,而不论这种愿望可能会产生多少新的财富。

正是在洞见的这一层面上，基督教思想对反思经济生活乃至社会想象，可以做出令人惊异的贡献。在人的愿望的形成过程中，信徒们受命去爱那些摧毁、倾覆和超越符号价值的东西。这就是为什么在十诫中，人不可作上帝的形象，以及为什么上帝在地上的唯一的形象是活的形象即人类的原因之所在（出 20：1—6，申 5：6—21）。上帝的实在不拘形式，正如他者的需要一样。那种使对他者和尘世的责任感充满生气的对上帝的爱，会通过来自文化内部的形象，颠覆和摧毁欲望的整个结构。我们可以说，恰恰是由于被渴望的东西超越了客观化，并因此而逃脱了想象的控制，对上帝的爱就能限制获取的欲望。

当然，这也是事实——假设人是有心灵的——即，"上帝"能在与所有其他被珍视的东西的关系之中，成为终极性的符号价值。当需要确定一个欲望的对象时，社会想象的劳作便会构造一些能够而且确实使其他社会结构和等级制度得到合法化的上帝形象（God-images）。种族或者性别或者部落或者国家或者教会或者宗教就会被视为价值的唯一资源，并且因此作为某些人生活中的"神"（god）而发挥作用。过于人化的中心里的"欲望的神学化"的这种破坏性已经被许多人所发现，这些人包括从希伯来先知及其对富人剥削穷人的谴责，到当今的女性主义神学家。但是，吊诡的是，破坏偶像的要求本身会变成一种偶像。更确切地说，偶像崇拜——将神圣者化约为我们的符号系统乃是得到了神学解释的贪婪的内在含义。这就是使得贪婪成为宗教上的危险之物，亦即一种"死"罪、也就是道德疯狂的东西。只有当人的欲望寻求不可消费的对象时，"贪婪"才是可以遏制的。这真的是可能的吗？也许，所需要的并不是一种避免了破坏偶像的奇怪逻辑的观念，甚至关于过度的和具有破坏性的欲望的话语。从这个角度来看，关于贪婪的话语的丧失意味着商业化的凯旋和将人归于一个社会的符号价值系统之内。

第三章 重新思考贪婪

若从基督教关于贪婪的思想中获取榜样,我们就会被导向一种深刻的道德性的与观念性的洞见。在人的动机之起点的并不是一批价值中立的盲目冲动,而是欲望与文化性的和想象性的评价之间的复杂的、自反性的关系。但是,这意味着,尽管人的欲望在道德上和心理学上是桀骜不驯的,但是,它们如何在文化上得到满足,并因此而成为有意义的和可理解的,则依赖于那些用来形塑和激活欲望的"评价";人们必须探究那些在一种会引发动机的文化中被用来满足欲望的想象性的与观念性的形式。这需要在对欲望与评价之间的自反性关系的严格考察中,并且通过这种考察,为道德变化与道德改善留有余地。在对动机做出这一宣称的过程中,在对"贪婪"的解释中,便有一座桥梁搭建在"自然与教养"、简单的自然主义与糟糕的社会建设之间。这一关于贪婪的话语乃是那些"文化满足"的形式之一,而此种文化满足又是评价和形塑人的愿望所必需。

当然,这其中存在着反讽。此处给出的提议是,宗教话语能够为当今的经济生活做出的贡献端赖于那种被认为超越了那一话语者(即"上帝"),可是,它也被永远拉入了欲望与文化满足之循环。神学的反思通过使人类的恶的语言永葆活力而做出它的贡献!换个不同的说法,基督教的道德哲学能够为商业社会做出的贡献是,指明那些"外于"商业化的东西,以及"外于"商业化的东西可能会如何形构人的动机与自我理解和暴露着的道德过错,亦即恶。当然,基督教的话语并不是遏制商业化的唯一手段,这是因为,诚如刚才指出的那样,它也不断地陷入那种事业之中。像每一种道德传统一样,活生生的基督教信仰是暧昧不清的。关键在于,这种话语以一种令人惊异的能够并且应该激活我们对经济生存的反思的方式,开启了对人的欲望的反思。它提供了一种"重新思考贪婪"的路径。

对于负责任地生活而言,这意味着什么呢?在多元世界的时代,责任的焦点是权力的行使。① 就商业生活而言,这意味着我们必须能够而且被要求朝着经济权力——一种去生产和消费的权力——的方向来评价乃至改变我们的自我理解。关于贪婪的语言确实是在人的渴求这一层面上的关于自我理解的话语。通过使这种话语在商业社会的社会想象之中发挥作用,我们就有一种测试自我理解与经济权力之运用的手段,而这一话语的丧失会放纵一个雅虎的世界。

---

① 关于这一点,参 Hans Jonas,《责任的命令:探寻技术时代的伦理学》(*Imperative of Responsibility: In Search of an Ethics for the Technological Age*, Hans Jonnas 和 David Herr 译,Chicago, IL: University of Chicago Press, 1984),也参 William Schweiker,《责任与基督教伦理学》(*Responsibility and Christian Ethics*, Cambridge: Cambridge University Press, 1995),尤其是第七章。

时代与责任

第四章　为道德宇宙论调校时间

本书的第一部分考察了多元世界时代的方方面面，尤其是全球化动力的压力（第一章）、道德多样性与人类的力量的现实（第二章）和经济力量在全世界扩展至可以满足人们的欲望（第三章）等方面。在这几章展开的过程中，我们也一直在阐发一种适当的伦理学所需要的一些观念与信念，这些观念包括过度人化、想象在文化过程中的地位、还有对生命的整全性的责任要求。在第二部分中，我们将转移注意力，以便更为详细地探讨有关时代与责任的信仰。由于已经考虑了因为我们这个星球上的多元"世界"的实在而引发的一些问题。在此关头，我们需要思考多元世界的"时代"。情况之所以如此，是因为关于时代的信仰确实是关于生活于多个世界之间的方法的信仰。

适时的问题与人类的关切

我们生活在一个被时间困扰（time-obsessed）的世界里。在那些受全球化之旋转驱动的发达而又高度现代化的社会里，旅行与通讯以及生产与消费的速度导致了对人的欲望与需要予以即时满足的无情要求。自然的节奏——白昼与黑夜、黎明与黄昏等事实——已经在一个电子世界的迅捷（immediacy）中丧失殆尽。这是我们所说的过度人化的一部分,它是这样一种现实,在其中人的力量与技术日益将每一事物都揽入自身怀中的。在下述事实中也存在着反讽:现在的时间似乎已经被压缩到"当前"(present)之中,可是,我们也见证了时间意识的扩张。幼童毫无困难地以数十亿年谈论银河系与星球的生命;我们明白,人种的演化与地球的漫长的地质学历史相比,只是短暂的一瞬。见于多元世界时代里的失范与焦虑部分地是因为这样一个事实,即在高度现代化社会中,人的生活被摇摆于对满足与消费的需要和这样一种深刻的意识之间:我们已迷失在一种宽广、永恒无穷的时间汪洋之中。

然而,没有人将时间感受为残忍的事实。人类赋予他们的时间性(timeliness)以意义。每一种文化甚至个体都通过记忆、希望和我们讲述的关于生活的叙事而型构(configure)时间——将转瞬即逝的现在、不断消失的过去和期待中的未来齐聚一堂。① 最奇怪的是,人们栖居于时间之中,就像他们栖居于空间之中,在空间中,他们必须依据那些被相信在生活中值得追寻的东西来为自己确定方向。如果有人带着恐惧展望未来,设想败坏、衰退和毁灭是最终结局,那么,俗世的生活的"空间"就会呈现出一种特殊的意义。相反,若带着热情和相信真正的胜利是可能的信心去迎接未来,就意味着一种世界观,即生存的着色(coloration)。在当代西方社会中,世界末日式的恐惧——比如说对生态灾难或任意的恐怖活动的恐惧——与对技术进步的信心既融洽相处,又彼此冲突。

---

① 关于这一主张中所牵涉的诠释学问题,参 Hans Weder,"隐喻与实在"(Metaphor and Reality),收入《世界的终结与上帝的目的:科学与神学论终末论》(*The End of the World and the Ends of the God: Science and Theology on Eschatology*, John Polkinghorne 和 Michael Welker 编, Harrisburg, PA: Trinity Press International, 2000),290—7 页。也参 Paul Ricoeur,《时间与叙事》(Time and Narrative, 3 卷, K. Blaney 和 D. Pellauer 译, Chicago, IL: University of Chicago Press, 1984—7)和《文本与行动中的意义:质疑利科》(*Meanings in Texts and Action: Questioning Paul Ricoeur*), David E. Klemm 和 William Schweiker 编(Charlottesville: University of Virginia Press, 1993)。

我们该如何理解当今的熹微情结(twilight mood),而这种情结尤其显明于道德信仰与实践之中?

对于基督教神学家来说,关于时间的道德意义这一问题是逐渐地集中于古代终末论文献、基督教有关终末之时的信仰能够而且应该激活目前的伦理学的程度之上。对这一问题的三种解答主导着 20 世纪的思想。第一,一些学者从史怀泽(Albert Schweitzer)有关历史中的耶稣的著作里吸取灵感,认为新约中的终末论意为着它实际上与当代的生活毫不相干。世界的末日似乎不会即将到来,那么,就此而言,早期基督教文献中那种具有期待基督很快复临之特征的终末论就是错误的,而且是与科学的时代极其格格不入的。第二,另外一些人坚持认为,基督徒在当下与上帝的话相遇乃是一个终末论的事件。巴特和布尔特曼(Rudolf Bultmann)都曾以不同的方式论证道,当下遭遇的上帝的诫命或者基督有关生命的宣称乃是历史的中途上时间之终末的突然闯入。对这些思想家们来说,基督教伦理学的独特与卓尔不群之处即是其终末论的意义。第三,曾经有一些神学家,尤其是像默茨(Johann Baptist Metz)和莫尔特曼(Jürgen Moltmann)这样的政治神学家,他们坚执基督教终末论的尚未来临的特征(already-not yet character)。尽管透露在复活中的上帝的临到的最终实现尚未在历史中充分得到实现,但是,基督的生命与教导为基督徒的生存提供了方向。①

---

① 参 Albert Schweitzer,《寻求历史的耶稣》(*The Quest for the Historical Jesus*, John Bowden 编, Minneapolis, MN: Fortress Press, 2001); Karl Bath,《上帝的话与人的话》(*The Word of God and the Word of Man*, New York: Harper and Row, 1957); Rudolf Bultmann,《耶稣与话》(*Jesus and the Word*, New York: Scribner, 1958); Johann Baptist Metz,《历史与社会中的信仰:迈向一种实践的基础神学》(*Faith in History and Society: Toward a Practical Fundamental Theology*, David Smith 译, New York: Crossroad/Seabury, 1980); 和 Jürgen Moltmann,《十字架上的上帝:作为基督教神学之基础与批判的基督的十字架》(*The Crucified God: The Cross of Christ as Foundation and Criticism of Christian Theology*, New York: Harper and Row, 1974).

基督教伦理学中的这一争论一直持续到今天。然而，由于这一争论经常局限于终末论信仰在当代的、实践的相关性这一问题，神学家们常常未能足够深入地探讨时间概念与道德之间的关系。至少是在西方，在有关时间的观念与有关人类生活的道德空间的信仰之间，存在着一种令人惊异的联系。在有关时间的不同的信仰中建构而成的道德世界观或道德宇宙论是本章的主题。我们可以挖掘西方思想的不同层面，尤其是现代有关时间的信仰与古代有关世界末日的信仰，它们在当代意识中既互相冲突，也彼此结合。

接下来的论证关键在于重塑有关实在的宣称与有关道德的宣称之间的关系，这种有关道德的宣称围绕着一种作为良心之重生的新的创造这一观念，以及这一观念对道德生活的意义（林后5：17，加6：15）而展开。在这方面，我们对本书第一部分中有关世界起源的讨论有所补充，即将其延伸到对有关时间的终结之道德意义的反思之中。新的创造这一观念将被用来使现代科学思维与古代终末论思维之间的张力变得具有建设性，而不是具有破坏性。

比较多种道德宇宙论

为了探讨不同文化语境中有关时间的信仰与道德观之间的关系，让我们考虑一下有关道德宇宙论的观念。① 道德宇宙论乃是

---

① 我所说的有关道德宇宙论的观念也涉及由拉文（Robin Lovin）和雷诺兹（Frank Reynolds）勾画的宇宙起源论（cosmogony）和伦理秩序，但又截然不同。参看他们的论文"起初"（"In the Beginning"），收入《宇宙起源论与伦理秩序：比较伦理学新探》（*Cosmogony and Ethical Order: New Studies in Comparative Ethics*，Robin Lovin 和 Frank Reynolds 编，Chicago, IL: University of Chicago Press, 1985）。通过谈论宇宙论而不是宇宙起源论，我的意图是对伦理秩序而不只是伦理秩序的起源表示出一种更为广阔的兴趣。关于"诸多文化宇宙论"这一观念，参（转下页注）

一套有关人类应该如何在有形的宇宙结构中正确而又富有意义地为其自身确定方向的信念与评价(体系),它们在一种文化中通常是缄默不语的。集中关注宇宙论——与集中关注"道德世界观"相反——的关键乃在于强调如下事实:有关生活的道德空间的信仰也与生存的开端与终结、从何处来和到何处去大有关系。在本书中,我们正在阐发谈论道德生活之语境的一些环环相扣的方式:道德世界(一个正式的名称)、道德空间(人与某种环境的关系,此为行为理性之聚合物)以及道德宇宙论(一种对道德空间的解释,它关心有关生存之结构、起源与终结的信仰)。道德反思的"宇宙论"方面乃是本章关注的焦点。

为什么要谈论"道德的"宇宙论呢?道德宇宙论可以形塑另外两种对实在的解释的交叉点:(1)旨在理解、解释和控制物理过程的物理宇宙论(其范式可见于自然科学)和(2)提供有关超越但又包括人类行为与自然过程在内的东西的意义框架的思辨的宇宙论(例如神话与形而上学体系)。① 解释宇宙的可能的退降(entropy)是物理学的事,在与得到如此这般解释和体验的宇宙的关系

(接上页注①) William Stoeger,"文化宇宙论和自然科学在哲学与文化中的影响"(Cultural Cosmology and the Impact of Natural Science in Philosophy and Culture),收入前引 John Polkinghorne 和 Michael Welker,《世界的终结与上帝的目的:科学与神学论终末论》(*The End of the World and the Ends of the God*: *Science and Theology on Eschatology*),65—77页。我认为,下面一点是很重要的,即谈论"道德宇宙论",以此表明这样一个事实:每一种人类文化都因其基本的道德信仰与特性卓尔不群,这些信仰与特性对人类生活获得意义、价值和方向是必不可少的。对"解释世界"的不同方式的重要性有类似的论证,关于这种论证,参 James M. Gustafson,《来自以神为中心的角度的伦理学》(*Ethics from a Theocentric Perspective*,2卷,Chicago. IL: University of Chicago Press, 1981,1984)。

① 关于对当今物理宇宙论的宗教重要性的总结,参 Paul Davies,《上帝与新物理学》(*God and New Physics*, New York: Simon and Schuster, 1983)。在我们的时代,我所说的最激进的思辨的宇宙论可见于"过程哲学"。参 A. N. Whitehead,《过程与实在:宇宙论论文集》(*Process and Reality*: *An Essay in Cosmology*, D. R. Griffin 和 D. W. Sherburne 编,New York: Free Press, 1978)。

之中询问"上帝",则困扰着思辨的伦理学。相反,道德宇宙论会详细解释人类行动者如何能够,并且应该栖居于对解释事物存在方式的其他一些方式开放的宇宙之中。

然而,道德宇宙论并不只是建立在物理或者思辨的宇宙论基础之上。实际上,它有助于提供标准,以确立什么在其他对实在的解释方式中能够举足轻重。对所谓前科学的世界观来说,这一事实是最为明显地确实无疑的。例如,埃及学家阿斯曼(Jan Assmann)已经揭示:对古代埃及人来说,世界"是含糊不清的,而且必须通过道德卓越这一要求而不断地得到解疑"。更有甚者,"诸神和人在其中合作建立和维系的道德领域胜过'自然的'卓越"。[1] 在最深的层面上,目前的论证必须面对生活的含混性,集中在道德卓越与可理解的事物的领域之间的关系之上。

从道德上解释世界的需要是轻易就能得到展示的。我们能够称之为道德恐惧的最原初的形式,当然是混乱和专制。[2] 可以呈现出各种不同形式的道德混乱是这样一种情形:文化的织体在其中已经被撕成碎片,以至于不可能有意义地为生活确定方向。希腊语的"chaos"(混沌)一词仅仅意指"空洞的空间",它与还是古典思想中的"cosmos"(宇宙)或一个秩然有序的领域这一观念针锋相对。像害怕被放逐(比如说,诚如我们将在后面第九章看到的那样,该隐害怕被从上帝的视野中放逐出去)这样的古代主题,到当代对战争中的文化崩溃的体验以及对失范和无意义的体验,统统皆(从神话上和经验上)证明了这样一个事实,即道德混乱是人类

---

[1] Jan Assmann,《埃及人摩西:西方一神论中对埃及的记忆》(*Moses the Egyptian: The Memory of Egypt in Western Monotheism*, Cambridge:MA:Harvard University Press, 1997),190页。
[2] 关于从基督教思想的角度对恐怖主义问题所作的最新讨论,参《在恐怖中幸存:暴力世界中的希望与正义》(*Surviving Terror: Hope and Justice in a World of Violence*, Victoria Lee Erickson 和 Michelle Lin Jones 编,Grand Rapids, MI: Brazos Press, 2002)。

真正的灾难,道德专制亦复如是。这是一种同样也会呈现为许多形式的情形,其中有对价值的标记很不正当的强迫接受,以至于人类生活被扭曲,并且变得具有破坏性。种族主义、男性至上主义和其他意识形态都恰恰是这类对价值区分的专制性的强迫接受之事例。稍后,在第六章中,我们将看到为了消除专制的遗产而产生的对复元性正义的需要。虽然混乱显示了丧失一种融贯一致的道德空间所带来的恐怖,而专制的特征则是这样一个事实,即不正当的权威限制了人们的道德宇宙。在每一种情形中,人们都必须在特定的道德宇宙论的限制与可能性之内,消除世界的歧义。

生活的含混性以及道德专制和混乱,乃是善与恶之间的冲突被描述于如此之多的神话与宗教之中的原因。这一冲突通常被设想为交战的"诸神",或者用启示性的话语来说,是"时代"(ages)之间的冲突。在早先的一章中,通过利用巨人以及基督教的话语,我们已经见到了这种含混性。人们可以探讨其他的神话,比如说像伊利斯(Enuma Elish)或者吉尔伽美什(Gilgamesh)史诗这样的来自古代近东的神话,来证明同样的观点。可以想象的是,在所有这些情形里,危险的是力争限制生活的道德空间,创造一种道德宇宙论。这种在世界起源上的争斗被想象成是在人类之前的,超出了人类行动的运动场。诚如阿斯曼已经指出过的那样,它并非只是一个"自然"的问题。之所以如此,是因为有分歧的是对语境的界定本身,人的行为显然是在这种语境中富有意义地发生的。而社会想象会明白,对道德空间的界定这一问题对人类生活是多么具有重要性和根本性。诸多观点会培育出不同的人生态度与倾向:顺从、希望、勇敢、绝望、快乐。我们实际过的生活因表达在文化中的信仰、实践和制度中的有效的道德宇宙论而被赋予内容。

我们将要简略地予以探讨的各种古典基督教的和现代的道德宇宙论,取决于对时间内容迥然不同的评价。在这每一种情形里,有关时间之终结的概念一直培育着一种道德宇宙论,在这种道德宇宙论里,价值必定与有关正确和错误的行为之规范密切相关,而这些规范与对自然世界中的范式和过程的反思是彼此分离的。①我们将研究如下各种观点:这些观点切断了道德宇宙论与那些专注于物理过程(物理宇宙论)的对存在的解释之间的联系;这些见解坚执从道德的角度得到理解的时间与物理宇宙的结构之间的非连续性,而不是连续性。对自然界的探究——此为自然科学的领域——被排除在为对人类在时间中的困境的理解提供有效的内容这件事之外,由此而产生的多种道德宇宙论为伦理学中的非自然主义提供了正当理由。

在我们这个面临着生态威胁的时代里,对终末论主题的任何有效的处理都需关注实际生活的活力、局限及过程和范式。就伦理学而言,这意味着要揭示有关各种形式的、复杂的生命整全性的主张如何能恰当地支持有关道德价值的观念。② 科学可以就人类生存的可能性与局限性而教导我们,哪怕这些知识只是灌输而非决定善恶、是非观,而情况也正是如此。幸亏现在有一些科学家坚持认为,在终末论信仰与下述事实(即"物理过程对未来是开放的,我们生活在一个确实在生成的世界之中")③之间有一种汇流。看来,"实在"并非像现代物理学家们想象的一样,是如此的封闭或者"铁板一块";赞同一种在现在与终末(eschaton)之间发现了连

---

① "价值"(worth 或 value)一词的全部含义乃是事物与人类发生关系的复杂方式,亦即各种重要性。有些事物本身就被相信(esteemed)是目的或者善,另外一些事物则在其他目的的体系内被赋予(assigned)重要性。相信和赋予乃是评价行为,而评价则是人类生存和文化中绝对基本的一种权力。我主张,终末论的根本问题是这样一个问题:正确地行使权力或权威,以创造一种价值尺度(什么应该被相信,什么该被赋予价值),因而确定生活的道德空间。
② 关于对伦理学中的自然主义的讨论,参 Philipa Foot,《自然的善》(*Natural Goodness*, Oxford: Clarendon Press, 2001)。
③ John Polkinghorne,《一个物理学家的信仰》(*The Faith of a Physicist*, Minneapolis, MN: Fortress Press, 1996),25 页。

续性的完整和谐的宇宙论具有极其重要的道德含义。

　　与一种完整和谐的宇宙论保持一致的伦理学之内的终末论反思意味着,基督教信仰的道德意义不能是对处于压制、困惑和艰难之中的生存隐含的"否定"。基督教信仰若想成为尘世中一种真正的力量,它就必须是对人类生存的转换,并因此而成为人类生活的真正的再生。可以追溯到圣保罗的新的创造这一观念乃是思考在完整和谐的宇宙论之内信仰对生存进行转换的路径,终末论信仰的道德意义是在有限性及其限制这些紧迫的事实之中,热爱生命,并且爱活生生的上帝。新的创造是一种借助上帝的那种使得人们能够尊重并且增进生命的整全性的恩典,所进行的道德转换。这一意向不是斯多葛派式的逆来顺受,不是以更好的世界所做的虚假安慰或对当下财物的无情追求。它是一种真正的欢乐。① "真正的快乐"一词表示实存中的快乐,是对生存说"是",也是一种真实(实在)的快乐,是人的真实的幸福。这种快乐是对生命的有限

---

① 其他一些见解认为,对道德生活来说,首要的宗教问题是集中关注我们该如何回应有限生存中的诸多事实。我的观点与此有关(但又迥然不同)。蒂利希曾面对焦虑而谈论"存在的勇气",而且,他曾以这种勇气与斯多葛派的逆来顺受进行对比。但是,蒂利希几乎不能谈论欢乐。尼采确实谈论过欢乐,即对实在说"是"(yes-saying)。对尼采而言,这种"欢乐"事关自我中的权力之增长,以便消除抵抗。他不能想象出一种因他者,因(比如说)上帝而高兴的欢乐。古斯塔夫逊则坚执一种赞同那些既压制又维持我们的力量的敬虔,赞同是对上帝赋予我们的在实在中的位置的一种理解。我对虔诚的生存的解释虽然接近于史怀泽的"敬畏生命",但它不适合于一种悲观主义的宇宙论。毕竟,史怀泽研读叔本华(Schopenhauer)过多。此外,我不认为——但此处不论论证——对生活的责任意味着,当生命遭遇生命,并且与生命竞争之时,我们所面对的一切都是"悲剧性"的选择。悲剧确实有,尽管受够了!但是,悲剧并非(道德)故事的全部。关于这些观点,参 Paul Tillich,《存在的勇气》(*The Courage to Be*, New Haven, CT: Yale University Press, 1952); Friedrich Nietzsche,《查拉图斯特拉如是说》(*Thus Spoke Zarathustra*, R. J. Hollingdale 译, New York: Penguin Books, 1961); Gustafson,《以神为中心的伦理学》(*Ethics from a Theocentric Perspective*);以及 Albert Schweiser,《文明的哲学》(*The Philosophy of Civilization*, New York: Prometheus Books, 1987)。

性、破碎性、暴力和苦难的回应,它不会陷入对生命的绝望或者仇恨。真正的快乐能够适当地尊重和增进生命,不会因受诱惑而贬抑任何有限的实在,或者使之偶像化。

那种认为真正的快乐是负责任的生活之基础的道德宇宙论看起来会是什么个样态呢?有这样一个问题在手边,让我们现在转向比较分析。对有代表性的现代与古代道德宇宙论的分析将是迈向具有建设性的有关伦理学中的新的创造的主张的一个步骤。牢记这样一个事实,即我们现在是生活在多元世界的时代里,那么,我们就是在发掘和比较那些深深地弥漫于西方文明之中的思想之缕。

空虚的时间与价值创造

尽管我们并不常常留心,但是,现代西方的一个显著特点是将"时间"理解为空虚。人们假定,明天既不是确定的、因而是必定要以某种方式发生的,也不是充满着他们必须予以回应的某种实在。当然,我们有许多烦扰着我们的忧虑、要求和义务,但是,基本而言,"时间"被认为是空虚的。人们设想,在某一点上,每一事物都将在一种宇宙危机中走向终结。但是,在一种更为人性的规模上,大多数人相信,并且是热忱地相信,他们是在一种真正的意义上创造未来。在当代西方精神中,表述在有关创造未来的信仰之中的道德宇宙论和陷入了有关宇宙是冷死亡还是热死亡的争论之中的物理宇宙论之间出现了断裂,这正是我们必须理解的。为了做到这一点,需要对有关时间与道德之间的联系的现代思想做些挖掘。

康德之类的哲学家已经指出,我们看不见或者摸不着时间。时间不是感觉的直接对象。不论我们经历到什么(如阳光穿透窗户倾泻而入),都发生在时间之中,但是,时间本身并未被直接感觉到。早晨,我感觉到阳光的温暖。白天过后,我能回想起阳光越过我的办公室的墙面的光亮与阴影。正如我们所说的那样,这些经验发生"在"时间之中。但是,时间本身是空虚的。设若如此,时间就必须得到不同的界定,它必须被理解成所有可能的经验的一种形式。诚如康德所说的那样,"时间"是思想赋予任何直觉的一种形式。① 这是很重要的。它意味着,人们在其中组织经验的基本形式是没有内容的。进而言之,得到如此界定的时间有两个方面,这一事实向我们揭示了"时间"乃是自然与文化的分界面上的一种边界现象:时钟时间(时间的连续性的非人方面)与被经验到的时间。我"在早晨"(时钟时间)看到阳光,但在白天过后(被经验到的时间)能回想起阳光的温暖。标记时间的方式中的双重性,还有任何关于时间的观念都是边界性的观念这一事实,正是为什么同样一次持续了50分钟的演讲会被一个人体验为无聊的片刻接续着无聊的片刻的煎熬时光,但对另一个人来说,对演讲的经验却可能是一瞬间的事儿。我们对时间的经验与用来测量瞬间的工具——比如说时钟——是不一样的。人类在其时间性中被置于自然过程与经验性过程之间的平衡点上。

将时间理解为一种直觉形式,而这种直觉形式对两种对立的视角是开放的,这一做法具有解放性的效果。这意味着,人的头脑组织经验的方式独立于那些支持人类生活、使得人类生活成为可能并限制人类生活的物质条件。既不是时钟,也不是演讲者决定着人们如何经验这一事件。我能够决定完全不同地——比如说,通过将注意力集中在一些其他的观念之上——经验这一事件。如果就时间而言是如此,那么,我们就应该能够探究头脑在其中可以为经验提供"诸多形式"的其他方式。对许多现代伦理学来说,这

---

① 当然,康德的观点是在著名的《纯粹理性批判》(Critique of Pure Reason)中提出的,我们将在本书的后面、尤其是第七章中回到这一问题。

一简单但又至关重要的论点乃是基本的。康德是现代伟大的道德思想家之一,他沿着这些路线重塑了金律(参太 7：12,路 6：13)。他坚持认为,道德律就是,我们必须总是尊重待人,也就是说,我们必须以他人和我们自己为目的,决不能只是以之为达到其他目的(比如说快乐、权力和声望)的手段。这一由理性提供的律法就是应该指导所有道德上正确的行为之"形式"。不论我选择什么样的行为方向——我的职业、爱好,不论是什么——如果它应是道德的,那么,它就必须与理性提供的律法保持一致。这一道德律独立于我们作为敏感的、有情有欲和社会性的存在在自然秩序中的嵌入,但又对其具有决定性作用。"尊重人"这一道德律是我们复苏与他人的相遇的某种东西,这种道德律不见于自然之中,也不会像我们触摸或者看到的某些东西那样被经验到。理性的工作是为我们的行为、关系和倾向提供"形式",如果这些行为、关系和倾向想真心成为道德的。就伦理学而言,这就是"道德形式主义"。[①]

人们必须把握住道德形式主义和空虚的时间观念这两者之间的关系的重要性。道德律是在纯粹理性的基础上被确立的,它不会因有关自然界的一些主张、或者有关我们作为有感觉的受造物的生命的一些主张而得到支持或被限制。进而言之,理性最好被理解为立法者或一种提供法则的权力。"理性"为形式立法,而在这些形式中,任何可能的经验或者行为准则就会得到领会。这样,时间的空虚性和道德律的形式性就显示了人类的头脑组织其世界、并且为行为制定规范的力量。时间是空虚的,但是,它也是一个道德空间：它是理性提供律法的空间。未来是开放的,是我们创造的某种东西,而为我们的创造制定的唯一律法是道德的、理性的

[①] 参 Immanuel Kant,《道德形而上学基本原理》(*Fundamental Principles of the Metaphysics of Morals*, Thomas K. Abbot 译, New York: Liberal Arts Press, 1949)。

律法。关键在于,非常奇怪的是,在大多数现代伦理学中,在道德如何得到理解和"时间"如何得到界定这两者之间是有联系的。道德事关人类的头脑如何为行为制定准则和律法,而时间则事关同样的头脑如何为其被经验到的世界提供"形式"。这些都只是头脑在其中运转,以便安排生存并表明其不可简化之自主性的不同的方式。它也向我们展示了这一点,即时间和道德两者都是边界性的现象:时间将自然过程和头脑形成经验的能力联系起来;道德将我们作为有感觉的存在之生存与理性为我们的行为提供律法的能力联系起来。

重要的是,空虚的时间与道德形式主义之间的这种联系可以抗击我们在前文所说的道德恐怖。植根于理性的道德律意味着,至少就道德原理而言,人类的生活从来就不缺少道德秩序。由于人类都具有相同的理性能力,道德冲突和含混性是能够被消除的。[1] 道德专制也遭到了反击。就我是按照我的理性提供的道德律行动的这一点来说,我是真正自由的,我是自主的,我无须屈服于任何外于我的意志的力量:国家、双亲、宗教权威。任何向那种挑战理性的道德律求助的做法,我都有理由予以批判和改变。与"空虚的"时间概念缠绕在一起的道德律的形式性本身,就是对道德专制和混乱的一种抵御。

西方现代性的遗产是设计出了方才指出的那些观念。我们听到一些人坚持认为,诸多社群都拥有他们自身的道德世界,都建构了他们自己的认同,因为那是赋予经验以秩序的他们的语言、社会权力关系的范式与叙事——也就是社会意义上偶然的经验的"形式"。这种说法的道德含义是不难想象的。道德价值不是可以找

---

[1] 我们可能会注意到,这一主张得到了像哈贝马斯这样的当今的康德主义者的强调,见氏著《道德意识与交往行为》(*Moral Consciousness and Communicative Action*, Cambridge, MA: MIT Press, 1990)。

得到的,对人类的生存来说,在创造之外是没有意义的。诚如辛格尔(Irving Singer)所说的那样,就人类的需要与倾向而言,生活中的意义完全是价值的创造。而且,这一点甚至也适合于死亡,而死亡表面上是对那种认为我们为人类的时间提供形式的主张的最有力的反例。用辛格尔的话来说,"对人类来说,死亡是如此重大的问题,这只是因为它强行闯入了我们对有意义的生活的寻求。"①这是自我的能力的最终凯旋,它能创造价值,作为对混乱和专制乃至死亡的劫掠的抵抗。

在高度现代化的社会中,当前的精神状态之特征是由辛格尔表述的哲学与一种普遍深入的文化假设的发展,这种哲学与假设认为,人生的大事是从事生存意义的创造,而不是意义的寻求。而所有这些发展之间的共同的接触点是,时间是一种道德空间,但是,在现代特有的意义上,时间是"空虚的",有待于我们——作为个体和社群——为它提供形式和内容。② 创造价值的权力是我们的,而且只是我们的,这完全是因为道德价值并非"在那里"(out there),等着被发现。不仅宇宙的死亡,而且甚至连个体的死亡都不会不利于人类的这种创造价值的能力。那么,我们该如何严肃对待人类生活对并不欢迎操纵的实在之过程的嵌入呢?有待人类的力量"充满"的现代的空虚时间观乃是全球性的过于人化的中心。

---

① Irving Singer,《生命的意义:价值的创造》(Meaning of Life: The Creation of Value, New York: Free Press, 1992),71页。
② 在恐怖分子袭击美国后,2001年9月20日,布什总统对国会和全美发表了演说。在此演说中,上述观点得到了强有力的——如果是无意的——表达。布什说:"有些人在谈论恐怖的时代。我知道,前头会有斗争,有危险要面对。但是,这个国家将会规定我们的时代,而不是被它所规定。只要美利坚合众国下定决心并且保持坚强,这将不会是一个恐怖的时代,而是一个自由的时代,在美国、在全世界都将是这样。"见《纽约时报》(New York Times)2001年9月21日第4版。当然,总统关注的是保持和推进人类的自由的斗争,但是,其有关时代的观点却是引人注目的。

充实的时间与上帝的临在

方才探究过的现代的、科学的西方之道德宇宙论的基本特征与许多古代的基督教观念是根本对立的。如果我们探讨一下那种将终末论思想与就"终末审判"而言的世界末日观结合在一起的时间观念,这一点就会至为清晰。① 我们将在下一章回到终末论主题,但是,现在我们将以《马可福音》13:24—7 作为范例:

> 在那些日子,那灾难以后,日头要变黑了,月亮也不放光,众星要从天上坠落,天势都要震动。那时,他们要看见人子有大能力、大荣耀,驾云降临。他要差遣天使,把他的选民从四方、从地极到天边,都招聚了来。

这无可否认地是极为丰富的、超越常理的话语。这个文本实际上解释了《创世记》中的创造叙事里的每个方面:光明与黑暗、天与风。这个文本将终末之时描述为灾难式的终末审判,选民在这一审判中将得到拯救。神被解释成道德审判者,也就是赏善罚恶者。此外,"终末审判"的要旨是缓解道德的含混性。道德秩序已经被建立起来了,而这是"自然"要追随和遵循的。而选民虽然四散于全球,也要被招聚到神的统治中来。生活的含混性被上帝的审判所消除。这一话语呈现了一种在神的统治权威之下的道德宇宙论,这是一种在审判中得到行使的权威。

这段话与《马可福音》13:3—8 有关,在后面这段经文中,耶稣

---

① 关于对世界的末日这一话语的另一考察,参 Patrick D. Miller,《审判与快乐》("Judgment and Joy")收入 John Polkinghorne and Michael Welker,《世界的终结与上帝的目的:科学与神学论终末论》(*The End of the World and the Ends of the God: Science and Theology on Eschatology*),155—70 页。

谈到了终末之时到来前的预兆。连同 13：14—20，即所谓"毁坏可憎的"一起，世界末日的话语与该章的开篇和耶路撒冷的圣殿的拆毁密切相关。而这当然意味着，有关人子来临的说法与古代"圣殿国"（Temple State，即被国家与圣殿、国王与教士之间的复杂关系所规定的古代以色列的社会秩序）的毁坏是有关联的。人们可能很轻易地就会想象出，耶稣对那种社会秩序的挑战会导致他的死亡。圣殿国的社会、政治和宗教现实虽然本身是对道德混乱这一问题的一种回答。但是，它被看成是专制的。耶路撒冷圣殿的被毁（公元 70 年），以及随之而来的第二圣殿时期犹太人的道德宇宙，都被置于一种更为广阔的理解、尤其是一种关于时间之终末的主张之内。当然，关于原始资料、不断发展着的有关基督的话语、以及文本与罗马犹太人之战之间的关系，都有一些复杂的历史的一批判性的问题，而所有这些问题都超出了本书研究的范围。①

从文学的角度来看，《马可福音》第 13 章在对耶稣对整个世界的权威的强调中，重新解释了希伯来的先知话语。人子的异像是这段经文中至关重要的主张。由于证明了《但以理书》7：13——并且因此而将过去的先知预言记入未来的事件之中——这一文本事关人子来临，以继承他的王国。在《但以理书》中，有位"像人子的"的来临是朝着亘古常在者（the Ancient of Days）而来的，"得了权柄、荣耀、国度"（但 7：14）。"来临"的方向是相当独特的。在《马可福音》中，人子从四方、从地上和天上招聚（comes to）选民。在这个意义上，他的来临不仅事关国度与亘古常在者，而且也是将创造的诸领域（天、地、四方）聚拢在一个独特的事件之中，并且将选民与其他人区分开来。

在古代文本中，人子被认为是个体性的、超人的人，他拥有天

---

① 关于耶稣运动和圣殿之国，参 Burton Mack，《谁写了新约？基督教神话的形成》（*Who wrote the New Testament? The Making of the Christian Myth*，New York：HarperCollins, 1995）。

上的权柄与荣耀。他的来临构成一种新的实在,这种实在是由以下因素确定的:(1)选民与其他人的区分,(2)显明他的"权柄与荣耀"的创造的诸领域(天、地、四方)的相交,(3)得到宇宙性事件(众星要……坠落)的预兆,(4)推翻圣殿之国,同时将犹太人先前的期待铭刻入未来。这样,一种道德宇宙论便依据人子而得到确定。对于生活在多元世界时代的人们来说,接受这一宇宙论是困难的!而根本性的困难之一是,这一文本在当代人看来与其说是回答混乱与专制这些问题,不如说是着手使它们成为律法。由于人子的来临,自然跌入了混乱;将人区分为选民和非选民可以成为道德专制之举。对于这样的时间概念,恐惧和悲观主义似乎是唯一看似合理的态度。

当然,历史地说,大多数世界末日的话语可能都是一些人保护其受到了威胁的生活方式的防御性举措。当一个民族的世界就像在罗马人与犹太人之战中那样受到威胁时,许多人需要设想出一种情形,在这种情形中,"善"得到好报(从地极招聚而来),"恶"得到惩罚(参看第五章)。但是,这种社会学的评论虽然是中肯的,却并不是故事的全部。我们感兴趣的是,世界末日的话语是如何提出一种将时间与道德联系在一起的宇宙论的。圣经学者汉森(P. D. Hanson)确实是正确的:

因而,世界末日式的终末论既不是一种流派,也不是一种宗教社会运动,也不是一种思想体系;毋宁说,它是一种宗教性的视角,是在与世俗实在的比较中看待神圣计划的一种方式……它将未来视为神圣救赎活动和审判活动的语境,在这一视野中,世界末日式的终末论可以被看成先知终末论的继续。①

---

① P. D. Hanson,《启示论》("Apocalypticism"),收入《释经者圣经词典补卷》(*Interpreter's Dictionary of the Bible: Supplementary Volume*, Nashville, TN: Abingdon Press, 1976),29—30页。

很显然,这种世界终末观是这样一种终末观,其中所有制度与结构都服从于一种宇宙性的正义秩序。这一从宇宙论的角度得到理解的正义秩序不是要努力争取的终末($finis$,终结),而是正在以权柄和荣耀"来临"于地上的一种充满($telos$,目的)。生活的道德空间是从宇宙性的正义之充满中,从上帝的救赎与审判行动中被创造出来的。未来并不是人们力争意义并使之充满意义的某种东西,正如它对现代人所是的那个样子。这一未来会来临于现在,会打断生活的进程。这似乎回应了那种滋生世界末日式思想的主要社会事实,这一事实也就是社会宗教结构与支持它们的神话之分崩厘析。混乱与专制的威胁激发了新的道德宇宙的阐述。但是,它是生活条件在其中并非借助于人的行为而再次得到保证的一种想象,上帝主宰着一切。这就是那创造了生活的道德空间的原初事实。

对道德宇宙论的评估

对我们一直在探究的时间与时间的终末的各种解释一直有助于形塑西方文化中的道德观。在见于《马可福音》第 13 章中的世界末日式的终末论与现代"空虚的时间"观念之间,有一些深刻的差异与相似性。这些相似性与差异是什么呢?在任何情况下,一种关于时间和时间的终末的观念都是对道德混乱与专制的一种回应。权力与权威的问题被视为道德宇宙的唯一决定性事实:此即理性的权力与权威,或者上帝的统治权。因此,对确定公正的或者合法的权力来说,创造这种道德宇宙是更为得失攸关之事。那些用来证明合法性之权利的策略各不相同:在我们探讨过的世界末日式的终末论中,有一种对宇宙性正义的诉求;而在现代,则有一种形式主义伦理学,它抽象或者具体地培育着道德差异之间的和解,支持平等,并且使人的自由最大化。然而,尽管合法化的形式有这些差异，但是，我们的比较已经展示了，形塑当代西方生活的一缕缕的传统是由那种创造价值和秩序的权力、思想的立法权或者上帝的支配性权柄所决定的。

然而，这并不是一切。尽管现代的观点与世界末日式的终末论之间有这些相似性，也有深刻的差异。在《马可福音》的文本中，耶稣作为人子的不言而喻的合法性乃是一种弥赛亚式的希望，是对宇宙性秩序的一种想象。就耶稣满足了那种希望，并将那一想象制定为律法而言，他是合法的人子。而按照现代的道德想象——得到了康德具有典型性的表述——人们不能诉诸上帝或者自然、神力或者宇宙性正义，因为这类诉求是他律性的、专制的。对道德律的证明必须依据其形式性特征和理性的必然性。《马可福音》中的话语之合法性依赖于一种若非表述清楚便是隐含的宇宙性秩序这一实在，而在现代的空虚的时间观念中，情形就不是这样的了。在人类之外，没有什么使得时间充满意义的道德秩序，而这正是充实的时间与空虚的时间之间的对立所具有的最深刻的含义。

比较这些道德宇宙论会暴露它们各自的弱点。现代的空虚的时间观念和价值创造中的人的支配权是对专制的防御，但是，其危险则在于人对自由的追求会对其环境实行绝对的权力，因为那种环境没有独立于人的抱负的道德地位或者价值。现代的观点通过将道德与整个自然实在领域分离开来，可能事实上是虚无主义的，就是说，它为了使人的权力最大化，会否定有限的和偶然的生命。例如，看看正在增长的生态危机吧。这也是过于人化的一部分：全部实在，甚至时间，都揽入到文化项目之中。见于《马可福音》之中的世界末日式的终末论是对道德混乱的防御，这一防御借助的是对一种更大的人类的生活被置于其中的宇宙性的／道德秩序的不言而喻的肯定。但是，道德权威与宇宙秩序之间的融合可以转化成一种新形式的专制（即本书后面第九章中所说的道德疯狂）。在全世界的世界终末运动和宗教狂热中,这种可能性当然一直过于频繁地实现了其自身。它也见于各种形式的受宗教刺激的恐怖主义之中。《马可福音》中的世界末日描绘了一种事关创造中的维系性结构的混乱情形:日头要变黑了,月亮也不放光,众星要从天上坠落。反讽的是,一种旨在反击道德混乱的话语,在其坚持上帝的绝对的、自由的、至高无上的审判的热情中,可能会使所有其他的一切陷入混乱。

在这些道德宇宙论中,还有一些不稳定的观点:旨在抗击道德专制的现代观点可以支持人与世界的其余部分之间的一种专制性的关系;世界末日的话语会以同样反讽的方式力图消除道德混乱,却可能恰好导致道德混乱。这些不稳定的观点并不只是逻辑上的可能性,它们已经在基督教的狂热运动的历史遗产和现代社会中显明其自身。谦虚要求我们承认,万无一失的立场超出了我们的理解力。尽管如此,比较性的劳作确实为旨在避免这些问题的建设性反思提供了某种方向。

新的创造中的时间

时间的观念乃是一种文化借以理解其道德世界的棱镜。时间得到解释的方式形塑着一种文化及其道德观,正如这种道德观(如人的自由、上帝的意志)形塑着有关时间的信仰一样。此外,关于时间的诸多观念都是以多种话语得到表述的。作为一种解释性的框架,任何形式的有关时间的话语都会提出一种世界观和有关如何在其中生活的取向,它在本质上表达了一种道德宇宙论。但是,通过简略的比较,我们也已看到,古代世界终末式的宇宙论与现代的解释本质上是不稳定的。它们太容易滋生对实际生活来说令人烦恼和危险的心态。当有限的资源、不断增长的需求和不公正的分配方式玷污这个星球上的每个国家和每种文化这一点彰明较著之时,正如它现在确实所是的那样,那么,混乱和专制这对孪生的恐怖就会被释放出来。的确,有充分的理由相信,我们全球化时代的一个最为紧迫的事实就是实现下面这一点:尽管技术在进步,生态系统却是有限的,它并不完全顺从于我们的目标。一个开放的未来和不断的进步这一现代梦想真是天真得可怜。那种在原则上削弱将自然科学和社会科学输入到我们对行为过程的评估和对人的欲望的限制之中的任何形式的伦理学,如世界终末式的思想,都是危险的。古人希望上帝来临,将选民与被诅咒的人区分开来,将星宿从其轨道上抛落在地,当这些希望引发宗教性的和种族性的冲突或者生态弊端时,它们在道德上便是成问题的。

我们时代的终末论情结是一种熹微、怀疑、绝望和恐惧的情结,它显示了对更新的深层要求。有一种要求,即更新人心、更新人的取向,以便我们可以在那种维系生活及其繁荣、并使生活及其繁荣成为可能的实在的领域中正确地生活。我们拥有探究这种关于生活之可能性的象征资源吗?作为一种寻求丰富的道德宇宙论的终末论话语的新的创造也许可以对当今的情结有所言说。它也许能帮助我们阐明生活的转化。我们能使这一话语富有意义吗?

有一些复杂的问题。第一,我们必须从现代思想中吸取这样一种洞见:知觉与感觉的形式并不只是在那些被理解的东西中给定的。在使生活富有意义的过程中,文化习惯总是在发挥着作用。经验的形式并非一些空洞的"理性"的范畴,而是用来形塑对好或坏的感知的、复杂的语言性和想象性的媒介。① "新的创造"这一话语是象征性的,这意味着人们能够用之形成感觉与理解。依圣经而言,新的创造有义务致力于上帝与人之间的圣约的更新。

---

① 在这方面,建设性的道德宇宙论的反思在本质上是后批判的或诠释学的。关于这一点,参 William Schweiker,《权力、价值与信念:后现代时代的神学伦理学》(*Power, Value and Conviction: Theological Ethics in the Postmodern Age*, Cleveland, OH: Pilgrim Press, 1998),尤其是第四章,"理解道德意义"。

希伯来人对"新的创造"理解事关上帝的义;诚如一位作者指出的那样,它是"一个新的创造事件,这个事件使事物因为创造而成为义,并将事物置于创造与上帝之间"。① 创造与上帝的义举和义是熔合在一起的。在先知预言中,它更多地与心、意识的观念密切相关。因此,我们在《耶利米书》31:31 及其后读到这样一段经文:

> 耶和华说:"日子将到,我要与以色列家和犹大家另立新约……我要将我的律法放在他们里面,写在他们心上。我要作他们的神,他们要作我的子民。他们各人不再教导自己的邻舍和自己的弟兄说:'你该认识耶和华。'因为他们从最小的到至大的,都必认识我。我要赦免他们的罪孽,不再记念他们的罪恶。"

作为一种"创造事件"的上帝的赦免行为、正义与义之间显著的联系甚至深达人类生存之深处,这同样的联系在新约中也是持续不断的。具体而言,保罗写道:"不要效法这个世界,只要心意更新而变化,叫你们察验何为神的善良、纯全、可喜悦的旨意。"(罗12:2)这与保罗关于"刻在心上的律法"的观念因而关于"是非之心"(conscience)②的观念是联系在一起的(罗 2)。换言之,神的旨意在人的生命深处("心"中)产生共鸣,而这正是对何为善良、纯全的感知之条件。这样,新的创造这一话语完全就是经验的"形式",

---

① Frank D. Macchia,"通过新的创造而称义:圣灵与教会因之而或好或坏的教义"("Justification through New Creation: The Holy Spirit and the Doctrine by Which the Church Stands or Falls"),见《今日神学》(*Theology Today*)52:2(2001):207。也参 Brevard Childs,《新约与旧约圣经神学:对基督教圣经的神学反思》(*Biblical Theology of the Old and New Testament: Theological Reflection on the Christian Bible*, Minneapolis, MN: Fortress Press, 1992)。
② Conscience 本为良心、道德心,这里的译文以新标点和合本圣经为据。——译注

第四章 为道德宇宙论调校时间

它是人们能够借以审视世界的一面象征性的棱镜。新的创造这一人们借以审视世界的形式显明于基督之中。诚如圣保罗和后来的新教改革家们所说的那样,人们活在基督之中。现代人转向了道德律的形式结构,这种形式是空虚的,并且与一种时间观念互相关联;与此转向不同,这种形式——刻在心里和显明于基督之中的律法——不是空虚的。它提供了参与上帝的善良的创造、察验善良与纯全的路径,而不是一种让我们的目的投射到所有实在之上的形式。

被这一生命的转换和这一新的创造触动的个人和社群会从道德混乱中得到拯救,但借助的是这样一种路径,即道德律法——善良与纯全——决不是专制的。新的创造——上帝对是非之心的仁慈宽厚的更新和上帝与创造之间的一种正确的关系——是在一个以对有限的生存给予现实主义的肯定(以之为善)为标志的世界里生活的方式。这可以不藉虚假安慰而抗击绝望、恐惧和悲观主义。它根本上是对作为上帝之创造的实在说是,它是真正的欢乐。从人的角度来说,这种对脑与心(是非之心)的更新并不只是有关理性之本性的一种主张,它也事关参与立有圣约的社群。这种使人能感知善良与纯全的改变了的是非之心并不是自我之中的一个"点",它不是《纯粹实践理性》的圣经版!"是非之心"是在这样一个世界里生活的方式,这个世界处于由对新的创造的信仰所规定的散漫的、礼仪性的和交往性的社群范式之内。它是一种实在在其中是借助于善良和纯全而得到理解的生活方式。

这将我们带到第二项要予以注意的重要事情上来。我们从现代思想那里学到了需要探究经验的"形式"。对来自世界终末论中关于充实的时间的信仰中的一种洞见,人们也可以利用,但要进行转换。这样可以将对实在论的关注贡献给宇宙论的探究,以避免这样一种印象,即"新的创造"只是决定我们该如何解释世界这样一件事。得失攸关的是关于事物存在的方式的信仰。作为一种终末论信仰的新的信仰这一观念并不预示这样一种世界终末式的审判，在这种审判里，众星将从天上坠落。① 毋宁说，它事关处于与上帝的关系之中的是非之心与创造的更新和激活。就创造多于自然而言，也就是说，就"创造"指定了要使"自然的"存在之各个领域（地、四方、天；动物、人类、文化）的合理整合开始存在和进行维系这一点而言，那么，被更新了的并不只是自然资源或我们如何审视世界的方式，而是人类在这些实在的领域里，带着正义、正直或者正确的关系而生活的能力。新的创造并非事关可以更新的自然资源；我们不能想象它可以被用来支持生态的纯朴和对无休止的消费的渴望，后者无耻地置那些对人类活动的真实而又近在眼前的限制于不顾。毋宁说，新的创造事关一种更新了的"头脑"，一种新的是非之心，它能够寻求实在的各个领域之间的整合（正当的关系），以便具有特定的限制的生命可以兴旺繁荣。它同时也是上帝与创造之间的一种新的圣约。人类获得能力参与这一新的正直，通过改变了的头脑而富有生气地成为上帝的善良的创造之参与者。在创造和新的创造之间，存在着连续性和非连续性。

时间不是空虚，它是充实的。然而，时间的充实性并不与世界末日式的审判相关；它并非事关至高无上的上帝如何审判世界。新的创造是一种创造在其中不被否定、扫除和超越的审判；创造被赞许为善的。基督教的信仰肯定人的有限性和作为善的世界的有限性（参创1:31）。无论什么地方，只要有能够使生命得到增进的充满活力的整全性之迹象，以及诸多生活范式与过程的正当交汇，那就有上帝的善良的创造之"迹象"，这些迹象会被已经改变了的是非之心经验为恩典本身。时间不是空虚的经验形式，它不是物理实在的简单运动，它不是终末审判的事件。对基

---

① 关于这一点，比如说，参 Michael Welker，《圣灵上帝》(*God the Spirit*)，John F. Hoffmeyer 译(Minneapolis, MN: Fortress Press, 1996)。

督教信仰来说，时间被理解为生活的更新的一部分，也是上帝的好的创造物中的一份子。在上帝的善良的创造之内正确地确定生活的方向需要在人类的暴力和愚蠢面前，更新是非之心，以感知善良与纯全；而得到如此这般之理解的人生之任务就是尊重和增进生命的整全性。

这里提供的对新的创造的解释乃是这样一种解释，它追溯了"创造"中的连续性，将"崭新性"（newness）赋予是非之心的再生和上帝与创造之间的更新了的圣约，这种解释开启了自然科学与伦理学、自然与道德之间的对话的可能性。我们可以说，"创造"是价值的领域，而"新"则是对下述事项的重新评估：是非之心和我们所珍视的东西，以及我们如何能够回应生存的善良与上帝对生活方式的改变。新的创造是一种正在进行的意识与态度的革命，它处于上帝对所有创造的尊重和增进之内。① 用神学的话来说，新的创造乃是关于有限的生命的终末审判，一种对新的创造的充分的解释需要我们（最终）超越启示神学与自然神学之间的冲突。用前面介绍过的术语来说，这是一种在物理宇宙论和思辨宇宙论之间斡旋的道德宇宙论。像传统的自然神学一样，新的创造这一意象为对实在的范式与过程的反思开启了空间，而这种反思认为实在的范式与过程提供了上帝之意旨的迹象，并为人类提供了路径。像标准的启示神学一样，新的启示不是我们从自然的"事实"中推论出来的某种东西，它是神的恩赐，是心、脑和与生活之间的圣约的更新，而这一切都是不可获得的，而只能从恩典那里接受。

这一远见跨越了自然神学与启示神学，还有物理宇宙论和思辨宇宙论，它与真正的快乐是一致的，真正的快乐就是生命的根基与果实。真正的快乐是在被创造的秩序之内生活和工作的真正的

---

① 关于人类信仰中正在进行的革命就是"启示"这一观念，参 H. Richard Niebuhr,《启示的意义》(*The Meaning of Revelation*, New York: Macmillian, 1941)。

自由。人们不会否认生活中显而易见的罪、破碎和恐怖;具有善良意志的人们能够、可以而且必须劳作,以结束各种形式的不公正与苦难。这一远见的意义是,基督教信仰——作为一种真正的快乐——能够看穿这个世界的破碎性,直达那在实在中闪闪发光的善。实行新的创造就该出于对生命的深沉的爱,并以神圣之善的名义,献身于抗击所有那些不公正地贬抑和毁灭生命的行为。

第五章　终末时间里的爱

上一章就多元世界时代里的价值的深度提出了相当复杂的论辩,这一章将继续探究基督教信仰中的时间观念的道德意义。我们将集中关注这样一个文本,该文本在得救者与被诅咒者之间划出了一条生硬僵化的界线,并因而冒着在一个全球多样性的时代里滋生危险的道德态度的风险。现在的要求是,我们必须在早期基督教信仰的范围内,以这样一种方式矫正终末论与爱邻舍之间的关系,以至于可以遏制世界终末信仰的潜在威胁。下一章将继续讨论多元世界里的"时间",方式则是转向作为直面暴力这一历史遗产的政治行动的宽容与宽恕。但是,在眼下,我们必须回到古代基督教有关终末世代里的爱的信仰与实践。

终末论与伦理学

久为人知的是,早期基督教运动将有关善恶是非的信仰平铺为一种时间的二元论,具体而言,就是当下的世代与即将来临的上帝的统治。基督徒的存在似乎发生在时间之内的一个缝隙或裂缝里,而且,更有甚者,时间的终末即将到来。这一终末论的观点能确保两种迥然不同的道德态度都有正当理由:一种见于所谓耶稣的严厉警句中的、不顾后果的严格的道德，或者相反，是这样一种可能性：由于生活于不同的时间之间的含混性，从而在道德上适应周遭的文化。比如，在《马太福音》5:29，耶稣发出一严厉的命令：若是你的眼睛叫你跌倒，就剜出来丢掉；而一个多世纪之后，亚历山大里亚的克莱蒙特（Clement of Alexandria）则宣称，富人若是能对财富持一种正确的属灵的态度，也是能得救的。耶稣的命令与亚历山大里亚的克莱蒙特的宣称之间是有惊人的差异的。①

早期的基督教思想家们通过在那些对他们的认信来说很基本的道德信仰的范围内，尤其是有关纯全和上帝的统治或国度的信仰的范围之内来描绘时间，而使时间得到形构。这是对前面处理过的主题的继续，这个主题即是这样一种观念：时间是自然过程与文化信仰之间的交叉点，在此意义上，时间是边界性的观念。通过关注一个典型的文本，我们可以考察这些问题。在被称作《十二使徒遗训》的这个早期基督教文本中，所有的自然和所有的实在都被囊括和铭刻于生命的路/死亡的路这种二元逻辑之中，"他者"的问题以不同于本书前面（第一章）探讨过的巨人神话的方式，被纳入了一种实在的画面之中。道德的生活事关在一种特定的时间观之内"读解"生活，那就是生活如何成为有基督气质（Christianly "textured"）的路径。

将《十二使徒遗训》视为一个范例性的早期基督教文本，是有好些理由的。第一，它将允许我们厘析和分辨出一种道德性的和诠释性的实践，我们可以称之为铭刻的实践（the practice of inscription）。这一观念标明了见于基督教伦理学一些思潮中的神

---

① 关于早期基督教伦理学，参 Srvais Pinckaers,《基督教伦理学原始资料》(*Sources of Christian Ethics*), Sr. Mary Thomas Noble, PP 译(Washington, DC: Catholic University of America Press, 1995)和 R. E. O. White,《基督教伦理学》(*Christian Ethics*, Macon, GA: Mercer University Press, 1994)。

话质素,这一质素代表着对世界和时间的解释,而解释的路径则是将传承下来的文本传统的各个层面交织在一起。但是,铭刻的目的不只是提供一幅关于实在的画面,它的目的是道德和社会的形构。在《十二使徒遗训》这一个案中,铭刻将道德的、认识的和形而上的二元论交织在一起。而这一事实与应该考察这一文本的第二个理由密切相关。我们可以揭示形而上的二元论和道德的二元论这两者的结合为何会导致第九章中所说的道德的疯狂,其中,在得救者和被诅咒者之间被划出了一条严苛的界线。除了鉴别认同的形构这一独特的道德实践亦即铭刻的实践之外,探究这一文本的另一个理由是实现本书导论部分中已经提出的主张,即我们必须利用,可是也要检验我们的道德传统,哪怕那些传统对我们来说是至为珍贵的。

铭刻行为乃是独特的象征行为(signifying act)和道德教育学,它不是古代世界里设想的"哲学",或者后来所说的基督教哲学。但是,铭刻也是大不相同于那些跟耶稣的教导以及教会的宣告密切相关的道德实践,这里的教会的宣告以对上帝的国度即将来临(福音信息 kerygma)中对使徒的呼召为中心。我希望解释这一关于铭刻行为即是道德行为的主题,并为之进行辩护。① 但是,除此之外,探讨这一著作的第三个理由是,在《十二使徒遗训》之内厘析出一种允许对铭刻的实践进行转化的主张。这一主张见于双重之爱(爱上帝并且爱人如己)的诫命之中,而这一诫命则在《十二

---

① 有两点防止误解的说明必须指出。第一,我感兴趣的是"早期基督教伦理学",而不是所谓新约伦理学的全部领域。这一点很重要,因为在早期教会中,我们看到了显然是与圣经精神一致的生活与希腊化和罗马人的思维方式这一更为广阔的世界之间的冲突。第二,不可能谈论作为一种统一的历史现象的"那个"(the)早期教会。人们只需比较一下《十二使徒遗训》跟见于教会的生活方式跟那个拥有比如说像克莱蒙特这样的亚历山大里亚教父的世界里的死亡的路之间的严苛的对立,就可以感受到早期基督教的诸多完全不同的形态。在这一研究中,我并不意欲把握全部早期基督教伦理学。

使徒遗训》这一文本中时隐时现。在这一意义上,我们将依据一种道德主张来读解这个文本,这一主张即双重之爱的诫命,它需要人们改变这个文本本身规定(铭刻)的道德实践。这一洞见需要在基督教道德思想内恢复更普遍的规范的重要性,这些规范已被叙述伦理学亦即最新的铭刻范例排除在外,这是要予以超越的(参看第七章)。

如果有说服力,那么对《十二使徒遗训》的这一读解便意味着,我们必须放弃这样的观念,即早期基督教伦理学只是一种"过渡时期的伦理学"(interim ethics),也就是仅仅由世界的终末这一观念规定的"两个时代之间"的一种道德。① 我们可以从对作为一种文本的《十二使徒遗训》的一个简短的解释开始,然后穿透那些旨在把握终末论信仰之道德意义的层层反思。

作为文本的《十二使徒遗训》

《十二使徒遗训》或"教导"长久以来被认为是十二使徒所写,②它是一部向新基督徒介绍信仰的手册。这是一个备受争议的文本,它要么来自二世纪中期的亚历山大里亚,要么来自那时的安提阿(Antioch),它谈论的是社群及其内在的次序与对生活的指导。该文本是"教会训导文学"(church order literature)的一部分,它包括道德教育和对教会训导的指导,但是,事实上并未立即得到使徒们的认可。显然,称这个文本为"十二使徒的教导"是试

---

① 当然,也有反例。例如,参 Wayne A. Meeks,《初代基督徒的道德世界》(*The Moral World of the First Christians*, Philadelphia, PA: Westminster Press, 1988)和 Christopher Stead,《基督教之古代哲学》(*Philosophy in Christian Antiquity*, Cambridge: Cambridge University Press)。……

② 《早期基督教教父中的十二使徒遗训》(*The Didache in Early Christian Fathers*), Cyril C. Richardson 编译,基督教经典文库第一卷(New York: Macmillan, 1970),所有引文皆按该文本中的章节数注明。

图为其道德观点和宗教观点提供合法性。我们眼下拥有的该文本的各部分是在1883年被发现的,但是,《十二使徒遗训》利用了早期的材料,如《巴拿巴书信》(Epistle of Barnabas)。就此而言,《十二使徒遗训》为我们提供了一幅传统发展过程中的"快照"(snap-shot)。

两种关切主导着这个文本,一是教会的秩序问题,另一个更引人注目的是区分美德与罪恶,并教给信众一种令上帝喜悦的生活方式。就此而言,《十二使徒遗训》表现了可见于新约之中的道德劝诫的共同形式(参太5—7)。最令人惊异的是,这个文本利用了见于《耶利米书》21章和《申命记》30章中的对生命的路与死亡的路的区分,以描绘其社群与世界的其余部分之间的关系。那些在教会中的人在生命的路上,而其余所有的人都在死亡的路上。因此,信徒的任务是在这个凄凉的、濒于毁灭的世界上过一种教会认为值得的生活。这也是教会训导之所以重要的原因之所在。这种双重的关切(教会训导与劝诫)实际上形构着该书:两条路(生、死)之间隐喻性的区分在第一至第五章中得到了探讨,然后,教会训导方面的素材贯穿于第六至第十六章。该文本是材料的"汇编",就好象存在着一种围绕着诫命的大致的问题次序一样。

对当下的辩论最为重要的,是对两条路这一修辞象征或隐喻的有力运用。诚如马莱伯(Abraham Malherbe)指出的那样,这是一种传统的修辞策略。这是"一个置身于十字架之上的人的形象,遭受着在有德的生活和罪恶的生活之间做出抉择的考验。"[1]正如弗诺斯特(Robert Frost)很久以后在"无人走过的路"中所说的那样:

---

[1] Abraham J. Malherbe,《道德劝诫:希腊—罗马资料书》(Moral Exhortation: A Greco-Roman Sourcebook, Philadelphia, PA: Westminster Press, 1986),135页。

> 林间两路分道扬镳，
> 我选择了人迹罕至之道，
> 而一切差别由此造。①

在两条路之间做出抉择的修辞之内，有一种见于《十二使徒遗训》之中的倾向，此即罗列家庭成员之职责。因此，我们读到："在向你的奴隶和奴婢发出指令时，不要苛刻"(4:10)，并且，"在教会的聚会中，你务必忏悔你的罪，并且不要怀着歹意接近祷告者"。(4:14)这样，借助于一些共同的道德论题和传统的行为准则，生命的路与死亡的路之间的差别便得到了详尽的说明。

因此，作为一个文本，《十二使徒遗训》乃是教会教导的汇编，而这些教导利用了一种特殊的修辞隐喻，为的是致力于劝诫性的交谈：劝诫一条特定的生命的路。重要的是，该书始于作为对生命的路的权威性界定的爱上帝和爱邻人这一双重诫命。责任的根基是那"创造了你"的上帝(4:12)，正如关爱将伴随着邻人一样——不论"邻人"是如何被理解的。而这与两条路——即生命的路和死亡的路——的隐喻是密切相关的。初学者和读者便遭遇了一种做出抉择的危机，我们看到了道德生活及其决定的严重性。道德生活带来人们永久的命运，也带来人们在这个与其所属的社群相关的世界里的生活方式。毫不奇怪的是，该文本热情地关注代理者的个性，并将此与一种至善论联系起来。我们读到："我的孩子，不要好色……不要做占卜者……不要做撒谎的人……不要做发牢骚的人。"(3:3 及其后)这强调了要符合走在生命的路上、并遵循诫命的要求。伦理的中心乃是道德代理者和社群的特质。米克斯(Wayne Meeks)这样评论道："新信徒已得到训练，要参与到社群

---

① Robert Frost，"无人走过的路"("The Road Not Taken")，收入《大不列颠美国杰作文库》(*The Britannica Library of Great American Writing*)第二卷，Louis Untermeyer 编(Chicago, IL: Britannica Press, 1960)，1221—1222 页。

中相互忠告和训练的过程之中来。"①

然后,《十二使徒遗训》提出了一种关于进行中的参与社群及其生活过程的伦理学;而这便有助于解释为什么对纯全的要求最终被削弱了。从建基于关于两条路的隐喻到有关教会训导的材料,有一过渡,在这一过渡处,我们读到:"如果你能承负主的全轭,你将是纯全的;但是,如果你不能,就做你能做的。"(6:2)生活的任务是了解该做的正当的事,一个人在教会中的责任是什么,还有个性的道德形态。而在这方面,该文本好象有点前后不一致。它似乎充满着一种有关两条路和对纯全的要求这两者之间的张力,对纯全的要求宣告了一种相当谦虚的、以社群为基础的伦理学的无效。仅这一点,就使得《十二使徒遗训》成为一个对理解早期基督教伦理学而言饶有趣味的文本。

更重要的是,《十二使徒遗训》代表了一种给神学家留下了真正的伦理问题的道德反思。特别是就爱邻人这一诫命而言,什么是基督徒社群与"俗世"之间的关系?什么是选择遵循生命的路的原则?选择能被给予任何理性的决定吗?或者,它应该在盲目信仰和权威的基础上被接受吗?为了处理这些关切,下面我们将转而更深入地致力于探讨《十二使徒遗训》的思想世界,方式则是厘析出一些概念,而这些概念对于理解该文本和"铭刻"的实践中在伦理上得失攸关的东西是很重要的。

二元论之类型

为了理解《十二使徒遗训》和铭刻的实践,我们需要澄清古代世界理解的二元论、神话和哲学的各种含义。我们可以从二元论开始,因为它对理解《十二使徒遗训》的思想是至关重要的。麻烦

---

① Meeks,《初代基督徒的道德世界》,153页。

的是,二元论是一个含混的概念,在当代思想中尤其如此。确实,很多当代理论家认为二元论只是意指任何思想的双重结构。在这种思想中,有一种术语的等级次序,比如说,灵魂高于肉体,男人高于女人,就此而言,有多种不同的二元论这一事实通常会被忽视。① 留心一下这些相当全球性的对二元论的解释,我们一开始就必须更加谦虚。

对本研究重要的第一种二元论是形而上的二元论。形而上的二元论指的是这样一种主张,即在任一实在的领域之内,都至少有两个相互独立、不可化约的实体。例如,在柏拉图的《斐多篇》中,苏格拉底讲述了一个故事,运用神话将人描绘为肉体和灵魂的合成物,其中肉体或者灵魂都不可化约为另一方。灵魂被描画为一驾由一位驾车人(理性)驾驭和一对翼马牵引的马车,翼马即欲望(脾气坏并且难以驾驭)和其他高贵的部分。"灵魂"只能二元论式地得到界定,也就是说,只能按照驾车人和那对翼马之间的区分而得到界定。在《十二使徒遗训》中,我们看到了一个形而上的二元论的例子。该文本从一种引人注目的语调开始:"有两条路,一条是生命的路,一条是死亡的路,两条路之间有着巨大的差异。"(1:1)借助于这两条路之间的对立,实在得到

---

① 在后结构主义哲学那里,二元论与某些传统的西方思维方式或者德里达(Jacques Derrida)所说的"逻各斯中心主义"中固有的专制是一致的。据说,"意义"与语言和"实在"之间的关系无关,毋宁说,意义是符号系统内差异的作用及其在象征实践中的运用。西方话语不能阐明那种在符号系统内能产生意义的"差异"。解构差异与延宕亦即德里达所说的 différance 这一机制,即是通过隔离意义创造的机制而推翻西方形而上学的建构原理及其终极体系的梦想。关于这一点,参 Jacques Derrida,《播散》(*Dissemination*), Barbara Johnson 译(Chicago, IL: University of Chicago Press, 1981)。关于女性主义的立场,参 Rosemary Radford Reuther,《性别主义与谈论上帝:迈向女性主义神学》(*Sexism and God-Talk: Toward a Feminist Theology*, Boston, MA: Beacon Press, 1983)。也参 William Schweiker,《模拟性反思:诠释学、神学和伦理学中的一种研究》(*Mimetic Reflection: A Study in Hermeneutics, Theology and Ethics*, New York: Fordham University Press, 1990)。

了界定。通过使用单数：一条生命的路和一条死亡的路，其要旨就变得更为严苛。这"两条路"是见于历史之中的社会生存的不可化约的形态。但是，别的形式的形而上的二元论也是可能的。人们也可以想到笛卡尔的二元论（能思想的存在与有广延的实在之间的差异），或者康德在物自体（the Ding an Sich）和现象之间所做的区分。

这形而上意义上的二元论乃是这样一种主张，即实在或者实在中的某些事物不能依照一种根本的原理而得到解释或者界定。更简单地说，形而上的二元论与任何形式的一元论都是对立的，不论这种一元论是唯物论（实在是运动中的事物）还是唯观念论（实在乃是精神之表现）。因此，基督教等宗教的思想是复杂的。① 作为一元论的极端形式，基督教等宗教断定只有一种决定实在的终极性原理，那就是上帝。但是，上帝和创造不可彼此化约，而即便是在有限的存在的领域之内，在创造之内，某些存在如人类也是复合的受造物。亚伯拉罕的宗教提供了一种复杂的关于实在的解释，它既不是简单的一元论，也不是简单的二元论。

第二种形式的二元论是认识论上的二元论。这是这样一种主张，或者任何用来支持这种主张的理论，即在感知、记忆和其他类型的非推理性的认知（比如说直觉）中，仍然存在着已为精神所知的内容和已知的真实的客体之间的区分。换言之，认识论上的二元论者认为，在我们的观念和我们的观念所关涉的东西之间，是有差异的。由于这一事实，在观念和实在之间存在着不一致：我们可能会出错。柏拉图就是一个好例子。在各种对话中，柏拉图考察了各种关于语言的理论，还有词如何指示某些事物以及我们的观念。他揭示了严格的模仿理论的缺陷——在这种理论中，词只是

---

① 基督教的思想家可能会以三一论的术语来使这一观点概念化，而在犹太教思想中，关注的焦点则可能是上帝的众多名称。本章中，我不能探讨这些问题。

反映实在——以及语言的观念乃是社会习俗的产物。人类的认知与语言是密切相关的,就此而言,它也是容易犯错误和受欺骗的。对柏拉图而言,只有在心醉神迷的洞见之中,观念和实在之间的张力才能被超越。知者只是领会(Knower just sees)。

在早期基督教语境中,还有两约之间(inter-testamental)的犹太教语境中,也有一种形式的认识论上的二元论。这是因为,圣经文本的终极所指,亦即上帝的道与旨意是不能等同于人的任何认知行为的,就此而言,圣经需要解释。上帝不是人的关于上帝的观念。神超越了那些被用来谈论神的概念和语言工具,包括那些在圣经中被启示的东西。这就是禁止拜偶像的认识论意义。只有神秘的洞见或神的显现才有可能避免这一问题,而这一认识论要旨再次在《十二使徒遗训》中被提出来。那些在死亡的路上的人不认识他们自己的创造者(5:2),但是,即使是在生命的路上的那些人也必须学习师徒们的教导,不要受死亡的路的引诱,牢牢持守上帝启示的话。

此外,二元论的认识论与各种形式的认识论上的一元论都是针锋相对的。对二元论者来说,人类精神虽然可能旨在与其认识对象保持一致,但与这些对象仍然是迥然不同的。精神与精神所把握的是不同的,并且不可彼此化约为另一方;这就是为什么像柏拉图这样的二元论者能如此深刻地意识到幻觉问题的原因之所在。精神会错把其产品即观念当作真实的事物。但是,认识论上的二元论也不同于认识论上的唯观念论,在后者那里,知识的对象必须符合精神的内容。对二元论者来说,情况完全不是这样的:可知的世界是由我们认知的范畴构成的。反讽的是,正是这使得康德成为某种二元论者。尽管他认为我们所能知的(现象)必须符合我们的认知能力,事实却也是实在(现象加物自体)超出了我们的能力。附带说一句,就此而言,人们也许会注意到,大多数后现代理论实际上是一种认识论上的一元论。这一主张是,能够被认知的东西依赖于其表现方式。符号系统创造意义,诚如德里达曾经非常出色地指出过的那样,文本之外别无他物。① 过度人化的劳作也见于语言的结构之中。

不再探讨当代思想,我们可以厘析出与目前的研究密切相关的第三种二元论,即道德二元论。道德二元论意指:关于人类追寻的价值与他们赖以为生的规则的信仰的领域乃是在两种对立的价值之间做出抉择的事。事物、行为或者人要么是善的,要么是恶的;要么是正确的,要么是错误的;要么是真实的,要么是虚幻的。当然,思想家们甚至整个传统对这些基本区分的意义可能看法各异。比如,《十二使徒遗训》就是在与遵循上帝的诫命——就上帝是造物主而言——并且在与模仿上帝的慷慨行为这一要求的关系中,来界定善的。正如我们在该文本的第一章第5节中读到的那样:"对每个向你乞讨的人施舍,并且不求回报,因为天父想要他的恩赐广为分享。"

在《十二使徒遗训》中,有关道德之善的观念来源于神圣的诫命。而这在希伯来思想中是有其深厚的根源的,并且是犹太教对该文本的影响的标志。诚如一位学者指出的那样:

> 来自希伯来人的如下的信仰成为基督教传统的一部分:上帝赋予人一种超自然地启示的律法,在这种律法中,所有人的责任都彰明较著。律法悦纳的就是正确的,律法禁止的就是错误的。道德被概括为对上帝的这一至高无上的律法的根本上的忠义与顺从。②

---

① 参 Jacques Derrida,《哲学的边缘》(*The Margins of Philosophy*),Alan Bass 译(Chicago, IL: University of Chicago Press, 1982)。
② John Herman Randall,《现代精神的形成》第 50 版(*The Making of the Modern Mind 5oth edn.*, New York: Columbia University Press, 1976),39 页。

这一主张无疑需要某种微妙之处，这是因为，诚如在其他各章中所见到的那样，有关创造和新的创造而不仅是神的诫命的信仰，乃是基督教和犹太教有关道德生存的观念的核心。然而，显而易见的是，一种与不论是已知的还是已得到表达的上帝的旨意密切相关的道德生活观，跟比如说像埃比克泰德（Epictetus）这样的古代斯多葛派哲学家的著作都是极为不同的，埃氏主张，人们必须按照自然生活。而所有这一切都是与现代西方的自由和人权观念完全对立的。此外，很难想象，一个没有某些对价值进行分层并对行为类型进行区分之手段的社会如何能存活下去。道德多元论、各社会都有不同的道德世界观这一事实，并不否定有关道德二元论的这一观点。

至少就我们将要使用的二元论这一概念而言，以上就是二元论的三种基本形式。对伦理学来说，饶有趣味的是当各种二元论联系在一起之时。《十二使徒遗训》断言：历史的领域是由道德的善恶所规定的，在此，这些区分并不只是对行为的评价，而事实上是处于冲突之中的实在，具体而言，就是生命的路与死亡的路之间的区分。死亡的路就是"那些逼迫善良的人、憎恨真理、爱撒谎的人。"（5:2）进而言之，这些冲突着的形而上的实在——诚如生活与做人的两条路一样——在作为两个迥然不同的领域的教会和俗世里找到了社会学意义上的表现。因此，道德的二元论与形而上的二元论之间的联姻便准许坚执一种评价性的区分（善/恶），并且在这样做的时候，使义人与那些被视为罪人的人相斗。在此，我们不仅发现了一种道德实在论，而且看到了我所说的道德疯狂的可能的根源；道德疯狂就是献身于道德理想，直至毁灭。如果《十二使徒遗训》是以某种方式得到读解的，那么，严肃地说，社群就必须完全从"充满罪恶的"俗世中撤离出来，或者必须对死亡的路进行审判，甚至是暴力性的审判。为了使每种可能性都得到实现，宗教社群就必须逐渐了解自身，拥有其认同，而这种认同则是由那种将道德的二元论与形而上的二元论结合在一起获得的洞察力所形构的。什么样的实践能够以那种方式形构认同呢？利用一下《十二使徒遗训》，我们至少可以厘析出一种如此构成认同的实践。就不论好坏生活都是在一种文本的各个层面之内得到"铭刻"的而言，人们可能会将这种实践称为"铭刻"工作。

《十二使徒遗训》中的铭刻行为是一种象征性的和道德性的实践，其目的是社会的形成与社群的创设，借助的是一种同时既是形而上的也是道德的对立性的逻辑。这种混合的二元论也见于很多使徒话语，以及某些像吉尔伽美什史诗这样的古代近东宇宙起源神话之中。① 当然，这些文本也有认识论的维度。例如，《十二使徒遗训》就是依靠启示来详细阐述生命的路的。实际上，在这个文本的戏剧性的开篇之后，紧接着就是那个双重的大诫命以及所谓的金律："这就是生命的路：'首先，你要爱创造了你的上帝，其次，你要爱人如己。'而且，你想人们不要对你做的，你务必不要对他们做。"(1:2)② 情况之所以如此，大概是因为深陷罪恶与死亡之中的理性甚至也不能认识最基本的道德真理（比如说尊重、互惠和同等爱的要求）。在此，通过文本间的交织（参太 22:37—9；利 19:18；太 5:44—7；路 6:27—8, 32—3），亦即通过铭刻，一种关于可靠知识之本性的认识论观点得以形成。

论神话与哲学

这将我们带到《十二使徒遗训》的另一个方面，即古代思想中神话与哲学之间的关系。这种关系是一种相当复杂的关系。在

---

① 参《美索不达米亚神话：创造、洪水、吉尔伽美什及其他》(*Myth of Mesopotamia: Creation, The Flood, Gilgamesh, and Others*)，Stephanie Dalley 译注并撰写导言 (Oxford: Oxford University Press, 1989)。
② 直接译为"己所不欲，勿施于人"也许更精当。——译注

一个层面上,古代思想家都同意,某种关于实在的图景对正确指导生活而言是必需的。这些关于实在的图景、亦即理性的或者传统的神话并不是价值中立的,它们表达了有关实在的道德结构的信仰,它们提供了一种道德宇宙论。这便意味着,所有的古代伦理学实际上都是道德实在论。道德上义和善的东西便与实在观的性质联系在一起了,不论那个实在是被想象成一种秩然有序的宇宙(斯多葛主义),还是被善的形式所规定(柏拉图主义)、还是原子的集合(伊璧鸠鲁主义),抑或依赖于上帝的旨意与存在。道德生活事关与实在保持一致,而这要通过比如说按照斯多葛主义的逻各斯生活,或者像基督徒和犹太教徒那样服从上帝的旨意(才能达到)。

在古代哲学中,道德和形而上学是以令许多人、尤其是现代道德哲学家感到困惑的方式联系在一起的。如果我们在当代学术的意义上使用"神话"这个术语,以为它只是一个解释这个世界的故事,人们在这个世界中找到他们自己,并且必须为其生活确定方向,那么,在古代思想中就没有神话与哲学之间的对立。古代人明白,"我们看待和描述这个世界的方式也是道德性的——而这与我们的行为之间的关系也许是很复杂的。"[1]我们试图在没有确定方向的神话的情况下,过上有道德的生活,这也许才是现代西方伦理学的一大怪事。

这还不是故事的全部。在古希腊语境中,苏格拉底开创了一项事业,在这项事业中,被接受了的神话及其在教育中的运用都要

---

[1] 参 Iris Murdoch,"形而上学与伦理学"("Metaphysics and Ethics"),收入《默多克和对人类之善的追寻》(*Iris Murdoch and the Search for Human Goodness*),Maria Antoaccio 和 William Schweiker 编(Chicago,IL: University of Chicago Press,1996),250页。也参 Maria Antonaccio,《描绘人性:默多克的道德思想》(*Picturing the Human: The Moral Thought of Iris Murdoch*,Oxford: Oxford University Press,2000)。

接受理性的考察。苏格拉底使哲学降落到地上,而这就意味着要在智慧的超越理想与实际生活的零乱之间进行至少部分的斡旋。更直截了当地说,苏格拉底要求他的对话者生存下去,他让他们面对命运及其灵魂的状态这一问题。① 在这一意义上,诚如柏拉图所说的那样,哲学就是学会去死,也就是学会如何通过道德上的自我反省而面对人们的命运,而且,从认识的角度来说,哲学也是学会将肉体与灵魂分离开来,将对纯粹理念的感知与理智的把握分离开来,也就是说,学会"摆脱"(die to)物质的、感官的世界。诚如柏拉图所理解的那样,传统的神话极易变成安慰人的幻觉,这种幻觉会减少生存的道德要求,此外,它们还会将道德上的过错归咎于诸神。柏拉图以灵魂和正义的名义,认为人们必须将诗人从城邦中驱逐出去。

弗拉斯托斯(Gregory Vlastos)说,对苏格拉底来说,"就道德改良而言,理智的启蒙是必不可少的,也是足够的。"②这一洞见是通过被称作辩证法的哲学这一属灵的实践而赢得的。苏格拉底和其他人并未抛神话,甚至于也未因谈到哲学的要求而改变它。数个世纪以后,斯多葛派的塞内加(Seneca)也会记录下相同的哲学观念。在书札 16 中,他写道,哲学"塑造和构建灵魂;它指导我们的生活,规导我们的行为,向我们昭示什么该做,什么不该做;当我们在不确定性中犹疑彷徨时,它处于支配地位,并且为我

---

① 关于对这一点所做之出色讨论,参 Laszlo Versényi,《苏格拉底的人道主义》(Socratic Humanism, New Haven, CT: Yale University Press, 1963),也参 Hans-Georg Gadamer,《哲学的起源》(Der Anfang der Philosophie, Stuttgart: Philipp Reclaim, 1996)。
② Gregory Vlastos,《苏格拉底:讽刺家与道德哲学家》(Socrates: Ironist and Moral Philosopher, Ithaca, NY: Cornell University Press, 1991),88 页。关于对苏格拉底-柏拉图的立场的攻击,参 Martha C. Nussbaum,《爱的知识:哲学与文学论文集》(Love's Knowledge: Essays on Philosophy and Literature, Oxford: Oxford University Press,1990)。

们指明方向"。①在过理性的生活时,神话并无裨益;宁静和勇气来自通过"哲学地"使用理性而迎接生活。

如果说对理智的启蒙的要求乃是希腊和罗马思想中从神话到哲学的过渡过程之特征,那么,圣经语境中的这一转变则必须根据了解上帝的历史的重要性来得到理解。与公元前8世纪的希伯来先知们一起,就已经出现了对正义的关注,这与那种对上帝纯粹礼仪性的崇拜是针锋相对的。礼仪性崇拜总是在与有关世界的信仰的关联中,寻求稳定社会秩序,那么,就此而言,我们也许可以说,那就是神话的实践。但是,对先知而言,公义而非血祭才是与以色列人的上帝之正当关系的核心(参摩5:21—4)。世界被消除了歧义,但不是在礼仪性的祭拜中,而是借助于正义和公义的事工。诚如很多学者指出的那样,对礼仪的这种批判乃是一种道德革命,这一革命宣示了神的道德性存在。② 与实在一致,追寻善,就是在对上帝和上帝的旨意的顺服中生活;就是行公义,好怜悯,存谦卑的心,与神同行(弥6:8)。当然,作为一种属灵的实践和对我们应该如何生活这一问题的理性探讨的"伦理学"这样的观念,对圣经文本来说还是陌生的。但是,某些类似于斯多葛派以道德的名义对神话所做的批判仍可见于先知的信息中,这种信息深深地交织在耶稣的教导之中。我们将会看到,通过遵循上帝之道而"选择生命而不是死亡"(参耶21章)这一要求被铭刻在《十二使徒遗训》之中,而这一要求并非不同于这样一种哲学的关切,即在智慧的超越性的理想面前面对人们自身的生存。当然,差别在于主的路是通

---

① Seneca,书札16,"论哲学,生活的指南"(Epistle XVI,"On Philosophy, the Guide of Life"),收入 Seneca,《道德书札一》(*Epistulae Morales I*),罗布(Loeb)经典文库(Cambridge, MA: Harvard University Press,1977),105页。

② 当然,关于"礼仪"与"先知"的关系,从释经学和宗教史的角度来看,还有很多问题。在此,我不能进入那些争论。关于对此问题的一般性解释,参 T. B. Maston,《圣经伦理学》(*Biblical Ethics*, Macon, GA: Mercer University Press,1982)。

过历史而被认识的,而不是借助于对观念的纯理智的把握。但是,由于先知,道德批判被带来,影响着他们的民族的世界观和价值观。这并未否定礼仪与神话,它从道德上改变了它们。

因此,所谓神话指的是用来安顿此世之人生并为人生确定方向的故事。在本书中,我们一直在探究这些神话及其道德意义。在承认那种相当一般性的观点的情况下,理解下面一点是很重要的:在本章我们正在探讨的那个时期里的传统神话在与道德要求的关联中正在得到新的解释,乃至新的理解。而且,那种解释性的和概念化的工作是各种道德实践的重要部分,这类实践中最为人所知的就是"哲学"。但是,当我们试图把握"哲学"的含义时,我们也会遭遇理解的问题。诚如哈多特(Pierre Hadot)提醒我们的那样,古代世界里的哲学乃是热爱智慧,它是一种自我转化的属灵的实践。而这便意味着,"做哲学就要选择一个学派,皈信它的生活方式,并且接受它的教义"。[①] 哲学是一种生活方式,诚如塞内加坚执的那样,它在本质上是实践性的,并且是道德性的。因此,探究古代哲学不过就是探究不同的生活方式。这些"生活方式"所共有的、使得它们成为严格意义上的"哲学"的,乃是按照理性或者逻各斯生活这一要求。由于从哲学上理解的善需要一种合理的生活,"神话"便要接受批判。但是,理性的生活是属灵的实践的一种形式。

正是在这个二元论—神话—哲学的复杂的框架内,我们必须探究《十二使徒遗训》的思想。这个文本表达了一种道德实践,此即"铭刻",它迥异于教会的宣讲(福音信息),但并不是后来所说的基督教哲学,后者即是以肉身化于基督之内的逻各斯为生。这些

[①] Pierre Hadot,《作为一种生活方式的哲学:从苏格拉底到福柯的神操》(*Philosophy as a Way of Life: Spiritual Exercises from Socrates to Foucault*), Arnold I. Davidson 编辑并撰写导言,Michael Chase 译(Oxford: Blackwell, 1995),60 页。

道德实践之间的明显差异是以下三者之间的差异：借助于一种神话建构（铭刻）而形成道德，围绕着耶稣及有关耶稣的宣讲（福音信息）而聚集，训练人热爱显明在基督之中的智慧（基督教哲学）。与稍后第七章中得到探析的那些脉络一样，基督教伦理学的这些脉络之间的张力显露了这样一个事实，即福音信息、铭刻和哲学直到今天还是迥然不同的选项。在本书中，我们正在实践着一种"基督教哲学"，它受到了上述其他两种立场的启发，①而其目的则是揭示基督教哲学是如何以尊重和增进生命的整全性为中心的。② 在我们的论证的这一关节点上，关键的要点是，铭刻的实践旨在经由对创建性的"神话"的新的阐述而达致道德的形成。这一实践一直未得到基督教伦理学史学家们的确认；这一实践是如此独特，以至于承认它在基督教运动中的存在都需要重铸我们有关早期基督教伦理学的观念。但是，它也允许我们确定由铭刻向正在进行中的道德反思提出的某些问题。

铭刻的问题

早期基督教运动的信仰体系之核心乃是由耶稣宣告的上帝的统治，这一点似乎没有什么疑问。在探讨有关上帝的统治这一福音信息时，人们必须考察上帝统治的性质——即上帝的旨意的统治——与上帝的统治临到的方式，亦即上帝的统治如何在时间之中，或者如何在事实上创造时间这两者之间的关系。我明白，这是被正式地陈述出来的。事实上，在如何设想上帝的统治的性质与

---

① 这里指的是铭刻和福音信息。——译注
② 人们应该注意到（这）与古希腊和罗马思想之间的鲜明差异，在古希腊和罗马思想里，从柏拉图对苏格拉底的记述开始，哲学通常被界定为学会去死。我的全部主张是，基督教哲学是依照创造、基督的生死与复活而学会去生。这使得有关生命的整全性的主张成为思想与行动之基础。

上帝的统治临到的方式这两者之间的关系这点上,差异一直贯穿在犹太教文本和早期基督教文本之中。

例如,在《以赛亚书》10:1—4 中,神被描述为带着展开的武器、审判、然后是怜悯而临到;这是对上帝的统治临到的方式的一种想象性的隐喻。诚如我们已经在第四章中看到的那样,在使徒话语中(参可 13),上帝的统治临到的方式是依据作为规定或者保护社群的一种方式的审判而得到描述的。在约翰的《启示录》甚或《但以理书》中,时间和实在是从终末、亦即一种世界末日式的审判的终末那里得到理解的。① 但是,这种使徒式的关于上帝的统治如何临到的观念迥异于各种形式的终末论思想。诚如一些学者争辩过的那样,在终末论思想里,上帝的统治临到的方式即是耶稣弥赛亚式的行动。耶稣的言行以及围绕着他形成的社群彰显了对上帝的统治具有决定性的团契。耶稣的全体教牧人员乃是上帝的统治临到的方式。这已经导致一些神学家坚持认为,当下的基督教社群即是终末论的实在。② 但是,另一些学者则争辩道,"耶稣的教导中的上帝的统治并不是对一种来世的愿望的使徒式的或天国式的投射,它受到了这样一种愿望的驱动:即认为一定有比目前的状况更好的生活在一起的方式"。③ 根据这一解释,上帝的统治临到的方式是不确定的,并且也不集中于灾难或耶稣之上;所需要的一切就是人们想以一种新的方式生活在一起的愿望。

有关上帝统治的临到方式的图景的纯全的多样性,以及由此

---

① 关于这一点,参 Jügen Moltmann,《上帝的临到:基督教终末论》(*The Coming of God: Christian Eschatology*), Margaret Kohl 译(Minneapolis, MN: Fortress Press, 1996)。
② 比如,参 James W. McClendon, Jr.,《伦理学:系统神学》卷 1(*Ethics: Systematic Theology*, vol. 1, Nashville, TN: Abingdon Press, 1986)。
③ 参 Burton Mack,《谁写了新约? 基督教神话的形成》(*Who wrote the New Testament? The Making of the Christian Myth*, New York: HarperCollins, 1995),40 页。

而引发的学术争议应该有助于我们逃避那种一直支配着很多有关早期基督教道德的思想的假设。简言之,这种主张即是认为,形而上的信仰是像善、恶、正义、公义和爱这些实质性的道德观念的基础。换言之,道德信仰理应以有关实在、尤其是关于时间的非道德性的信念为基础。根据这一读解,早期基督教伦理学面对着这样的问题,即当上帝的统治并未随着耶稣的复活或者在耶稣复活后不久便立即临到时,如何将耶稣的激进的教导运用于实际的生活。基督教的道德是为着耶稣在世与上帝的统治临到这两者之间的过渡时期的。留心一下各种二元论、神话与哲学之间复杂的联系,便会提供一幅更复杂的关于早期基督教伦理学的图景。我们看到了多种形式,它们以不同的语言理解上帝的统治临到的方式。铭刻的实践及其通过建构神话而形成的认同是对上帝的统治与基督徒社群之间的关系的一种独特的解释。

现在,我们可以谈谈《十二使徒遗训》及其铭刻的实践留给后来的基督教思想家的两个问题了。第一个是,铭刻的行为乃是这样一种行为,犹太教的文本在其中被基督教化,因此,以色列在其中被相对化,并且被教会所取代。这当然是一种已经在新约中出现过的策略,比如说,在《马太福音》中,在使用山上宝训的材料时,就是如此;但是,在《十二使徒遗训》中,这一策略最为令人引人注目。在基督教道德思想中,其与犹太教思想与生活的关系必须不断地得到处理。① 诚如很多叙事神学家们所说的那样,试图将整个世界都拽入圣经故事之内的愿望会冒这样一个风险,即分解其他对这些相同的文本提出认宗要求的传统。换言之,铭刻的实践轻而易举地就会成为过于人化的一个基督教化的版本,也就是将生活揽入一种象征性的视野和框架之内。在多元世界的时代里,

---

① 关于这一点,参《使用犹太教术语的基督教》(*Christianity in Jewish Terms*)David F. Sandmel 编(Boulder, CO: Westview Press, 2000)。

作为一种道德实践的铭刻远低于生活的复杂性水平,它是对"形式"的统一性的一种奇怪的迷恋。

见于像《十二使徒遗训》这样的早期基督教文本之中的那种铭刻之第二个问题与第一个有关,但直接影响了道德二元论和形而上的二元论之间的联系。它并非将我们朝"形式"的方向推去,而是朝道德疯狂的方向推去。如前所述,道德疯狂这个主题将在本书稍后(第九章)得到处理。《十二使徒遗训》对生活的道德空间的界定是对立式的,也就是将其界定为生命的路与死亡的路之间的战斗,就此而言,那么,它是让教会与尘世相抗衡。当然,在这个文本里,有对十字军式的精神的抵御。与区分生命之路与死亡之路一道,该文本还坚持人们要爱"那创造了你的"上帝,即爱造物主,并且爱人如己。诚如我在前面指出过的那样,这一诫命对作为一个整体的劝诫工作而言,乃是其核心之所在。那么,我们该如何理解包含在《十二使徒遗训》之中的规范呢?

只有坚持这一规范的核心性,铭刻的实践及其叙事的形式才能从对其自身的那种两相对立的逻辑的最糟糕的表达形式中得到挽救。与许多当代神学家所持有的观点相反,早期教会的智慧是通过更基本和更普遍的规范检验其对生活的叙事性铭刻。通过考察基督徒生存中双重之爱的诫命这一基本规范,以及这一规范对我们现在生活于其中的世界的重要性,我们可以深化这一对铭刻的实践的探究。这就要求我们更深入地挖掘早期基督教中那些在有关神话、二元论和哲学的观念之外的信仰;我们需要逆着《十二使徒遗训》本身来读解它,使双重之爱的诫命与关于两条路的修辞隐喻两相抗衡。

道德规范与铭刻的实践

由基督赋予的"第一大"和"第二大"爱的诫命之间的关系延

续了犹太教教义中的一条漫长的路线。① 当希勒尔被一个非犹太人要求单腿独立,讲授全部的托拉(Torah)时,他回答道:"己所不欲,勿施于人;这就是全部的托拉,其余的都是注解。去学习吧。"(《巴比伦塔木德》[Shabbat 31a])进而言之,第一诫命若不是伴随着以第二诫命为标志的生活,就会被违犯。在这方面,一种更晚的使徒书信《约翰一书》4:19—21就抓住了犹太教实践与耶稣的教导的一个本质特征:任何宣称爱上帝却仇恨其他人的人显然是错误的。当然,爱邻人的诫命是含混的。②"爱"是什么意思?谁是"邻人"?由"如"(as)这个小词象征的互惠性原则真的能达到多远?我真的受命要像爱我的儿子一样爱一个远在天边的小孩?

含混性大量存在着。但是,基督徒仍然一直将爱邻人的诫命理解为有关如何正确地对待他人并与他人发生关联。双重之爱的诫命在《十二使徒遗训》之中的二元论逻辑之内的存在可以用来阻止铭刻中的破坏性倾向,并使得铭刻的实践转向更符合人性的目标。它做到这一点,借助的是对一种二元论形式即生命的路和死亡的路(这种二分法)的宰制权的摧毁。但是,在当代的语境中,要论证这一观点需要我们借助于"第二诫命"中与"他者性"这一主体相关的各种因素而向前推进。

---

① 否定性程式(希勒尔[Hillel,公元1世纪初的耶路撒冷犹太教圣经注释家])与肯定性程式(耶稣)之间的差别一直聚讼纷纭。有关的一种讨论,参 Alan Donagan,《道德理论》(*The Theory of Morality*, Chicago, IL: University of Chicago Press, 1977)。下面的讨论中有些已经作为"其次也相仿:基督教信仰与他者的主张(And a Second is Like it: Christian Faith and the Claim of the Other)"发表于《评论季刊》(*Quarterly Review*)20:3 (2000):233—247。["其次也相仿"出自《马太福音》22:39:"其次也相仿,就是要爱人如己"。——译注]

② 参 Jeffrey Wattles,《金律》(*The Golden Rule*, Oxford: Oxford University Press, 1996)。也参 Hermann Deuser,《十诫:神学伦理学刍议》(*Die Zehn Gebote: Kleine Einführung in die theologische Ethik*, Stuttgart: Philipp Reclaim, 2002)。

接近与爱邻人

当基督教伦理学将道德的二元论与形而上的二元论联系在一起时,对它的一个挑战便颇类似于针对铭刻的实践所做的批判。最近,有很多宗教的或者非宗教的思想家相信,像第二个爱的诫命这样的命令实际上并未达到道德的内核。他们的论点是,爱人如己的要求需要"他人"变得像我们自己,以便他们对道德上的尊重和爱当之无愧。邻人之爱乃是自我或地方性社群的隐蔽的帝国主义。根据这种读解,爱的诫命实在是很符合铭刻的实践,以及将所有的实在都揽入一种叙事形式的做法。这些思想家忠于多元论和差异,他们要求人们厌恶邻人之爱这一观念,转向有关"他者"的道德优先性的主张。人们应该以尊重和关爱的名义,抛弃他们的传统的思考该如何与他人发生关联的思路。

"他者"的主题支配着很多 20 世纪的神学研究,且理由充足。面对着像德国纳粹这样的暴烈专制和偶像崇拜式的政治机器,以及试图在"基督"与"文化"之间提供一条强硬的界线的古典的新教自由神学的失败,像巴特这样的神学家坚持认为,上帝是"完全的他者"。但是,现如今,如果有人问:"谁是他者?"诸多答案便会立即趋向于集中在人类中的他者,而不是神圣的他者之上。[①] 就如何竭力公开、坦率地承认人们之间的差异而展开的争论弥漫周遭。诚如第一章所指出的那样,在整个地球上,"仇敌们"被迫同栖共生,造成了接近的事实。从西岸到洛杉矶,从东京到波斯尼亚,政治权力和群众运动中的变化激起了新一轮的血腥的暴力循环。我

[①] 卢曼(Liklas Luhmann)已经指出,意识总是有自我指涉和他向指涉之特征,后者即是涉及另一个他者。参氏著《差异理论:重描对现代性的描述》(*Theories of Distinction: Redescribing the descriptions of Modernity*),William Rasch 翻译并撰写导言(Standford, CA: Standford University Press, 2002)。

们需要一种适合这样一个世界的伦理学:在这个世界里,形形色色、彼此各异的人们——他们以前通常都彼此为敌——可以并肩生活。①

正是在这个层面上,第二大诫命的独特本性开始显现出来。我们可以超越《十二使徒遗训》的局限探讨这一点。如果我们注意一下文本,(就会发现)耶稣对这一诫命的解释是以寓言和命令的形式给出的。就在发出双重之爱的诫命,并回答如何才可以承受永生之后,耶稣又立即被问及"谁是我的邻舍?"(路 10:25—8)。他以善良的撒玛利亚人这个寓言回答了这个问题(路 10:29—37)。在那个预言中,"邻舍"的问题被颠倒了。在数不清岁月的冲突之后,耶稣时代的撒玛利亚人颇受犹太人歧视,而那个撒玛利亚人却怜悯一个被强盗所困的人。这里绝对没有这样的暗示:耶稣认为撒玛利亚人为了像邻舍一样采取行动,必须变成犹太人;撒玛利亚人的关爱之举正是那使他成为邻舍的东西。这一点是建立在犹太教有关公义的行动与作为上帝的形象的人类之间的关系的信仰这一基础之上的。"由于人是按照上帝的形象被创造的,人们通过竭尽全力地变得类似于上帝,就能达到最高可能水平的纯全与自我实现,这一点是显而易见的。对可能是希伯来圣经中最重要的那个伦理教义,亦即对上帝的效仿(*imitatio Dei*)这一教义来说,这就是基础。"②上帝的形象根本就不像许多早期和中世纪神学家所认为的那样,是心灵或灵魂的品质;它显明在模仿上帝的行动中。"邻舍"不是由相似性界定的,而是通过怜悯的事工而得到界定的。

第二大诫命粉碎了对谁是邻舍这个问题的任何压缩,也粉碎

---

① Donald W. Shriver,《一种为了仇敌的伦理学:政治中的宽恕》(*An Ethics for Enemies: Forgiveness in Politics*, Oxford: Oxford University Press, 1995)。

② Menachem Kellner,"犹太教伦理学("Jewish Ethics"),收入《伦理学指南》(*A Companion to Ethics*),Peter Singer 编(Oxford: Blackwell, 1991),84 页。

了对人们自己的部族、种族、性别、社群和宗教里的成员所表达的怜悯、尊重和公义的限制。在这方面,这一诫命在《十二使徒遗训》中的出现便颠覆了生命的路与死亡的路这种二元论。那么,对置于怜悯之上的任何限制的摧毁在双重之爱中究竟会走多远呢,答案可见于耶稣提供的用来解释这一诫命的第二部分两个更进一步的命令之中:要像他(耶稣)爱他人一样地爱他人的要求,以及爱仇敌的命令。不仅是这一诫命的寓言性扩展(撒玛利亚人的故事),而且还有更进一步的概念性的阐述都被给出了。在《路加福音》6:35—6 我们读到:"你们倒要爱仇敌,也要善待他们,并要借给人不指望偿还,你们的赏赐就必大了,你们也要作至高者的儿子,因为他恩待那忘恩的和作恶的。你们要慈悲,像你们的父慈悲一样。"①这一诫命植根于造物主上帝,即那维系所有生命的上帝。正像在那个寓言中一样,"邻舍"的意义遭到粉碎,又得到申述。而且,这并不是朝着一种抽象的"他者"的方向而得到解释的,而是在关涉如何超越暴力与冲突的循环而生活这样一个实际的问题的情况下而得到解释的。②"邻舍"并非在我们近旁的人,而是任何行公义的人,更极端点说,是任何像基督一样爱人甚至爱仇敌的人。

当然,事实可能是这样,如果按照基督对这一诫命的解释,没有人能真正成为邻舍!而且,进而言之,事实也可能如我所相信的是这样,即对仇敌的爱需要坚持对正义的要求,为的是保护无辜者。面对着恐怖主义和宗教狂热主义,对正义的要求,甚至是某些

---

① 《马太福音》5:43—48 与《路加福音》相似,在山上宝训中,基督将纯全和天国中做上帝之子的身份与"要爱你们的仇敌,为那逼迫你们的祷告"这一要求联系在一起。

② 参 Hans-Dieter Betz,《山上宝训》(*Sermon on the Mount*, Minneapolis, MN: Fortress Press, 1995),也参 Jürgen Becker,"爱仇敌、爱邻舍与爱兄弟:作为伦理题域之开端的诠释学的观察"("Feindesliebe-Nächstenliebe- Bruderliebe. Exegetische Beobachtungen als Anfange an ein ethische Problemfeld"),载《福音派伦理学学刊》(*Zietschrift für Evangelische Ethik*[1981]:5—17)。

补偿性正义的举措,都是迫在眉睫的(参第六章)。此外,显而易见的是,第二大诫命的关键是指导回应那些与自我极其不同的人的行为的。这一诫命必需朝着善良的撒玛利亚人和基督的爱这一方向而得到解释;在一个全球化并且有接近的问题的时代,这一点是至关重要的。为了拥有一个能持续发展的未来,那些被多元文化的现实所困扰的社会必须找到资源,以打破看似无休无止的报复与暴力的循环。即便是在正义的战争中(我相信有这样的事例),人们仍然必须开发一些超越于惩罚之外的路径。对这样的事实的了解很难说是基督徒独有的。在希伯来圣经中,所谓的"以眼还眼"(*lex talionis*,出 21:23—25)最初的意思本是要对报复性暴力施加严格的限制。世界上的其他宗教在赞美怜悯、仁慈和正义时,都表达过类似的观点。

对在耶稣的行为和语言中给出的第二个爱的诫命的注释,将宽恕引入到人类事务之中,而其引入的方式则似乎是我们所说的"接近"这样一种实在所需要的,这种实在即是仇敌们不得不同生共栖这样一个问题。如果没有与正义的要求结合在一起的某种宽恕的观念,很难想象那些由因为暴力而分裂、并且相与在对方手中饱受苦难的不同的人群组成的社会能够长治久安。但是,这正是第二大诫命所行之事:它将正义与宽恕联系在一起,铸造一种效仿上帝的善良之举的生活。它从内部推翻的《十二使徒遗训》这个文本本身,并且颠覆了那种将人类分为得救者和被诅咒者的二分法。在《十二使徒遗训》这个文本里,第二大诫命就像是充满着二元论思想这一"旧酒囊"的"新酒"。

自我、全体与他者

在当今的伦理学中,对他者性的关切有一部分是起因于这样一个深刻的问题,即如何在一个多元主义和文化多元主义的世界里确定生活的方向。但是,第二大诫命坚执,对他人的爱能够而且必须反映对自己的爱。难道这意味着"他者"可以化约为自我的映像?这个问题事关关爱和尊重他者的基础。

早期现代的思想家们(康德一如休谟,卢梭一如伏尔泰)主张,凭借简单和基本的人性,人们就会博得尊重、同情、自由的权利、幸福和"博爱"(fraternity)。不论宗教信仰、国籍、种族和性别如何,人都有其价值。诚如潘恩(Thomas Paine)所说的那样,有一些"人权"(rights of man)。面对着长久的宗教和政治冲突("三十年战争")的遗产以及对如何为政治权利奠定基础这一问题的不确定性,这些理论家们大胆炮制了很多不同的政治理论。现代民主的整个大厦正如有关人权的那些信念一样,都要大大地归功于这些人性的先知们充满激情但又很理性的想象力。我们若否定这些道德抱负,就要冒天下之大不韪。实际上,在犹太教和基督教信仰中,人权亦有其根基。①

也必须予以承认的是,赞美尊重和要求这些权利的"人性"观念乃是一种脆弱的创造物。批评者的怀疑是,它掩藏了深刻的宗教、种族和性别偏见。对康德来说,"人性"是根据那种博得了我们的尊重的理性的自由(即意志)而得到界定的。但是,这种"意志"的观念在本质上是强烈的西方式的。卢梭捍卫"高贵的野蛮人",即一种不知何故摆脱了文化生活的腐败力量的前社会性的存在。但是,诚如女性主义伦理学家们乐于指出的那样,我们是肉体化的、社会性的创造物,我们的自由深为我们的许多关系所纠缠,而且也因为这些关系而获得力量。虽然赞美自由和权利,见于这些早期现代思想家的人类生存的图景,却是被剥去了那些使得任何

---

① 参 Michael J. Perry,《人权观念:四个调查》(*The Idea of Human Rights: Four Inquiries*, Oxford: Oxford University Press, 1998)以及 Stephen Toulmin,《国际都市:现代性的隐秘议程》(*Cosmopolis: The Hidden Agenda of Modernity*, New York: Free Press, 1990)。

一个人成为实实在在的人的关系、个性和社会抱负的图景。我们在生活中真正遭遇的并不是"人性"和"高贵的野蛮人",而是——用本哈比布(Seyla Benhabib)颇为精当的话来说——"具体的他者"。① 我们的生活充满着赋予我们以意义和个性的关系和情感——种族划分、性别区分、虔敬状态和政治关系等等。关于"他者性"的话语将注意力吸引到人们的独特性,而不是抽象的现代"人性"观念之上。

现代"人性"观念并不是当代责难的唯一靶子。更深刻地说,挑战针对的是西方有关自我的悠久的思想传统。从柏拉图到克尔凯郭尔(Søren Kierkegaard),从圣奥古斯丁到蒂利希,从笛卡尔到默多克,有关意识的反思性哲学传统都坚持认为,在我们的自我意识之内,人的内在灵性的无序与混乱应该可以找到与神圣者、终极之善和上帝之间某种关系,不论这种关系是多么脆弱。由于我们意识的自我关系,每个人恰恰是因他们的具体的个性而有其独特的尊严与价值。爱人如己意味着,我将他者中独特的自我关系(self-relation)这一人文事实认作尊严与价值的媒介。任何反思性哲学的基本主张虽然是捕风捉影式的复杂,却是看似无可争辩的。在所有的行为、情感和情绪(思考或意愿的行为、快乐或悲伤的情感、焦虑或者自信的情绪)中,都有不可否认的与自我本身一致的对自我的感受,也有与自我本身不一致的对自我的感受,这种感受是不明显的。此外,人的行为有一种循环性:我们能够"反过来产生影响于"(act back upon)我们自身,观察我们自身,并且适应那些与我们的行为与生活有关的评价与信息。如果没有自反性,对我们来说,学习就将是不可能的,正如自我批评和有益的道

---

① Seyla Benhabib,《确立自我:当代伦理学中的性别、社群和后现代主义》(*Situating the Self: Gender, Community and Postmodernism in Contemporary Ethics*, New York: Routledge, 1992)。

德变革也是不可能的一样。

人类生活中的这两个事实(自我关系和自反性)博得了尊重,证明了人的价值和尊严。圣奥古斯丁声称,对意识的反思引导我们穿透自我,并迈向上帝。他推论道,我们不能否认这样一个事实,即当我们思考时,是我们的自我在思考。他坚持认为,如此这般地被理解的自我被发现对另一个期望着的上帝是永不安宁的。笛卡尔就思考活动提出了颇为相同的观点,他否认对上帝的渴望。① 他坚执"我思故我在"。以此为基础,我们了解的并不是我们对善或者上帝的渴望,而是对真理的宣称而言确定的和必不可少的哲学基础。其他人集中关注的不是思想,而是意志(康德、克尔凯郭尔)、情感(施莱尔马赫[Schleiermacher])、关切(蒂利希)或者评价(尼布尔、默多克)。在每种情况下,反思性的自我都旨在获得批判性的自我认知。注意到我们可能会在有关自我的问题上受骗的粗野的方式,这些思想家们的标语性诗句是古代的格言:"认识你自己!"

难道对自我的反思将他者化约为自我?难道这种反思会将上帝变成我们意识中的一个事实?基督教哲学家从来就不相信仅自我认知就足够了,或者它能将我们从与上帝的疏离中拯救出来。只有上帝才能拯救我们。但是,从奥古斯丁到蒂利希以及更多的思想家都坚持认为,上帝会显示上帝自身,并且在尊重我们生存的复杂性的情况下拯救我们。对于一种对双重之爱的诫命的基督教的解释而言,"如己"(as yourself) 这个从句并不意味着我们会像我们自然地关爱我们自己一样地爱他人。这一诫命并不确保某种扩展了的自我主义或仁慈的自私自利的正当性!人们应该像他首

---

① 参 Augustine,《上帝之城》(*The City of God*)卷 11,26 和《论三位一体》(*On the Trinity*)卷 15,12. 21—22。也参 Descartes,《第一哲学沉思录》(*Meditations on First Philosophy*),Laurence J. LaFleur 译(New York: Liberal Arts Library, 1951)。

先被上帝所爱那样地爱他人,这种爱显明在创造之中,显明在基督之中,也显明在上帝的统治之中。基督教的爱已并非立基于自我之中,而是立基于上帝之中。

以人的名义对反思性哲学持最激烈之批判态度的另一批评家是犹太哲学家列维那斯(Emmanuel Lévinas)。① 列维那斯甚至比布伯更多地强调他者对自我的他律关系(heteronomous relation),他辩称,西方思想中对意识的描述非但没有将自我开放给他者,反而使自我陷入了其行为、情感和思想的限制之中。意识追求列维那斯所说的"整体"(totality),也就是使一切都服从于一种可以表达自我的共同原则的一个整合的系统。反讽的是,这种趋向"总体"的冲动甚至可见于那些可以普遍化的道德格言之中。爱人如己的诫命意味着"他者"要被整体化到自我概念之内;他者只是我的自我理解之内的一个对象,也就是存在于与我的自我具有某种奇怪的相似性之中的某种事物。列维那斯试图在与他者面对面的相遇之中,并且通过这种相遇来寻求一种超越整体的路径。这种以"你不该杀害我"这一命令为标志的相遇乃是对自我的确定;我们在他者无限的、无可逃避的要求面前存在着。他者对自我是他律性的,他者在对我具有高位和支配性的关系中挺立着。列维那斯将这种与他者的相遇作为一种实际的西奈山经验而予以谈论;复苏自我意识的过程总是对受审和被责难的意识。

人们必须推崇和赞美列维那斯对意识的批判中的道德激情;但是,这并非毫无困难。说也奇怪,列维那斯必须展示一种相当抽象的关于"他者"的概念,以使他的论点持之有据。这个"他者"只

---

① Emmanuel Lévinas,《整体与无限:外在性论文集》(*Totality and Infinity: An Essay on Exteriority*),A. Lingis 译(Pittsburge, PA: Duquesne University Press, 1969)。也参 Martin Buber,《我与你》(*I and Thou*, Edinburgh: T. & T. Clark, 1937)和 Paul Ricoeur,《作为他者的自我》(*Oneself as Another*, Kathleen Blamey, Chicago, IL: The University of Chicago Press, 1992)。

是没有历史的、社会的、性别的、宗教的和文化的个性的一张"面孔",这张面孔命令我不要去"杀害"。一旦人们考虑的是具体的、个别的人,亦即处于所有令人气恼的复杂性之中的人类,我们是否会想说他者可以无可非议地命令我,是大可怀疑的。如果他者实际上是滥用暴力的父母或者是一位实施性虐待的教士,情况会怎么样呢?难道我们只是将其作为他者无可非议的命令而予以接受吗?此外,存在于一种屈服和被征服关系之中的自我形象已经遭到女性主义思想家们的正确批判。正是通过要关心他者这一要求,自主和自我实现长久以来被拒绝给予女性。① 正当的自爱对于无权无势者来说,乃是对非人化的抵御。为了回答这些有关具体的他者的问题,列维那斯求助于一种建基于平等和公平之上的正义观念。② 然而,他的正义观念未把握住我们已经在爱邻舍这一诫命中发现的那种与宽恕之间的关联。

当双重之爱的诫命通过某种具有自反性的观念而得到解释时,这一诫命似乎容易遭到列维那斯和思想相似的思想家们提出的"整体"、否认他者性这样的指责。这种批判能站得住脚吗?有关"上帝的形象"的观念意味着,一个人是谁,亦即我们自我的本性乃是由他与异于自我者,亦即与上帝之间的关系构成的。正如奥古斯丁首次指出的那样,爱邻舍如同自己,需要人们爱在上帝之中的他人;这种爱很少会将他者化约为对我们自己的苍白无力的反

---

① 参 Anne Patrick,《解放良心:天主教道德神学中女性主义者的探索》(*Liberating Conscience: Feminist Explorations in Catholic Moral Theology*, New York: Continuum, 1997); Christina L. H. Traina,《女性主义伦理学与自然法:诅咒的终结》(*Feminist Ethics and Natural Law: The End of Anathemas*, Washington, DC: Georgetown University Press, 1999); 和 Darlene Fozard Weaver,《自爱与基督教伦理学》(*Self-Love and Christian Ethics*, Cambridge: Cambridge University Press, 2002)。
② Emmanuel Lévinas,《他者性与超越》(*Alterity and Transcendence*, New York: Columbia University Press, 1999)。

射。此外，通过坚持承认上帝的形象在自我以及他者之中，双重之爱的诫命就会预防对他者的天真顺从。它确保了适当的自爱的正当性。这一诫命不仅避免了"整体"的指责，它也使得我们能以一种比他者的要求更精细的方式来思考道德关系。"他者性"的话语显示了对"整体"与"接近"的问题的关注。

绝对不明显的是，人们会因为这个问题而放弃他们的道德母语亦即大诫命的语言，并接受"他者性"的话语。

上帝与他者的主张

我们已经看到，双重之爱的诫命中诸多元素都与对活生生的上帝的信仰有着内在的关系。对邻舍的爱在行为指南这一层面表述了有关效仿上帝的信仰，而这种信仰乃是犹太教与基督教伦理学之基础。由耶稣的行为与寓言解释的对上帝的效仿将正义与宽恕（上帝是义）联系起来，而联系的方式则是一个被暴力撕裂的世界所强烈需要的。这一诫命的第二部分则对爱上帝提供了实际可行的解释。

朝着我们能够而且应该如何生活这一方向读解，双重之爱的诫命将有关人的尊严（上帝的形象）的信仰与一种甚至涉及仇敌的行为指南（对上帝的效仿）结合起来。在一个全球化和关切他者的时代，这两种关切在伦理学上都是需要的。但是，这也意味着，爱邻舍的诫命本质上是与对上帝的爱有关联的。这两大诫命是对同一种生命和信仰观的环环相扣的诸多视角。如果对上帝的信仰丧失了，或者关于神圣者的观念是专制性的，那么，第二大诫命的意义本身就会变得难以理解了。可悲的是，有些关于上帝的观念一直在滋生着不宽容、仇恨、压迫和暴力。人们只需回忆一下"某些基督徒"与法西斯主义的共犯关系，或者美国虔诚的基督徒提倡和保护奴隶制就足矣。本章已经揭示出，即便在像《十二使徒遗训》

即所谓的十二使徒之教导这样的古代文本中,这如何也是一种随时会出现的可能性。留意一下这些形形色色的苦难的遗产,对下面这一点就决不会大惊小怪了:很多当代基督教神学都在探寻新的上帝的形象和模型——三位一体的和关系性的上帝、作为解放者的上帝、作为大父母的上帝、作为世界之灵魂的上帝。

有关神圣者的观念的激增端赖于深深地体现在各个层面的圣经信仰之中的一种洞见。道德理解与感受力的提升必然会对有关信仰和上帝的观念施加压力,正如有关神圣者的信仰在内心里即是有关终极之善的信念一样。主要的宗教必须为社会的繁荣与稳定做出贡献,而不是刺激那些正在发生的仇恨、怀疑和暴力,在这样的世界里,某些关于神圣者的观念在道德上不再是可信的。但是,人们总是在其道德思想中坚执道德可信性这一原则。希勒尔相信,律法(Torah)见于金律的否定性形式之中;剩下的都是注解。基督对爱邻舍和爱上帝可谓等量齐观,任何关于上帝的概念或观念或者任何形式的敬虔与崇拜如果不支撑和服侍一种能反映公义的生活,它就不可能得到正当的支持和实践。当今对他者的关切(逃避"整体"这一要求与迎接"接近"的挑战这一命令)完全就是道德感受力的提升,而这种提升原则上应该会带来对我们关于神圣者的观念的修正。

那么,我们应该如何去思考那我们受命要去爱的上帝呢?敬虔需要很多关于上帝的形象与观念,而这些形象与观念最好能滋养和挑战信仰的生活。但是,我们对双重之爱的诫命的分析已经显示,它提出了一种关于道德可信性的标准,而这一标准突破了见于铭刻的实践之中的陷阱。人们正确地崇拜的上帝不是别的,正是一种力量,它赋予每一有生命之物以价值,并且赋予人类以内在的尊严,此即上帝自身的形象。对作为造物主的上帝的信仰之道德意义在于,任何不同于上帝的、非神圣的、短暂的、脆弱的和有限的事物都有无限的价值。生命这一礼物是如此重要,以至于上帝在对待他自己的仇敌时也认为仇敌仍然是有价值的。基督和以色列人的上帝试图皈化而不是毁灭仇敌；上帝赐生命之粮、日头和雨水给义人，也给不义的人（太5：43—48）。效仿这样的上帝恰恰就是献身于尊重和增进所有形式的生命的整全性；就是生活在一个具有多样性和他者性的世界之中，不是生活在复仇或者专制或者焦虑之中，而是生活在一种因为生活的鲜活而又丰富的多样性而来的实际的感恩之中；就是反对对生存的毁灭与贬低，但不是以暴力的循环而为之，而是借助于创造性的反抗策略。在这些效仿行动中，信仰演示着上帝的形象。

时间之中的爱

目前生活于多元世界时代之中的基督徒肩负着眼下与上个世纪的战争与暴力这一令人痛苦的遗产，甚至更为漫长的冲突、帝国主义和反犹太主义的历史。我们身处针对上帝观的道德革新之中；但是，这一革新可能会令人惊异地在拥有耶稣言行之全部意义的生存中得以实现。因为基督教信仰的上帝要求人们像撒玛利亚人一样走近邻舍，并且像基督那样爱人，而且，这个上帝还使人们能够做到这一点。挑战是，要生活在由这种双重之爱的诫命以及在耶稣的生活与教导中获得的对这一诫命的解释所开启的生命观之中。这就是要超越生命的路与死亡的路、得救者与被诅咒者这一危险的逻辑而生活，这种逻辑从《十二使徒遗训》的时代一直延续到当今狂热的恐怖主义。

第六章 从宽容到政治宽恕

下面这些事件太触目惊心了:一位母亲抱着她那被奸污和杀害了孩子仰天痛哭,祈求帮助和仁慈;在一次恐怖主义和对不公正进行报复的活动中,一枚炸弹摧毁了一座公共汽车站;在某地的某个城市里,由于人们卷入了再也不能被容忍的怀疑与仇恨之中,一场抗议游行爆发为身体冲突。在全世界,我们遭遇到一个核心的政治问题:面对着冲突,人类社会何以能长治久安?在多元世界的时代里,暴力冲突的水平和过多形式的苦难所留下的恐怖遗产甚至伤害了对和平生存的最良好的希望。于是,毫不奇怪的是,犬儒主义、绝望和衰落感便成了大多数政治生活的特征。①

本章将根据责任的要求与和解的挑战来考量当代政治中的这些困境。在前面两章中,我们厘析出了道德空间如何能够在社会想象中得以建构,并借助于社会想象而得以建构。在第四章中,我们发现了各种有助于建立一种道德宇宙论,并且能导向对他者向

---

① 本章最初是一篇题为"责任与和解:政治生活中的宽容与宽恕之努力"(Responsibility and Reconciliation: Toleration and the Travail of Forgiveness in Political Existence)的演讲稿,发表于 2000 年 4 月由神学研究中心(新泽西、普林斯顿)和南非的西好望角大学资助的"社会之基础"学术会议上。

我们提出的道德主张进行不同评价的各种关于"时间"的图景。那一研究在第五章中得到了深化。我们考察了一种古代基督教文本，即《十二使徒遗训》，并考察了一种旨在使时间充满意义的特定的道德实践，即"铭刻"如何能导向对道德界线的勾画，而这种界线将一个社群（生命的路）置于与所有其他社群（死亡之路）过分对立（over-against）的状态。但是，借助于一种强烈的后批判性的和解释性的读解，人们可以在这一文本中厘析出双重之爱的诫命，使之成为阻挠铭刻的道德实践中可能产生的邪恶的方法。本章则从文本分析和对道德动机的考察，转向面对着社会密度与实际的苦难遗产的责任问题。多元世界的时代也是诸多遗产的时代，这些遗产既是对过去苦难的持久不衰的记忆，也是对一种公正的未来的盼望。

环环相扣的问题

政治中的和解处于什么样的地位？如果不是因为环绕着我们周遭的众多事实，这可能看起来是一个古怪的问题。确实，对大多数西方思想来说，和解，尤其是采取宽恕形式的和解曾经是政治之外的事儿；它被视作政治之上的人道行为，最好是以宗教和道德性的术语予以谈论。但是，在20世纪，由于其所有的恐怖和苦难，事情开始发生变化。神学家、宗教思想家、哲学家和政治理论家们开始重新思考宽恕在政治中的地位。战争罪行法庭、联合国、南非和其他地方的真相与和解委员会，甚至世界基督教协会（World Council of Churches）都表达了这样一种意识，即历史的苦难与当今的冲突都应该以新的方式予以处理。

若干年前，阿伦特（Hannah Arendt）尖锐地表述了一种基本的洞见。阿伦特主张，宽恕作为在具有毁灭性的人类活动之后重新开始的能力，乃是政治之基础。而且，她甚至坚持认为，"宽恕在

第六章 从宽容到政治宽恕

人类事务领域里的角色之发现者是拿撒勒的耶稣"。① 阿伦特是从纯粹哲学的角度来理解这一发现的,因而没有提及神。当然,她还认可仁慈之举、对被征服者的饶恕、乃至见于其他传统尤其是古代罗马人中的那种减缓死刑的权利。但是,阿伦特指出,圣经信息是独特的,因为宽恕的权力乃是一种"人的权力",其中,上帝宽恕那些自己就显示了仁慈的人(参主祷文)。诚如我们所知道的那样,这揭示了双重之爱的诫命(第五章)和金律(第九章)中责任与救赎之间令人惊异的联系。当然,阿伦特并非唯一坚执政治中的和解之重要性的人。20世纪由甘地(Ganhi)、马丁·路德·金(Martin Luther King, Jr.)和曼德拉(Nelson Mandela)激发的伟大的解放运动都坚持和解。人们必须根据多元世界时代里社会当下遭遇的实际情况,有所不同地思考政治生活。

当我们探析政治中的和解时,重要的是要看到和解并不是要指定唯一的政治问题或议程。人们需要根据对下述大量的问题所做出的道德和政治性回应来考虑和解,这些问题范围甚广,从一端的多元社会中的宽容,到另一端的战胜产生于伤害和仇恨的暴力的循环。宽容说明,如果我们想拥有诸多既能长治久安又多元化的政治社群,就需要使不同的信仰和价值和解,但不是同化。和解是对作为世界之凝缩的特征的道德多样性与文化多元主义这一事实的回应。政治宽恕,或者有时所说的复元性正义,乃是完全依照有关不能容忍之行为的真理而通向和解的道路。它是对苦难遗产的回应,这种回应试图恢复政治的整全性。它是对接近的挑战所做出的回应。当然,在宽容和对不能容忍者的回应这两端之间,还

---

① Hannah Arendt,《人的状况》(*The Human Condition*, Chicago, IL: University of Chicago Press, 1968),238页。也参 Jeffrie G. Murphy 和 Jean Hampton,《宽恕与仁慈》(*Forgiveness and Mercy*, Cambridge: Cambridge University Press, 1988)和《行正义于仁慈》(*Doing Justice to Mercy*),Mathew Boulton, Kevin Jung 和 Jonathan Rothchild 编(Notre Dame, IN: University of Notre Dame Press,即将出版)。

会发现很多问题。① 有经济正义的问题,有就公共之善展开的争论,有就财产与国际关系展开的争论。确实有许多问题!

我们集中关注这些环环相扣的问题(宽容、宽恕),它们代表着当今政治挑战之频谱上的两端。如果一个国家不能负责任地驾驭人们的多样性,也不能战胜各种(人种的、种族的和宗教的等等)暴力,它就不会长久地屹立于这个地球之上。不宽容和报复是对那些使得政治生活无效的人类冲突的回应,它们最终会毁掉社群。当我们更加充分地进入诸多全球化社会的现实之中,情况就会愈加是这样。难道仇恨之火只会增加,直到它们吞没整个世界? 和解远非政治之上的行动,它处于政治之核心。当然,对所有道德和政治信仰的全盘宽容可能会威胁人们的凝聚与相互承认,而人们的凝聚与相互承认是消除报复的遗产所亟需的。有些政策、有些行动和有些观念是完全不能容忍的,此即那些肆无忌惮地和蓄意地贬抑和毁灭人的生命,并且在原则上排除了超越暴力之循环的生活之可能性的政策、行动和观念。作为道德和政治观念的"无法容忍者"可以部分地通过那些凡是对政治生活的可能性、因而对人类为了生存和繁荣所需要的社会合作具有破坏性的行动、制度和政策而得到界定。如果我们想以宁静的举措获得稳定的社会,从政治上来说,我们就必须驾驭文化多样性,并培育宽容的文化,但也要消除反控诉的循环(cycle of recrimination),并且直面各种形式的无法容忍者。在一个为道德和文化的多样性所困扰,并且因苦难和暴力的遗产而苦恼的时代里,真正的政治生活是可能的吗? 我们将论证下面的观点,并以之为座右铭:没有政治的和解是无能的,而没有和解的政治是不可能的。

---

① 我意识到,在此,关于如何界定什么是无法容忍的以及从什么角度界定,还有许多棘手的问题。为了眼下的目的,这些正式的主张应该就足够了。关于颇有裨益的讨论,参《宽容的宗教根源》(*Die religiosen Wurzeln der Toleranz*),Christoph Schwöbel 和 Dorothee von Tippelskirch 编(Freiburg: Herder, 2002)。

有了某种对政治生活的挑战感把握在手,我们就可以更为详细地具体阐述责任和和解这些问题了。这些都是政治问题,也就是说,是人类该如何分配社会财富,并且虽然有各种冲突却仍要在其社会生活中相处下去的问题。当然,政治问题与经济的、法律的和文化的过程与关系深深地纠缠在一起。为本章之目的起见,注意力还是停留在政治上。类似地,我们将和解仅仅作为人类的一种可能性、作为一个道德和政治责任问题予以考量。在这一研究的视野里,将会出现有关这种人类之可能性的根源的神学问题。

宽容和负责任的政治

当然,在西方,有一种悠久的反思宽容的传统,这种传统与民主政治的抱负密切相关。诚如许多思想家已经指出了那样,对宽容的认信建基于有关人类理解的本性以及有效的主张之前提条件的信念之上。就人类的理解而言,宽容需要承认可错性(fallibility)。没有任何人对真理拥有不失真的、确切的知识。"因为在这个世界上没有一件事不是由愚人中的愚人干出来的蠢事",伟大的人道主义者伊拉斯谟(Erasmus)让愚夫人说道。① 伊拉斯谟坚持认为,由于人类生存的可错性和愚蠢性,我们必须承认,我们很难获得对真理的纯净而又清楚的把握。从这一承认——它很难从人的内心获得——涌出对争辩与讨论的信奉,在争辩与讨论中,所有的观点都能得到表达,而且更好的论点之说服力也能获得。与他者的信仰交战是真正学习和获得真实的观念的途径;诚如密尔(John Stuart Mill)出色地阐述的那样:

---

① Erasmus,《愚人颂》(*In Praise of Folly*),Betty Radice 译(London: Penguin Books, 1971),99 页。

凡持有坚定之意见的人,不论怎样不情愿承认其意见可能是错误的,他应该被下面这个考量所感动:不论他的意见多么正确,如果他的意见不得到充分的、经常的和无所畏惧的讨论,那么,它将作为死的教条、而不是活生生的真理为人们所听取。①

公开辩论的粗野喧闹和混乱乃是遏制我们的意见之偏颇性的一条路径,但也赋予我们理解的真理以生气,使之历久不衰。这样,对我们的认知力量的程度所持的谦卑态度和对就人类最深刻地关切的问题所展开的自由而又公开的辩论的献身,就可以愉快地携手前行。

人们必须承认,各种宗教一直都不愿意做出这样的承认。有关神圣启示和圣灵临在于教会之中的信仰使得说基督教可能是错误的成为难事。在谈到压迫制度时,当代解放神学和女性主义神学正确地坚持,穷人或妇女拥有认识上的优先权。② 但是,这一信念并不必然地需要否定可错性,它仅仅意味着,植根于不公正和压迫性的权力结构中的某些观点较之于另一些观点,最有可能遭到更为系统的曲解。有些思想家,尤其是见于全世界各种传统中的各种形式的宗教原教旨主义之内的思想家相信只有某些人才能理解真理,并完全握有此种真理。在上一章中,当我们探讨被称作《十二使徒遗训》这一早期基督教文本及其通过铭刻而形构认同的实践时,我们已经遇到了这种信仰。但是,让我们实话实说吧:决

---

① John Stuart Mill,《论自由及其他》(On Liberty and Other Essay),John Gray 编辑并撰写导言(Oxford: Oxford University Press, 1991),40 页。(严复将 Mill 译为穆勒。——译注)
② 关于这一主题的文献可谓汗牛充栋。例如,参 Paulo Freire,《被压迫者的教育学》(The Pedagogy of the Opressed, New York: Continuum, 1970)和 Beverly Wildung Harrison,《形成团体:女性主义社会伦理学》(Making the Connections: Essays in Feminist Social Ethics, Boston, MA: Beacon Press, 1985)。

无谬误的自以为是也可见于其他传统之中。

值得庆幸的是,基督教传统中有些脉络确实承认我们对真理的把握的可错性。诚如卫斯理在其出版了的布道集"前言"中所坚持的那样:

> 因为,即便有很多错误的意见,在无爱的真理本身面前,爱是多么受人青睐!我们可能死而对许多真理无知,但我们却会被带入亚伯拉罕的怀抱。但是,如果我们死而无爱,那知识有何益处呢?知识之有益于魔鬼恰如它之有益于天使!①

这是由从亚历山大里亚的克莱蒙特到伊拉斯谟、到卫斯理乃至当今的代言人所代表的基督教人道主义中可敬的遗产。如果人们想驾驭当今政治生活中的道德多样性,来自对认知的可错性的坦率承认的宽容看来是必须的。如果没有这一信念,接踵而至的便是信仰僵化为战旗与冲突。就不宽容不容许日常生活中的就冲突而展开的协商而言,它便是对政治本身的伤害。宽容是正确地回应他者的一种方法,它试图尊重和增进日常生活中的整全性。在政治中,宽容乃是在信仰、价值和理想层面上的一种负责任的形式。

作为一种和解、因而是负责任的政治的宽容并不意味着所有的信仰都具有同样的有效性。我们并不是在倡导一种被正确地称作"抑制性的宽容",在这种宽容里,什么都无关紧要,而社会生活则可以化约为最小公分母。多元文化的国家中的道德多样性无需导向随意的相对主义,相反,对可错性的承认意味着,对关于公共生活的真理的任何宣称,任何有关我们能够并且应该如何组织我

---

① John Wesly,《若干场合布道集》(*Sermons on Several Occasions*, London: Epworth Press, 1975),vii 页。

们的政治生活的信仰,都必须通过公开的、公众性的辩论而确立。从密尔这样的思想家到诸如哈贝马斯等其他的思想家都认为,各种主张都是在公开辩论和讨论的场合中得到确证的。① 这委实是一种很高的标准,它意味着人们不能逃向权威或特殊的诉求以确立信仰的真理。政治主张必须在公开的、公众性的和非强迫性的辩论中为人所接。换言之,作为一种认识原则的可错性需要自由民主作为确立可靠的真理主张、至少是关于政治生活的主张的社会条件。这样,对接近的问题的最少引起麻烦的表达方式亦即道德和文化的多样性便得以在社会生活中变得在政治上具有建设性,而不是具有破坏性。人们需要复杂而又多样的社会,以便证实政治理念和信仰。当且仅但有对所有参与者的认识的可错性的承认,并且需要对主张进行公众性的、主体间性的证实时,情况才有可能是这样的。这并不意味着,我们对某些信仰和价值确信无疑这一点被证明是不正当的。② 大部分时间我们都是正当的,而且是完全正当的。对可错性的承认仅仅意味着,不论我们确信的程度多高,我们也会犯错,而且无论如何,总是需要学习。③

---

① John Stuart Mill,《论自由》(*On Liberty*, E. Rapaport, Indianapolis 编, IN: Hackett, 1978)和 Jügen Habermas,《后形而上思想:哲学论文集》(*Postmetaphysical Thinking: Philosophical Essays*, W. M. Hohengarten 译, Cambridge, MA: MIT Press, 1992)。

② 本章中,我是在谈论迥然不同的政治主张,注意到这一点是很重要的。质问宗教信仰问题是如何得到证实的是另一回事。要求基督教有关基督是救世主的信仰只有而且排他性地只有诉诸公众辩论才能得到证明,那将是很奇怪的! 事情之所以是这样,是因为证实的问题与那些有关主张之意义(比如说耶稣是基督)的问题密切相关,其中,某些意义主张对一个社群及其生活来说总是特有的。我不能探讨对信仰主张的证实这一问题。

③ 我们承认可错性对个体和社群的教化、对"文化",或者对狭隘意义上的教育是至关重要的,在此意义上,这里的立场与罗蒂(Richard Rorty)提倡的自由的讽刺不同,它是更加充分的人道主义。罗蒂关于讽刺的那些主张与有关我们需要不断学习的主张无涉,它们是避免会导致冲突的那些强烈的信仰的一种路径。关于人道主义的观点,参第十章。

于是便出现了一个问题：为什么各种群体——人种的、种族的、文化的和宗教的群体——应该接受可错性的立场，并且同意对各种主张进行公众性的证实呢？这难道不是将西方的民主理想强加于其他人吗？难道在宽容的修辞里，就没有一种隐蔽的不宽容(亦即认为不能容忍的乃是以教条式的确定性所持有的任何信仰)吗？对各种主张进行公众性的证实这一要求会否认启示性的神圣真理中的信仰、因而福音传道的使命，也就是宣讲皈信的需要，不认为它们是一种有效的认识上的可能性吗？宗教人士真的会服从对所有政治主张进行公众性证实这一要求吗？① 难道这不是从笛卡尔一直到尼采及其他人的近代哲学——其中，对所有信仰的极端怀疑最终导向怀疑主义——的错误的议程吗？毫无疑问，这些忧虑是真实的，而且不无道理。而且，实际上，人们应该质疑任何想为接受可错性论、以之为对文化和道德多样性的一种回应而确立一种必需的必要条件的企图。强迫他者接受宽容是很奇怪的！

在多元世界的时代里，事物都呈现出不同的外观。可错性的问题不只是一个学术问题，也不只是关于人类知识的理论问题。全球社会的多样性这一纯粹的事实正在向所有的群体施加压力，要求他们评估他们自己的信仰。如果人们想对这种当今的世界态势做出回应，那么，特定的群体和社群就必须在他们自己的资源之内寻求理由，以证明其主张——至少是他们的政治主张——是合格的，并且充分地进入到民主的实践之中。每一个社群都必须在

---

① 关于对满足公众性的标准这一要求的拒斥，参 Stanley Hauerwas,《当今基督徒的生存：论教会、世界和生活于二者之间》(*On Church, World, and Living in Between*, Durham, NC: Labyrinth Press, 1988)。关于对证实要求的解释，参 Franklin I. Gamwell,《宗教自由的意义：现代政治与民主的决定》(*The Meaning of Religious Freedom: Modern Politics and the Democratic Resolution*, Albany: State University of New York Press, 1995)。

其传统、象征、信仰和习俗中为对他者做出真正的回应找到基础。因为,除了信仰和价值层面上的负责任以外,什么是宽容呢?对这一论点,还可以补充的是,对那些深受圣经见证之形塑的民众、国家和文化来说,肯定可错性的理由是轻而易举就能把握到的。我们是有限的受造物,这种有限性不是对人类尊严的贬低。诚如我们反复论证过的那样,创造是善的,但是,它也是有限的和受限制的。此外,人的过犯、"罪"过于经常地蹲伏在门口,驱动着我们迈向不宽容和不宽容的行动。换言之,基督教的神学家们长久以来就一直认定,事物是依据认识者的模式而得到认识的。[1] 关于人类虽有限却有价值的信仰乃是基督教关于宗教感知、经验和知识的信仰的根本;有限的受造物只能通过有限者的那种令人困惑而又令人愉悦的结构去格物致知。在基督教信仰中,这种信念是如此深厚,而有限性又是如此深为人们所珍视,以至于人们坦承,上帝正是在这些生存结构本身之中,亦即在基督之中而为人所知的。人们之所以能够承认人的可错性,正是因为上帝并未回避我们的生存环境。诚如伊拉斯谟最终揭示的那样,基督教信仰毕竟是关于十字架上的愚人的信仰。其他的传统和社群能够而且必须找到理由,以接受这种为正确地处理文化、认识和道德的多样性所必不可少的立场。

如果我们想维系各种行之有效的政治共同体于不坠,那么,负责任和和解的主题就必须在其最简单的层面上处理如何让不同的信仰和价值和解这一问题。这一点已经更加紧迫,这是因为文化多样性成了大多数国家里的事实。但是,如果我们现在转向另一个接近的问题,即因苦难、冲突和报复的循环这些遗产而彼此散裂的群体如何能够同生共栖,那又会怎么样呢?于是,问题就不再是

---

[1] 经典的论述是由阿奎那在《神学大全》Ia pp. 75—87 中给出的,不过,其他的事例也唾手可得。

宽容了,而是如何处理不宽容。

复元性正义与负责任的政治

不宽容的事例已经给上个世纪的面容留下深刻的印象。不论我们是否谈论美国令人悲哀和恐怖的种族主义的遗产、反犹太主义的痛苦和大屠杀的可怖、种族隔离的创伤、彼此厮杀的战场之幸存者、性别暴力和强奸营的牺牲者、或者由恐怖袭击与中东的政治镇压造成的孤儿,牺牲品和无恶不作者的问题仍会持续不断。诚如席赖弗(Donald Shriver)精当地指出的那样,我们需要一种为了仇敌的伦理学。① 当全球各种势力传播着仇恨,并且迫使彼此敌对的社群共享相同的疆域时,这一点就会变得迫在眉睫。当然,我们知道,一个选择就是简单地延续这种反控诉的遗产,以眼还眼这一著名的惩罚律(lex talionis)可能会差强人意地限制不对称的暴力回应,但是,它能终止暴力的循环吗? ②这就是为什么第九章在通过也许令人惊异地转向该隐和亚伯的故事而考察道德疯狂时,采取了一种不同的策略的原因之所在。诚如我们那时将要看到的那样,所需要的乃是复元性正义的策略,或者负责任的宽恕,这说的是一回事。这是困扰着全世界人民的对和解的最困难的挑战。

人们必须理解这个问题的全部范围。不公正的苦难的历史铭记在文化和种族的记忆之中,此外,这些历史似乎因对那些受难者负债累累而在要求恢复道德秩序。对苦难的记忆要求人们必须消

---

① Donald W. Shriver, Jr.,《一种为了仇敌的伦理:政治中的宽恕》(*An Ethic for Enemies: Forgiveness in Politics*, Oxford: Oxford University Press, 1995)。

② 当然,有一种流行的说法,它被认为是甘地所说:"以眼还眼会让我们都变成瞎子。"自然,这是一种人类的可能性,但是,在我来看,惩罚律最初意在在它毁灭每个人之前终止报复的循环。

除这个世界的歧义。但是，在本书中得到了探究的如此这般行事的一些策略（世界终末式的话语、二元论的观点、道德疯狂）都不再是行之有效的。反控诉的行动不一定是非理性的暴力的爆发，它们也可以是对幸存者感同身受的以下要求的回应：必须找回公道，并因此使切实可行的人类生存的道德结构得到尊重和恢复。不能把握反控诉的循环之深度昭示了不能或不愿意理解那些危如累卵的东西的全部范围。复元性正义是旨在再生政治之整全性的、令牺牲品与作恶者和解的人道的政治行动，它试图处理而不是回避所牵涉到的道德要求。

像席赖弗这样的社会伦理学家，还有一些心理学家都指出，宽恕是一个复杂和漫长的过程。诚实的要求是必需的，一如社会正义与共同之善的基本主张必须得到维系一样。这就是为什么真相与和解委员会可见于许多国家的原因之所在。复元性正义意味着，"宽恕"伴随着价格标签而不是完全无偿的、纯粹的礼物，人们也许会认为这很奇怪。但是，至少在政治领域里，情况必须如此。从宗教的角度谈论绝对的宽恕，比如说谈论上帝在基督的生活、死亡和复活中的宽恕行动，其意固然至美，但是，在政治生活中这样做是否有效则是不太清楚的。

支持政治性宽恕和宗教性宽恕之间的这种区分和联系，有着历史悠久的理由。从神学上说，人们必须避免朋霍费尔（Dietrich Bonhoeffer）所说的"廉价的恩典"。即便是上帝的恩典，也是需要代价的，此即要求显示对上帝的爱，因此显示出对生活和行为的一种根本性的改变，也就是新的创造。复元性正义不能意指在没有对根本性的政治变革的强行要求的情况下，治愈创伤并抚慰对苦难的记忆；宽恕不会让世界原封不动。复元性正义恰恰就是——或者必须是——致力于尊重和增进生存的道德秩序，以之为有效的政治生活的必要前提。这正是阿伦特的洞见的力量之所在，她认为，宽恕与人类独有的创生力量（power of natality）、锻造新的开始的力量密切相关。真正的复元性正义会使政治世界重新形成，其发生伴随着尊重和提升政治生活的正直这一明确的道德要求。

重要的是，要避免那种力图维系共同之善、却忘却了正义的要求这样一种天真而又危险的容忍的大方。在传统的新教思想中，避免廉价的政治仁慈的方法被明确地表达为"两个领域"或"两个王国"这样一种观念。正如马丁·路德在其著名的论文《论世俗权威应该得到服从的程度》中所说的那样，人们不应该试图以爱支配政治秩序，正如教会应该是爱的国度，而不应该是强制性力量的国度一样。当然，这种区分的影响历史是非常模糊的。① 诚如前面指出的那样，这种区分一直支持将任何宽恕的观念实际上从政治中清除出去。同样地，两个王国的教义尤其是在 20 世纪过于频繁地助长了各种形式的寂静主义，因而使得政治制度免受道德和宗教的批判；而我们时代的现实要求我们超越这种将宽恕与政治生活联系在一起的陈旧的形式。②

然而，传统的新教教义中的洞见在现实主义的伦理学中却不应该被遗忘：政治秩序必须永远支持对正义的要求，即便是政治宽恕也应该如此。和解不仅代价高昂，而且其明确的代价就是它必须增进对正义的主张；而这正是谈论作为负责任的复元性正义的要旨之所在。正是依据这一点，可以指出复元性正义的两种策略。

---

① 参《路德著作选集》(*Martin Luther*: *Selections from his Writings*, John Dillenberger 撰写导言, Garden City, NY: Anchor Books, 1961), 也参 Dietz Lange,《福音派视野中的伦理学》(*Ethic in evangelischer Perspektive*, Göttingen: Vanderhoeck and Ruprecht, 1992)。

② 人们可以将这种神学回应方面的含混性追溯到德国的法西斯主义。关于这一点，参 Jack Forstman,《黑暗时代的基督教信仰：希特勒阴影下的神学冲突》(*Christian Faith in Dark Times*: *Theological Conflict in the Shadow of Hitler*, Louisville, KY: Westminster/John Knox Press, 1992)。

一种策略处理补偿苦难的遗产这一问题，比如说数百年的奴隶制和人口贸易。正如在 2001 年夏天召开的关于种族主义的国际会议上所显明的那样，在国际舞台上提出补偿的问题是极其困难的。不仅像美国和以色列这样的国家因为多种理由退出了大会，而且，其他一些国家愿意认罪远甚于其原意采取实际步骤来满足这些复元性正义的要求。当然，在补偿事宜上，牵涉到很多极其复杂的问题。谁该向谁偿还？还多少？就当今数代人来说，罪的范围和深度如何？什么是足够的补偿？这些和更多的问题都必须得到处理。在不努力进入这些问题的盘根错节之处的情况下，这里想阐述的要点是，只要真正的复元性正义必须真正地是复元性的和公正的，补偿的问题就能够而且必须被提出来。只有以这种方式才能避免"廉价的恩典"的政治对等项，此即人们愿意"坦承"过去的错误，却继续生活在一种会使得非正义长存不衰的政治、经济和社会结构之中。

面对人们的苦难，另一种复元性正义的策略是一些关于正当战争的信念，即所谓"正义的战争"的传统。这种思维方式见于许多宗教传统包括基督教之中，它试图确定，如果真的有正当的暴力的话，为保护无辜者并恢复和平，什么时候对侵略者使用致命的暴力是正当的。[1] 这种反思的传统是极其复杂的，它既要阐明为了战争的正义（jus ad bellum）之标准，也要阐明战争中的正义（jus

---

[1] 有关"正义的战争"的文献可谓汗牛充栋，代表性的著作可参 Paul Ramsey,《正义的战争：武力与政治责任》(The Just War: Force and Political Responsibility, New York: Scribner's Sons, 1968)；美国天主教主教会，《对和平的挑战：上帝的应许与我们的回应》(The Challenge of Peace: God's Promise and Our Response, Washington, DC: US Catholic Conference, 1983)；Jean Bethke Elshtain,《女人与战争》(Women and War, New York: Basic Books,1987)，尤其是 Richard B. Miller,《对冲突的解释：伦理学、唯爱主义和正义战争的传统》(Interpretation of Conflict: Ethics, Pacifism, and the Just-War Tradition, Chicago, IL: University of Chicago Press, 1991)。

in bello）之标准。此处不可能进而讨论这些标准、对这些标准的各种解释甚或与唯爱主义之间的比较。虽然与唯爱主义共享一种反对暴力的预设，正义战争的传统却主张，在为数不多的特定的和有限的情况下，反抗侵略者以保护社群的生活并重建和平，是正当的，在道德上是正确的，并且是必需的。倡导正义战争思想的基督徒们承认，个人必须转过那边的脸（由人去打）①，他们必须愿意因不义而受苦，而不要去行不义。但是，在一个暴力的世界里，不应该任由无辜者沦为邪恶的暴力面前的牺牲者。诚如路德曾经非常出色地评论的那样："如果狮子与羔羊一起躺下，那么，羔羊一定会经常被取代。"②

承认为了恢复和平和保护无辜者的正当的战争的可能性，是以一种类似于关于补偿的主张的方式，强调政治责任的高昂代价。多元世界的时代并不是那个和平支配着一切的上帝的国度的时代，在我们的世界里，狮子与羔羊不可能轻易地一同栖息。它是这样一个时代，即有善良意志的人们必须让正义如大水滚滚而下（摩5:24）。③ 可悲的是，为了维系社会的宁静，并保护无辜者，这可能需要无条件的牺牲。我认为，关于正义的战争的话语应该被视为一种考量负责任的政治和——更具体地说——复元性正义之要求和可能性的策略。这意味着，正当的致命性的冲突决不能与报复或复仇有关，它必须恢复社会生活的适当的条件。

如果我们至少澄清了复元性正义这一观念的含义，并阐明了在特定的情形下，它为何会导致补偿的问题、甚或正当的战争之可

---

① 括弧内文字为译者所加，经文参《马太福音》5:39、《路加福音》6:29。——译注
② 这段引文要归功于艾西谭（Jean Ethke Elshtain），我还因很多关于道德和政治问题的谈话而感谢她。参氏著《真实的政治：处于日常生活的中心》（*Real Politics: At The Center of Everyday Life*, Baltimore, MD: Johns Hopkins University Press, 1997)。
③ 经文原文为："惟愿公平如大水滚滚，使公义如江河滔滔。"——译注

能性的问题,那么,问题就成了为献身于复元性正义提供正当的理由。诚如拉姆齐(Paul Ramsey)所看到的那样,这实际上是一个与第二大诫命即爱邻舍的诫命以及金律密切相关的问题。① 当然,人们也许会觉得很奇怪:爱邻舍竟然会导致要求补偿,甚或导致正当的战争! 通常,人们认为,此乃是一种彻底的圣爱(agape),它是欣然提供的对他者的接受,没有任何要求或代价。但是,这又完全是"廉价的恩典"。上一章已经揭示了创造与新的创造之间的联系最好不要根据一种抽象的律令来予以理解,而要将其理解成上帝的行动的注解。而且,我们已经发现,上帝虽然维持着正义,却并未收回人的价值,或重新参与到正在进行中的创造世界这一使命所必需的条件。用本书早先使用过的术语来说,这就是为什么上帝的义是一个创造事件的原因之所在。换言之,如果上帝的行动是责任之意义的线索,而且,对有些人来说,这一点体现在基督的生活与行动之中,那么,爱的诫命和金律不过就是对所有不义的一揽子接受。毋宁说,它是在对公正与和平的社会秩序的威胁的迎接中,并且通过这种迎接来恢复世界的一种方法。据此,对这些诫命的恰当的理解显示了它们是适合于我们所面对的政治要求的。

让我们考虑一下爱邻舍的诫命。第二大诫命("爱你的邻舍如同爱你自己")意指建构记忆,并因此而使人们的心灵与想象免受仇恨与苦难的遗产之支配。耶稣对爱邻舍这一诫命的解释被赋予了寓言以及律令的形式;就在发出双重之爱的诫命,并回答如何才可以承受永生之后,耶稣又立即被问及"谁是我的邻舍?"(路10:25—8)。他以善良的撒玛利亚人这个寓言回答了这个问题(路

---

① 参 Ramsey,《正义的战争》(*The Just War*)以及《拉姆齐作品精选》(*The Essential Paul Ramsey: A Collection*,William Werpehowski 和 Stephen D. Crocco 编,New Haven, CT: Yale University Press, 1994)。

10:29—37）。正如我们在上一章中所了解的那样，在那个预言中，"邻舍"的问题被颠倒了。撒玛利亚人的行动正是那使他成为邻舍的东西；文化性的和宗教性的记忆不再是宗教和道德认同的规定性结构。这一彻底的洞见立基于犹太教有关正义的行动与作为上帝之形象的人类之间的关系的信仰，"邻舍"不是通过以社群或者记忆为基础的相似性而得到界定的，而是通过怜悯而得到界定的。撒玛利亚人通过规定一种涉及从共同的人性到有关上帝之信仰的更为广泛的道德秩序而为一种道德境遇（撒玛利亚人与犹太人能彼此互动吗？）消除了歧义。耶稣的寓言令人惊异地而且彻底地将撒玛利亚人描述成正在仿效上帝，这位上帝爱人于其遭鄙弃之时，并且维系着人的价值之范围。即便是在冲突的情形中——诸如人类反叛上帝——"仇敌"也没有被排除在价值的领域之外。

爱的诫命摧毁了对谁是邻舍的任何限制，也摧毁了对人们自己的部族、种族、性别、社群或宗教中的成员给予怜悯、尊重和正义的任何限制。另外，回想一下吧，山上宝训中的《马太福音》5：43—48有基督将纯全和在天国中做上帝之子的身份与"要爱你们的仇敌，为那逼迫你们的祷告"这一要求联系在一起。正如在这个寓言中所显示的那样，"邻舍"的含义被推进至超越了任何对关爱的简单的限制。"邻舍"的含义是就如何超越暴力和冲突的循环、与他者同生共栖这一实际的、具体的问题而得到解释的。①

这个诫命应该朝着善良的撒玛利亚人和基督之爱的方向得到解释，在面临着接近的问题的多元世界的时代里，这是至关重要的。为了拥有一个可靠的未来，那些充斥着冲突和仇恨的现实的社会，必须为结束看似无休无止的报复与暴力而寻找资源。即便是在正当的战争的情形里，人们仍然必须开发超越报复的路径。

---

① 参 Hans-Dieter Betz,《山上宝训》(*The Sermon on the Mount*, Minneapolis, MN: Fortress Press, 1995)。

作为道德认同和秩序的唯一决断,邻舍之爱会终止对苦难和既成的不义的记忆。通过尊重和提升生命的整全性,它重建了这个世界,而其代价则是昂贵的。复元性正义是一种极端的政治行动,它需要勇气、的确还需要警觉,并需要深信重新制定社群生活之纽带的可能性。它重新界定了那些行使这一为人所独有的可能性的人的生活,它建构了一个作为邻舍的人的生活。从来就不曾有人设想过这些行动是轻而易举的,是没有代价和要求的。

爱的诫命将宽恕而不是报复的循环制定为人类继续同生共栖的必要条件,这意味着,虽然政治要处理的是人类的冲突,但政治并不是由冲突界定的。政治生活的起源并不像霍布斯和一些古代神话所主张的那样(参第二章),是在每个人对每个人的战争中找到的。这就是为什么像马丁·路德这样的民权领袖即使是身处争取民权的斗争之中,也要仰仗爱的诫命的一个原因。如果没有某种与正义的要求结合在一起的宽恕观念,便很难想象由形形色色的人们组成并且因苦难而伤痕累累的社会如何能够长治久安。而这恰恰是这一诫命之所为:它将正义与宽恕联系在一起,锻造了一种效仿上帝的善良行动的生活。从政治上来说,它致力于作为政治中的一种和解形式的复元性正义。

政治和解的若干形式

在见于目前全球化境遇中的各种政治问题的天平之两极,我们面对着对作为政治生活之基础的和解的需要。宽容是对各种不同而又为社会之祥和所需要的信仰和价值观的负责任的和解;宽容需要承认每个人都有可错性,正如它需要某种形式的民主政体,并为证实政治主张开启了公众性辩论一样。复元性的正义是负责任的宽恕,为维系对正义的要求,以保护无辜者,增进公共之善,消除苦难的遗产,亟需这种复元性的正义。正如全世界尤其是新南非的真相与和解委员会一直努力表明的那样,复元性正义是伴随着对真相的要求,亦即对暴力和既成之不义给予公开声明与承认这一要求而发生的。通过将任何被接受了的信仰传统都具有先验的正确性这一预设悬置起来,宽容使得正在进行中的政治生活成为可能;而复元性的正义则在不同于对苦难的记忆与暴力的循环的基础之上,重新建构社会世界。这就是为什么宽容和复元性的正义是对当今政治问题的天平上的两极之回应的原因之所在。面对着冲突,借助于人类社会生活中的协商这一手段,这些作为负责任之形式的人类行动使得政治生活的持续成为可能,并且确保了政治生活的持续。

当然,人们必须承认,对于需要宽容和复元性正义的政治生活来说,没有任何别的东西是绝对必需的。此外,诚如阿伦特曾指出的那样,在非圣经形式的政治思想中,也可见到宽恕的类似物。而且,事实当然是这样的,即宽容一直都不是宗教或者大多数政治制度的永久美德。假如对这一事实持一种坦承的现实主义,我们一直在努力在基督教信仰中揭示一些维系性的信念,这些信念可以确保一种宽容和复元性正义的文化之形成。类似的信念也可以在其他传统中找到。①

我们现在遇到了一个将我们推进至超出阿伦特和其他政治哲学家的观点之外的问题,它再次将在一个关于世界的意识不断扩张的时代里的道德观这样一个问题强加于我们。如果从宽容到复元性正义这样的和解形式是维系我们的政治生活所必需的,那么,这些和解的形式真的能够在没有某种宗教信仰或态度的情况下得到理解与实践吗?换种说法,难道为一个全球化政治生活的时代

---

① 关于在各种宗教传统中对这一观点的有益的考量,参 Darrell J. Fasching 和 Dell Dechant,《比较宗教伦理学:一种叙事性的路径》(*Comparative Religious Ethics: A Narrative Approach*, Oxford: Blackwell, 2001)。

所需要的道德意识的形式,在深度和广度上必定是宗教性的吗?当然,回答这个问题有很多路径,这要取决于人们如何界定"宗教性的"和"政治性的"。事实还是这样的,即这个问题引起了大量的法律与政治问题,对那些正确地坚持政教分离的国家来说,尤其是如此。眼下,我不想介入这些棘手的问题。而且,人们实际上不需要这样做。被提出的问题事关那种启发政治思想的宗教——道德观点,而不是法律、教会和国家中的具体问题。作为眼下研究的最后步骤,我们将转而处理为维系政治中的责任所需要的背景性信念这一问题。

背景性信念

政治生活中的宽容和复元性正义的可能性立基于同样的信念,那种信念是什么呢? 那是一种强烈炽热的信仰:人类有某种价值、某种得到尊重和增进的权利,而这一切皆不可化约为他们的意见的可接受性、他们的行为的正当性或者他们在种族或文化记忆中的地位。宽容和宽恕依赖于对人的生命的价值的认识,正是人的生命维系着认识的能力、历史的记忆和实际的行为。换言之,对人的价值的信奉、对人权的担保和对正义的要求需要一种对世界的解释,而在这种解释中,善的来源不可化约为我们的能力、文化记忆或人的文化劳作与权力的产物。它需要一种超越人类的价值来源,而这一来源超越了过度人化的驱动。

当然,事实是,一个特定的人或群体能够倡导可怕的反人类的观念,他们可以贬抑和毁掉人的生命。诸社群会宣讲种族主义的或者民族主义或者排他性的关于他们的优越性的叙事,然而,如果一个人的道德价值实际上是依赖于她或他的意见的正确性,那么,那些有错的人就能正当地被迫接受某种明确的教义。如果一个人的道德价值实际上取决于行为——比如说取决于她或他生产了什么——甚或行为的道德正直,那么,穷人就和做错事的人一样不能对正义提出任何要求。如果那些受难的人的意义否定了活着的或者甚至尚未出生的人的价值,那么,记忆的未来本身就会受到危害。当且仅当人类拥有某种非工具性的价值,当人们使目的一词在某种重要的意义上成为目的本身时,作为政治行动的宽容和复元性的正义才是可以理解的。负责任的政治需要关于内在价值的信仰,我主张,这种观念只是表达了对实在的一种更为广阔和更具包容性的解释,在这种解释中,对道德和政治性的认可提出要求者不可化约为人的权力、目标或方案。

  道德价值不是抽象的平等。善良的撒玛利亚人并不是对某个"抽象的他者"或者"理性的自由"做出回应,他是按照在一个具体的、受难的人的生活中发出的责任的要求而行动的。他回应了良心的召唤。多元世界时代的伦理学必须在个人的所有怪异性、可错性和特异性中坚执个人的尊严;这进一步意味着,道德价值不可化约为政治过程。人的价值不能仅仅成为政治秩序的一种赠赐,否则,它便不再是内在的,而变成工具性的了。这是因为,作为对人类冲突之驾驭的政治秩序恰恰是由人的对社群有价值的思想和行动等行为所界定的。如果说20世纪教给了我们什么东西,那就是:生活的全盘政治化极易导致死亡营、种族清洗、精心策划的恐怖主义和生活的庸俗化。当政治共同体被相信是人的价值的唯一来源之时,人们就会受苦受难;而对个人的不可化约的价值的强烈信念则会瓦解专制,而这也正是传统的新教的下述主张更深刻的洞见之所在:"俗世的王国"具有倒数第二的重要性;终极的价值不是"俗世的王国"亦即过于人化大行其道的产物。我断定,坚持人的价值这一实在不可化约为人的权力或方案,并不是强迫人们接受西方观念。诚如默多克曾经正确地指出过的那样,"除了人道的观念、启蒙的原理和人权的观念能长存下去以外,我们的这种民主目前不可能在所有的地方生存下去(而且,我们不可能知道它如何和是否会在永远都非常难以预测的未来幸存下去)"。① 当今时代的道德挑战以及意识的扩张恰恰是要让这些人道的观念在各处的政治生活中活跃起来。

我们已经探讨过的这两种和解的形式乃是政治生活之基础，但尚未在政治活动中获得基础。不论人们可能会想些什么，宽容和复元性正义的原则并不只是政治性的，事实上，它们在深度和广度上都是宗教性的和形而上学性的。② 我们认可这样一种主张，即在以民主生活为目的的宽容行为中尊重他者，并且设想这种可能性，就此而言，不论实际的宽恕是多么脆弱和困难，便都是不同于政治信念的诸多信念在发挥着作用。在这方面，多次参考基督教有关人的价值——我们的生命作为有限的受造物被赋予了价值——和爱邻舍的信仰，并非只是意在展示基督教思想对政治生活的贡献，这些参考意在说明，对人不可化约的价值的信仰本身在本质上是宗教性的。说得更好一些，有关人的不可化约的价值的信仰乃是维系宽容和复元性正义所亟需的，它表达了一种独特的宗教观念的道德意义。我们若忽视这些宗教意义，将会冒极大的风险。如果我们不通过培育宽容的民主文化和各种形式的复元性正义，来持续不断地维系对人的生命的尊严的信仰，那么，这种信仰必将萎缩，随之而来的是，避免无休无止的冲突的大部分能力亦必将萎缩。

请注意一下就政治所表述的论点。特定的政治活动——民主实践中的宽容和复元性正义的行动——体现了一种关于人类的非工具性的维系性的信仰和一种背景性的信念。人的价值的源头经

---

① 参 Iris Murdoch,《作为道德指南的形而上学》(*Metaphysics as a Guide to Morals*, New York: Allen Lane/Penguin Press,1992),364—365 页。
② 有种主张认为，正义的原则只是政治性的，而不是形而上学性的，关于这种主张，参 John Rawls,《政治自由主义》(*Political Liberalism*, New York: Columbia University Press,1993)。

常而且总是以宗教性的术语得到表达的:对基督徒和犹太教徒来说,是作为上帝之形象的人类;佛教中对所有受苦受难者来说,是怜悯众生;伊斯兰教中真主的意志,等等。对这种信仰的表达并不是以忏悔的、有力的形式、并因而作为一种宗教教义而呈现的,而是在实际的政治行动中得到呈现的。政治秩序是对更广阔的和维系性的宗教与道德信念的间接和实际的表达;不论好坏,政治生活总是展示着一个人最重要的信念。宽容和复元性正义对于全球化时代的行之有效的政治生活看来是必不可少的,就此而言,我们便必须承认并尝试着维系对人的不可化约的价值的信仰。使这种背景性的信仰富有意义,乃是宗教思想对政治和解的贡献。政治中的和解工作最终会事关委身于尊重和增进生命的整全性,它事关真正的政治责任。

结语性的颠倒

对和解和政治的这些反思已经昭示了在全球化的时代处理接近的挑战这一需要,迎接这一挑战需要人们处理大量的问题,这些问题处于如何以和平的方式使各种不同的信仰和解以及如何消除苦难和报复的遗产这两极之间。通过探讨宽容和复元性正义这些问题,我们已经发现,它们是如何需要可错论、民主的实践、公正的宽恕这一艰辛的工作以及那种不受对苦难和暴力的记忆之限制的有关人的非工具性的价值这一背景性的信仰。以这种见解来看,和解对我们时代的政治生活而言,乃是其基础。这并不决定应该由什么样的制度来使一个国家的生活得到和解,那是政策问题。我们已经探讨了一些基本的观念和实践,但是,某些要求已经与一个国家的政治生活应该采取的制度形式隔离开来。和解乃是政治生活的持续生机的基础,就此而言,我们便能够、可能而且必须培育有关尊重和增进生命的整全性的信念。只有这样，一个人才能成功地驾驭如何使得人们不顾冲突而同生共栖这一政治任务。

最后，我们应该防止一种严重的误解，而且，饶有趣味的是，我们应该颠倒这个论证的流程。通过论证政治中的和解规定了有关人的价值的非常宗教性的背景性信仰，人们可能会喜欢作这样的解释：宗教本身，比如基督教等，是且一直是，并且将是人类的价值和真正的和解的毫不含糊的支持者。这种主张常常是严重地错误的。宗教委实是经常培育着不宽容，赞同报复的循环，并使从奴隶制到杀婴和性别歧视等非人化的行为得到正当性。想想南非吧，那个国家的故事似乎部分地恰恰是基督教在人的价值这个问题上极端模棱两可的故事。有些人至死都支持种族隔离，而其他人则为自由和人的尊严而奋斗。①

因此，这一论证的说服力是清楚的。通过将接近的挑战和那种为维系各种形式的和解所需要的对人的价值的背景性信仰厘析出来，我们看到了当今的世界形势和基本的政治问题如何正将压力施加于宗教人士，迫使他们自身寻求和解。我们需要宗教意识的拓展。一旦我们在全球化现实和人们骇人听闻的苦难这一语境中来审视我们的信仰传统，难道我们还能再苟且偷生，就好象应该对人类尊严的哭泣充耳不闻？现在难道不是让我们的宗教传统对它们自身最好的洞见担负起应对之责的时候吗？根据这一见解，我们应该寻找见于其他人的宗教之中的"善良的撒玛利亚人"——他们是谦卑、宽恕和委身于生命的整全性这种警惕性的楷模——以便将我们自己的传统的可能性昭示给我们。这样，宗教之间的对话就变成了自反性和公开辩论的关键场合，而这正是改革传统

---

① 参《契机文献，对教会的挑战：对南非政治危机的神学评论》(*Kairos Document, Challenge to the Church: A Theological Comment on the Political Crisis in South Africa*, John W. deGruchy 撰写前言,Grand Rapids, MI: Eerdmans, 1986)。[亦有将 Kairos Document 译为呼吁文者。——译注]

和激发政治生活之活力所亟需的。简言之,宗教不仅确实对政治生活大有贡献,而且,我们时代的政治挑战需要对信念忠诚不二。和解不能被看成是在政治之上的,同样,宗教也必须承认对其维系性信仰的政治表达。作为政治现实,现在正是各种宗教变成宽容的文化和复元性正义的共同体的时候。

想象与良心

第七章 圣典与社会的想象

本书的上一章深入探究了多元世界时代里困扰着人们的一系列广泛的论题和（对这些问题的）伦理反思。最一般地说，第一部分的各章探究了全球化动力传播之内的责任之地位、道德和文化的多样性的现实、以及借助于商业形象并以不只培育人的创造性，也培育了人的贪婪的方式对人的愿望的满足。在许多方面，这些章节探讨了事关诸多政治的、文化的、道德的和经济的"世界"的某些东西，而这些是有助于弥补当今之境况的。至于道德理论，我们考察了价值的来源与范围。本书第二部分将注意力转向最宽泛地考虑多元世界里的"时间"，而策略则是揭示关于时间的信仰如何成为道德观的重要部分，甚至涉及人们如何相信他们应该与他者乃至仇敌发生关联。面对冲突、仇恨、苦难的遗产，我们努力在这些研究中将有关爱邻舍的信仰、宽容和政治宽恕厘析出来，以之为对社会生活的艰辛之回应。此外，在道德理论方面，我们主要关注的是适合于负责任的行动之规范。第一部分和第二部分在一种基督教伦理学、而且也是宽泛意义上的自然主义和人道主义的伦理学之内，将创造和新的创造联系起来。

在所有这些章节中，想象及其与道德责任之间的关系这一主题并没有付之阙如；但是，这一主题也未得到明确的考虑。在第三部分里,焦点将放在负责任的生活中的想象与良心之上。前面探讨过的许多主题将会重现:各种关于世界的图景、有关人的超越性的主张、我们如何能够并且必须回应暴力的循环以及对神学人道主义的需要。但是,现在这些主题之得到探讨,将伴随着我们对想象和良心在生命中扮演的强劲而又令人迷惑的角色更多的关注。一开始,我们将转向圣经与想象在基督教传统以及西方文化乃至全球化动力之内的地位。这是很重要的,因为圣经乃是基督教道德观和良心之形成的基础。

圣经与想象

世界是借助于想象而兴奋起来的。由于有了全球化的传媒系统,各种形象绕着地球来去匆匆。① 伴随着新的神话,诞生了新的宗教。背井离乡的人们借助于想象将老的习俗与新的意义杂糅在一起,一起编织着极其粗糙的认同。神学家们根据信仰、经验和社群的各有特色的遗产"重新想象"上帝。我们看到恐怖事件的形象一再重复着:一架客机撞入世界贸易中心的一侧而爆炸;炸弹在战时纷纷坠下;在遭受旱灾和战火蹂躏的土地上,幼童嗷嗷待哺。诚如阿帕杜莱所评论的那样:"全世界的人们都透过由形形色色的大众传媒所提供的各种可能的生活这面棱镜来审视他们的生活;也就是说,幻想现在是一种社会实践;对许多社会的许多人来说,它以大量的方式进入到社会生活的织体之中。"② 全球化的传媒系统

---

① 参 Günter Thomas,《传媒、仪式和宗教:论电视的宗教功能》(*Medien, Ritual, Religion: Zur religiösen Funktion des Fernsehens*, Frankfurt am Main: Suhrkamp, 1198)。
② Arjun Appadurai,《全面的现代性:全球化的全球向度》(*Modernity at Large: Global Dimensions of Globalization*, Minneapolis, MN: University of Minnesota Press, 1996),53—54页。

传播着可能的世界与生活中的无数的形象,而这一事实以新的力量引发了一种持久的道德挑战:由于全球性的想象之爆炸,人们和社群必须评估那些浸透了意识并推销着关于如何生活的观念的形象、象征和叙事;而伦理学的工作部分地应该是检验和挑战那些声称向我们揭示了现实的形象。

留心一下这种挑战,当今的神学家和哲学家委实不得不考量宗教象征、叙事和信仰的意义与真理,因为它们都是在全球化的传媒和文化之内,并且通过全球化的传媒和文化而传播的。当然,象征和叙事在文化生活中意指扮演着一种角色。"巴勒斯坦"的农民聆听耶稣将上帝的统治描绘为一粒芥菜的种子,并因此想象出一个远离他们的贫困、伤痛以及罗马帝国的无情的正义的新世界(太13:31—32);他们想象出一种权力结构(上帝的统治)对另一种权力结构(罗马帝国)的凯旋。① 在罗马的和平(Pax Romana)里,生活是由地位和角色来界定的;而在上帝的统治之内,则有可能消除犹太人与异教徒、男人与女人、奴隶与自由人之间的差异(加3:18)。想象曾经是以多种方式受政治权力和生活的桀骜不驯的面向之限制的,而今天则不然。传媒传播着大量的形象,包括宗教形象,而这些形象通过浸透人们的欲望并刺激人们的感知与生活的可能性,从而倾覆了社会的与政治的界线。

在诸多文化潮流中,圣经已经成了可能的生活的取之不尽的文本;圣经刺激着解释生活和世界的目的与意义这一不屈不挠的工作,人们甚至还可以更加大胆地具体说明圣经在文化工作中的地位。在历史上,圣经为西方提供了一种空间。马克(Burton Mack)这样写道:

---

① 参 N. T. Wright,"保罗的福音与凯撒的帝国"("Paul's Gospel and Caesar's Empire"),载《反思:神学研究之中心》(Reflection: Center of Theological Inquiry 2, spring,1999):42—65页。

每人心中似乎都有一本模模糊糊的圣经故事集,那个故事始于有乐园中的亚当和夏娃的世界之创造,那个故事流经圣经、然后是西方文明史,汇入其应许在美国的实现之中,这一应许的实现伴随着对全世界的所有人民来说都是未来之结局的顶点。①

马克将圣经读解成对美国梦的支持,是颇为放肆的,尤其是在各种不同的文化都见证了对这些文本具有解放性和破坏性的读解的后殖民时代,就更是如此了。人们不应该过高估计圣经对西方和其他社会的影响力,虽然认可这一谨慎的评论,事实仍然是,在那些由犹太教和基督教塑造的社会里,圣经文本乃是世界观之基础。若将这些文本从文化记忆中排除掉,目前西方社会的形态就会遭受决定性的变化。当然,这种排除可能是当今西方正在经历的真实的社会实验。的确有人将宗教资源从伦理反思中驱逐出去,但是,人们在民族性的悲剧和苦难中已看清这种"排除"是如何完全行不通的。

本章提供了一种类似于在第一章和第二章中见到的对全球化的解释的讨论,差别是,在本章中,谈到想象的工作,我们感兴趣的与其说是社会性与文化性的动力,不如说是生活在其中被"构造"(textured)而得以富有意义的方式。我们确实非常关心那些通过媒体而日益全球化的圣典(比如说圣经),而论点则在反思的两极之间展开:(1)关注圣经如何得到描述的文本性的一极;(2)涉及道

---

① Burton Mack,《谁写了新约?基督教神话的形成》(*Who Wrote the New Testament? The Making of the Christian Myth*, New York: HarperCollins, 1995),3页。也参《权力、无权和上帝:圣经与神学新探》(*Power, Powerlessness and the Divine: New Inquiry in Bible and Theology*, Cinthia Rigby 编, Atlanta, GA: Scholar's Press, 1998),103—24页。在本文中,我将"圣经"(Bible)与"圣典"(scripture)当作同义词使用,在其他语境中则需要加以区分。

德生活的研究的规范性一极。在下面的章节中,我们可以将针对道德生活的中想象之地位的广泛的共同的关注厘析出来。然后,反思的两极就可以在与当代伦理学的主要潮流——即我所说的叙事与相遇伦理学——的比较中得以融洽和处。这些伦理观所冒的风险是将圣经化约为一种形式,化约为"叙事"或"相遇",它们会与一种特定的规范性的观点保持一致。它们的洞见是,坚持认为圣经的一种"形象"必须展示道德生活的最基本的特征。

尽管我已经在第四章中讨论过现代伦理学的形式主义,但"形式"的问题在当代伦理学中极少得到探讨。特雷西提醒我们,探寻一种"形式"来断定理性与实在之间的连续性这一策略乃是"现代"思想的根本特性。比如说,现代科学理性就其试图通过自然法则揭示精神与实在之间的连续性而言,曾被视作思想唯一可靠的形式。其他的思想形式,比如说人文科学中的思想形式一度作为获得真理的路径而遭到怀疑。即便是在科学之内,现代理性的连续性也不再是显而易见的了。与此相关的是,古斯塔夫逊正确地拒斥了一种支配性的"圣经伦理",并坚持要承认圣经中的道德话语(例如先知性的、叙事性的和伦理性的道德话语)的多样性。[1] 留意运用的多样性以及避免"形式"中的化约,乃是对圣经作多元解释的基础,而本书最好还是提出一种多元主义的、后批判的立场。关注的不只是特雷西所说的作为经典的圣经,更是古斯塔夫逊所强调的圣经在伦理学中的多种运用。在承认这些主张的情况下,我们必须集中关注我们时代中的作为不同"世界"——真实的与想象的世界——之间的游历者的人类,他们正面临着诚实地并负责任地生活的要求。此处提出的论点勾画了圣经,这圣经镶嵌在文

---

[1] 参 David Tracy,《多元性与含混性:诠释学、宗教与希望》(*Plurality and Ambiguity: Hermeneutics, Religion, Hope*, San Francisco: Harper and Row, 1986)和 James M. Gustafson,《道德话语的多样性》(*Varieties of Moral Discourse*, Grand Rapids, MI: Calvin College and Seminary, 1988)。

本形成之前的社会与历史环境（例如古代的父权制、古代的经济与社会制度，比如说圣殿之国）之中，可是若根据当今的生活要求来读解，它又（部分地）不受制于这些环境。这样的圣经形象与在本书全书中得到阐发的解释性的或者模拟性的诠释学（参导论）是一致的。

说来会令人非常惊讶，对于下文要勾勒的圣经图景而言，历史上与之最接近的类似物是古代的寓言概念。回想一下吧，对于语言来说，任何"文本"都有众多不同层面的意义（文学的、道德的、属灵的），读者会细察这些意义，并且在这样做的过程中形成她的或他的心灵。没有必要将文本化约为一种概念或者语言形式（叙事；诫命），而是宁可将其想象成环环相扣的诸多意义。读解文本是一种的穿越意义的诸多面向的漫游，其目的是教化心灵；它是一种穿越诸多语言"世界"的运动。诚如像路德和加尔文这样的新教改革家们曾正确地指出过的那样，寓言的问题是，文本理应（象征性地）指向伟大的真理，因此，圣经诠释学对那些旨在获得真理的解释的自由活动很少提供掣肘。实际上，这种寓言的方法极易逃脱信仰的法则的控制。但是，这只是多元世界世代里的特点。圣经也是全球社会想象爆炸的一部分！这种想象是人们和社群在其中塑造他们的世界和生活的形象的自由活动。神气十足地席卷了全球文化潮流的诸多文本、想象、象征和叙事超出了任何社群的信仰法则或教规的控制。对神学伦理学来说，寓言的问题与寓言想提供一种对"心灵"的教化的企图是一样重要的。①

显然，我们不能在毫无修正的情况下，接受古代的寓言理论。古代寓言需要一种有关实在的形而上的主张。诚如小兰德尔

---

① 关于古代的讨论，参 Thomas Aquinas,《神学大全》(*Summa Theologiae* I, 问题.1, 9—10 条)以及 Augustine,《论基督教教义》(*On Christian Doctrine*)。关于寓言的根源，参 Werner Jaeger,《早期基督教与希腊的教育》(*Early Christianity and Greek Paideia*, Oxford: Oxford University Press, 1961)。

(John Herman Randall, Jr.)曾经指出过的那样,对古代人来说:

> 世界就是一个大寓言,其根本秘密就是其意义,而不是它的运转或者它的原因;它是一种等级分明的秩序,从最低级到最高级,从石头、树木经过人到众多天使的唱诗班,一直延伸下去,正如社会从奴隶到主人和国王再到教皇延伸下去一样;而且,它是完全受实现其神圣的目的这一愿望之激励的。[1]

在一个多层级的宇宙中,每一事物都(在本体论上)是另一层面的实在的象征,而我们并不是以任何清晰的方式生活在这样的宇宙之中。也很难想象出一种轮廓鲜明的理性的连续性,思想可以在其中通过等级分明的象征形式与"实在"联系在一起。我们的生活和我们的世界的日益增长的自反性意味着,每一理解行动都会被了解和观察为局部性的,背叛了一些视角,并且永远不可能捕获实在的"全部"。设若如此,我们的生活与在一个等级分明的宇宙中的沉浮升降相比,就更多地是这么一回事:在全球化的景观中,在诸多"世界"之间移动。此外,我们生活在一个多元世界的时代里,而不是生活在一个超高的(high-rise)宇宙里。

根据我们的境遇,我的提议是,将圣经解释为一种媒体空间。一种"媒体空间"——不论是产生于文本中,还是产生于电视中或电影院中——是一种借助于对可能生活的想象性的环境的创造的沟通手段。这种环境或者想象的世界与人类互动的其他诸多世界之间有着复杂的联系,而解释的行为则应该在真实的和想象的世界之间运动。在得到了语言与想象之赠赐的世界与对生活的责任之间的运动,部分地是借助于良心而得到协调的。作为一个意指

---

[1] John Herman Randall, Jr.,《近代思想的形成》(*The Making of Modern Mind*, New York: Columbia University Press, 1976),36 页。

道德存在的基本方式的术语的良心,是通过驾驭像圣经这样的复杂的传媒空间而得到教育的。当我们获得这种洞见时,应该清楚的是,这种论证一直在反思的两极(对文本的解释;一种规范性的观点)之间运动,而这两极处在从共同的道德关切经由对各种伦理学(叙事;相遇)的比较而通往圣经和良心的旅程之上。这样,本章便扮演着在不同的"世界"之间运动的角色,其目的是教化心灵,形成负责任的生活所需要的道德良心。

现在,我们将转向就圣经在伦理学中的运用而展开的辩论中的一些基本问题。

关切中的共识

关于圣经和基督教伦理学的著作一直聚焦于一些非常宽泛而相关的问题之上。[1] 具体地说,学者们一直集中关注圣经的权威

---

[1] 例如,参 William C. Sophan,《他们在就圣经和伦理学说些什么》(*What Are They Saying about Scripture and Ethics*) 修订版(New York: Paulist Press, 1995); Richard B. Hays,《新约的道德观:新约伦理学当代导论》(*The Moral Vision of the New Testament: A Contemporary Introduction to New Testament Ethics*, San Francisco, CA: HaperSanFrancisco, 1996); Lisa Sowle Cahill, "圣经与基督徒的道德实践"("The Bible and Christian Moral Practice"),收入《基督教伦理学:问题与前景》(*Christian Ethics: Problems and Prospect*), Lisa Sowle Cahill 和 James Childress 编(Cleveland, OH: Pilgrim Press, 1996), 3—17 页;以及 Allen Verhey, "圣经与伦理学:实践、履行与规范"("Scripture and Ethics: Practice, Performance and Prescription"),同上书, 18—45 页。也参 James M. Gustafson, "圣经在基督教伦理学中的地位:一种方法论的研究"("Place of Scripture in Christian Ethics: A Methodological Study"),载《解释》(*Interpretation*)24(1970):430—55 页;和《圣经在基督教伦理学中的运用》(The Use of Scripture in Christian Ethics),载《神学研究:斯堪的纳维亚神学学刊》(*Studia Theologica: Scandinavian Journal of Theology*)51:1(1997):15—29 页;Sharon D. Welch, "基督教女性主义伦理学中的圣经诠释"(Biblical Interpretation in Christian Feminist Ethics),同上书, 30—42 页;和 William Schweiker, "偶像破坏者、创建者和剧作家:圣经在神学伦理学中的运用"(Iconoclasts, Builders and Dramatists: The Use of Scripture in Theological Ethics),载《基督教伦理学学会年刊》(*Annual of the Society of Christian Ethics*)(1986):129—162 页。也请考虑一下《宗教学刊》(*The Journal of Religion*)76:2(1996)的"圣经与基督教神学"专号。

及其在道德判断中的运用。说到权威,神学家们已经被引入就道德知识的性质与地位所展开的辩论之中。圣经——或者任何公认的圣典——会提供对普通的反思来说不可获得的真正的道德知识吗?圣经会认可、激励或者也许会深化自然的道德知识吗?道德理性是由传统构成的吗?我们能厘析出道德理性的一种基本结构吗?圣经或者对"启示"的任何求助如何与对道德规范的有效支持发生关联?这些问题也都是围绕着圣经的要求在道德生活中的运用的;这些问题集中于道德理性的逻辑、判断的性质和规范从一种境遇到另一种境遇的可适用性;也就是说,集中于决疑论思想中的可概括化(generalizability)。例如,耶稣的教导与当代的遗传学如何发生关联?

当后批判的思想家们转向圣经与伦理学这一主题时,他们会处理从认识论到判断理论乃至圣经伦理学的有效性等问题。常常没有得到注意的是,一幅关于圣经的图景(如真理的宝藏、救赎的故事)是内在地与某种规范性的道德/宗教观密切相关的。这一评论对于眼下的论证的其余部分是很重要的,这是因为,诚如我们将要看到的那样,不同的圣经"形象"实际上是力图处理类似的挑战;对共同关切的明了可以成为穿透当代神学伦理学中密集的圣经形象的指南。

首先,当今大多数的思想家都坚执有超越对自我的现代解释的必要。现代议程试图通过自我意识的当下的确定性获得理性的连续性、获得心灵与实在之间的联系。笛卡尔的格言"我思故我在"正确地坚持了一种认同原则,这一原则乃是发生在思想之中的主体性的基础(如果我不是我的思想行动中的我,那我是谁?),但是,它错误地假定我们是直接地在思想的直观性(immediacy)中达到我们自己的。它还主张,在思想与存在"我"(我既是思想者,也是被思考的事物)的联系中,所有其他的认识上的宣称都可以某种方式获得。在弗洛伊德、尼采以及众多的其他思想家之后，很难想象出自我对其自身的一种简单的透明性。通向自我理解的道路从来不完全是内向(inward)的；它总是涉及与自我之外的东西(他人、我们是其一部分的历史、关于世界的信念等等)发生关联，并涉及对这些自我之外的东西的理解。坚持在理解之内自我与他者的纠结缠绕，意味着道德问题并不像笛卡尔、康德、尤其是费希特这样的思想家曾认为的那样，就是如何从自我之中获得那种以与自我的决定保持一致的方式来确保理性对他者的连续性的东西。我们不可避免地要与他者共存于某种道德空间。因此，我们必须就如何负责任地确定我们的生活方向做出判断。斯特勒声称，人类"不仅是在与创造他的上帝的有机关系中、由这种关系并且为着这种关系而得以构成的，人类也是为着与他者的有机关系而构成的"。[1]

当代(西方)的道德理论显然已经拒斥了现代唯心论对直接的自我关系(immediate self-relation)的解释，也就是拒斥了笛卡尔的遗产。许多人都相信，为了避免现代主观主义，我们必须将所有有关"自我意识"的主张当作一种令人绝望的愚蠢的观念予以摒弃。回想一下先前几章中本哈比布的论述吧，他认为，在后现代思想中，"语言的范式已经取代了(现代的)意识范式"。[2] 语言的凯旋意味着叙事、传统和话语——而不是人的意识——才是道德考量的焦点。稍后，我们将在叙事伦理学和相遇伦理学中看到这种转向。在承认语言对意识的重要性的情况下，我想紧紧地坚持伦理学中自我理解的重要性，并因此坚执一种反思性的思想

---

[1] Joseph Sittler,《基督教伦理学的结构》(*The Structure of Christian Ethics*,前言为 Franklin Sherman 所作,神学伦理学文库, Louisville, KY: Westminster/John Knox Press, 1999),5页。

[2] Seyla Benhabib,《确立自我：当代伦理学中的性别、社群和后现代主义》(*Situating the Self: Gender, Community and Postmodernism in Contemporary Ethics*, New York: Routledge, 1992),208页。

形式。①这种有意识的人类生存的独特的道德样式被称作良心。

其次,各种当代伦理学中的大多数都力图找到超越各种有计划的暴力的路径,这些暴力给 20 世纪和 21 世纪初留下了创伤。有时,暴力的根源位于宗教信仰之中——例如以下等式:一个上帝＝一个统治者＝一个民族＝对有差异的他者的暴力。当然,这一等式是有神论信仰的一种特殊观点,并且是恶的问题。通常,暴力的挑战与有关"现代"自我的观点是有联系的。"我"只能与作为"非我"(not-I)的他的世界和他者发生关联,或者通过某种抽象的人性观念而发生关联(康德),或者,诚如笛卡尔离奇有趣地指出的那样,人们必须通过松果腺将精神与身体联系在一起。萨特在《没有出路》(No Exit)中得出了这一思想遗产的结论:"他人即是地狱。"超越自我——直观性与暴力之间的联系——因而超越对他者的诅咒——乃是大多数后现代伦理学的事业。

这些关于认同与暴力的观点为探讨各种当代伦理学提供了一个共同的参照点。在我们的论证的这一关头,我们必须将这些关切与一种关于想象的观念联系起来,这将有助于认清伦理学中各种选项之间的差异。约翰逊(Mark Johnson)已经精当地论述过这些问题:

我们人类是想象的受造物,从我们最寻常的、自发的感知活动一直到我们的最抽象的概念化和推理,无不如此。因此,我们的道德理解在很大程度上依赖于诸如形象、形象图式、隐喻和叙事这些

---

① 参 William Schweiker,《权力、价值与信念:后现代时代的神学伦理学》(Power, Value and Conviction: Theological Ethics in the Postmodern Age, Cleveland, OH: Pilgrim Press, 1998);James M. Gustafson,《来自以神为中心的角度的伦理学》(Ethics from a Theocentric Perspective,2 卷,Chicago. IL: University of Chicago Press, 1981,1984);参 Iris Murdoch,《作为道德指南的形而上学》(Metaphysics as a Guide to Morals, New York: Allen Lane/Penguin Press, 1992); Charles Taylor,《自我之源:现代认同的形成》(Source of the Self: The Making of Modern Identity, Cambridge, MA: Harvard University Press, 1990);Maria Antonaccio,《描绘人性:默多克的道德思想》(Picturing the Human: The Moral Thought of Iris Murdoch, Oxford: Oxford University Press, 2000)。

各色的想象之结构。①

道德理性从来就不缺乏形象图式,而这些图式并不是个体心灵的设备,它们出自社群和传统的语言与实用性的资源。道德想象是对那些对人类很重要的东西的感知和解释,它可以被激活或者失去活力。所有当代伦理学都承认这一观点。思想家们的差别之处在于,一种形象图式应该在多大程度上向非语言性的实在偿还债务。我们将会看到,叙事伦理学坚持认为,圣经的语义学的力量或者意向性就是想吞噬活生生的经验世界,并使之充满新的意义。叙事伦理学是"铭刻"这一道德实践的最新形式。相反,相遇伦理学则坚持认为,一个"他者"、上帝或者他人决不能化约为我们的认知图式和评价图式。在基督教语境中,这一点已经逐渐聚焦于福音信息。饶有趣味的是,这些立场中每一种都力图从一种特定的观点来重申理性的连续性。我相信,挑战是寻求一种能够使我们理解具体的他者和生活的诸多实在——它们都不可化约为想象和理解的劳作,而是要通过想象和理解的劳作而得到代管——的形象图式。圣经能发挥这种作用吗?

现在,在我们面前已经拥有某种存在于就圣经和伦理学而展开的思考中的反思的两极的复杂性:在留意形象在道德理解中的地位的情况下,如何勾画圣经,并勾画以下关切:消除现代的道德认同观点及其与对他者的暴力之间的(真实的或可能的)联系。通过考察当代神学伦理学中对圣经的后批判性的解释,我们可以将这些观点综合在一起。

叙事与个性

叙事伦理学认为,道德生活应该以个人的性格和社群的性格

---

① Mark Johnson,《道德想象》(Moral Imagination, IL: University of Chicago Press, 1993),ix页。

之形成为核心,而且,个性是由所接受的经历形成的。用在第五章中得到过详细探讨的术语来说,叙事伦理学试图将生活"铭刻"在圣经的文本之中;圣经文本发挥着将真实的生活吸收或者拥抱到其自身之内的作用。这种伦理学坚执道德生活的这样一种无可争辩的特征:人生的任务就是给人们的生活提供形式。诚如默多克曾经指出的那样:"'看见'一词的道德意义意指清晰的洞察力乃是道德想象和道德努力的结果,在这种意义上,我只能在我所能看见的世界之内做出选择。"① 那提供道德内容的乃是人们试图体现在生存中的特定的生命观。我们应该如何形成我们的生活呢? 叙事伦理学一直拒斥对这一问题的两种可能的答案。

首先,叙事伦理学的倡导者们拒斥任何想从纯粹实践理性的作用中阐明道德规范的尝试。所谓启蒙运动的伦理学、尤其是康德主义的问题是,力图从思想和意志中的自我关系那里形成普遍的道德规范。但是,我们是社会性的动物,同样地,道德规范植根于传统,而不是植根于理性的直观性之中。其次,叙事伦理学的支持者们摒弃了传统的德性理论的一种假设。西方古典伦理学探究

---

① Iris Murdoch,《上帝的主权》(*The Sovereignty of God*, New York: Routledge and Kegan Paul, 1970),37 页。关于对这一观念的回应,参《艾里斯·默多克和对人类之善的追寻》(*Iris Murdoch and the Search for Human Goodness*),Maria Antoaccio 和 William Schweiker 编(Chicago, IL: University of Chicago Press, 1996)。在女性主义伦理学中,有大量著作论及这一点。参 Martha C. Nussbaum,《爱的知识:哲学与文学论集》(*Love's Knowledge: Essay on Philosophy and Literature*, New York: Oxford University Press, 1990);Elisabeth Schüssler Fiorenza,《面包而非石头:女性主义圣经解释的挑战》(*Bread Not Stone: The Challenge of Feminist Biblical Interpretation*, Boston, MA: Beacon Press, 1984)和《但是她曾说:圣经解释中的女性主义实践》(*But She Said: Feminist Practice of Biblical Interpretation*, Boston, MA: Beacon Press, 1992);《圣经学术中的女性主义视角》(*Feminist Perspective on Biblical Scholarship*),A. Yarbro Collins 编(Atlanta, GA: Scholar's Press, 1985);Katie G. Cannon,《黑人女性主义伦理学》(*Black Womanist Ethics*, Atlanta, GA: Scholar's Press, 1988);以及《来自边缘的声音:在第三世界解释圣经》(*Voices from the Margins: Interpreting Bible in the Third World*),R. S. Sugirtharajah 编(Maryknoll, NY: Orbis Books, 1991)。

人性,以阐明我们应该过哪种生活。柏拉图和亚里士多德认为我们会自然地追寻幸福(eudaimonia),奥古斯丁坚持认为我们会追寻上帝,斯多葛派谈论逻各斯和道德实践(proairesis),以之为一种独特的人类之善。古代思想家们考察实在,以创造关于可能生活的观念。伦理学会提出一种关于人性的理论,而不只是提出一种对借助于传统而达到的道德之形成(moral formation)的解释。

尽管喜爱亚里士多德,但在叙事伦理学中,道德自然主义却遭到了拒斥。这种拒斥的理由超出了本研究的范围,但是,一个主要的理由是,对现代人来说,"自然"是无目的的,没有目标或者善。① 在这一拒斥已经完成的范围内,人们该指望在何处阐发有关道德上可能的生活的观念呢?人们转向了叙事,而对阅读共同体来说,叙事构成了一种关于实在的景观。这里要重复一下本哈比布的话:语言的范式已经取代了意识(康德)以及自然(古典伦理学)。对豪尔沃斯(Stanley Hauerwas)、麦克兰敦(James McClendon)和耀德(John Howard Yoder)来说,这一转向意味着文本的政治化。作为一种文化/政治实在的教会阅读圣经,以想象出一些超越世界之暴力的可能的生活。② 对性格的形成来说,

---

① 关于拒斥亚里士多德的形而上的生物学之必要,参 Alasdair MacIntrye,《德性之后:道德理论研究》(*After Virtue: A Study in Moral Theory*, Notre Dame, IN: University of Notre Dame Press, 1981),最近,他修改了这一立场,参氏著《依赖性的理性动物:人类为什么需要德性》(*Dependent Rational Animal: Why Human Beings Need the Virtue*, LaSalle, IL: Open Court, 1999)。关于对现代人拒斥目的论的挑战,请留意一下 Franklin I. Gamwell,《神圣之善:现代道德理论与上帝的必要性》(*The Divine Good: Modern Moral Theory and the Necessity of God*, San Francisco, CA: HarperCollins, 1990)。

② Stanley Hauerwas,《永久居住的外邦人》(*Resident Aliens*, Nashville, TN: Abingdon Press, 1989),也参 James McClendon,《伦理学:系统神学》第一卷(*Ethics: Systematic Theology* vol. 1, Nashville, TN: Abingdon Press, 1986)和 John Howard Yoder,《祭司的王国:作为福音的社会伦理学》(*The Priestly Kingdom: Social Ethics as Gospel*, Notre Dame, IN: University of Notre Dame Press, 1984)。

基本的行动乃是与其他基督徒有交流的表述行为性的"阅读"实践。① 这一立场中的洞见是,我们通过接近不同于我们自身者而发展性格,明确地说,这不同于我们自身者即是在圣经中被提出的关于人类生活的想象。但是,老实说,"圣经的世界"是一种抽象的观念,它是通过将来自不同历史语境、社会性的生活世界和意识形态的迥然不同的文本层符码化到基督教教义之内而被创造出来的。将圣经或者基督教历史说成一个天衣无缝的整体,乃是一种教义上的主张,而不是文本性的主张。② 这就是为什么我曾阐发铭刻的观念,以便解释认同如何能通过这类生活的符码化而得以形成的原因之所在。认识到那种关于圣经的主张是教义性的而不是文本性的,正是像豪尔沃斯这样的思想家为什么坚持认为圣经是"教会的书"的原因之所在。教会的信仰和教义决定了圣经的意义与融贯性;而由该文本提出的生活的想象则会形成和检验基督徒的生活。叙事是将这些不同的文本化约为一种语言形式。

尽管其主张与古典的德性理论保持着连续性,但叙事伦理学提出了一种很好地适应了文化潮流中的媒体时代的圣经形象。道

---

① Stephen E. Fowl 和 L. Gregory Jones,《交流中的阅读:基督徒生活中的圣经与伦理学》(Reading in Communion: Scripture and Ethics in Christian Life, Grand Rapids, MI: Eerdmans,1991)。也参 Michael G. Cartwright, "圣经的实践与表现:在共同体的诠释学中为基督教伦理学奠基"("Practice and Performance of Scripture: Grounding Christian Ethics in Communal Hermeneutics"),载《基督教伦理学学会年刊》(The Annual of the Society of Christian Ethics, 1988),31—54页。

② 参 George Lindbeck,《教义的本质:后自由主义时代的宗教与神学》(The Nature of Doctrine: Religion and Theology in a Post-Liberal Age, Philadelphia, PA: Westminster Press,1984)。也参 William Schweiker and Michael Welker, "神学与圣经研究的一种新范式"(A New Paradigm of Theological and Biblical Inquiry),收入《权力、无权和上帝:圣经与神学新探》(Power, Powerlessness and the Divine: New Inquiry in Bible and Theology, Cinthia Rigby 编, Atlanta, GA: Scholar's Press, 1998),3—20页。

德生活并非奠基于理性或者实在,它事关我们(不论这个"我们"碰巧是谁)如何根据可能的生活的多样性来形塑具体的道德生活,而这些可能的生活则是通过由文化和教会建构和解释的形象、历史、隐喻和叙事传播给我们的。对于大多数(但不是全部)叙事伦理学家来说,圣经中提出的人类生活的主要的可能性是爱好和平(peaceableness),教会就该是这样一个共同体:活出对这个"世界"来说不可获得的和平的故事。① 叙事伦理学对自我的形成和社会想象等问题也有所回应,其回应以一种道德规范(爱好和平)为中心,对防止极端不同的社群和信仰体系陷入暴力冲突来说,这一规范是必不可少的。

仅仅由于全球化的文化潮流对连贯一致的生活所提出的挑战,我们时代的任何差强人意的伦理学都必须严肃对待个性的形成这一问题。奇怪的是,叙事伦理学并未领会作为一种统一的形式的"叙事的世界"这一观念如何通过将他者铭刻到社群的想象之中而确保暴力的正当性。那些置身于教会之外的被界定为非教会者(what is not-church)——称之为"世界",或者更糟,称之为启蒙运动!基督教的叙事伦理学持续着唯心论者费希特的"我和非我"的二分组合,不过,它是在形象图式(教会与非教会)的水平上持续之。这种伦理学冒着在叙事的世界里丧失实在的风险,它还事实上冒着当代的价值之黄昏的风险。这是早先在第五章中就道德铭刻实践所提出的观点。对许多叙事思想家来说,将生活铭刻到教会的书之内,会将据信是爱好和平的基督徒置于"世界"亦即暴力的竞技场之对立面。

---

① 参 Réne Girard,《替罪羊》(*Scapegoat*),Yvonne Freccero 译(Baltimore, MD: John Hopkins University Press, 1986);《消除暴力》(*Curing Violence*),Mark I. Wallace 和 Theophus H. Smith 编(Sonoma, CA: Polebridge Press, 1994);以及 John Milbank,《神学与社会理论》(*Theology and Social Theory*, Oxford: Blackwell, 1990)。

相遇与诫命

叙事伦理学能够轻易地滑入现代道德唯心论或者道德二元论的后现代版。真实的是"观念"、叙事或者形象图式,我们使用它们来理解世界。对所有聚焦于想象和通过自我而建构意义的行为、文化或者"教会"的思想形式来说,相遇伦理学是一种挑战。"相遇伦理学"的多种版本可见于像巴特、赫希尔(Abraham Heschel)、布尔特曼和布伯这样的20世纪的思想家以及像列维那斯这样的晚近的阐释者之中。① 尤其是在基督教神学家中,这种伦理学聚焦于福音信息,亦即遇到那些有顺从之要求与可能性的个体的基督的宣称。诚如布尔特曼所坚持的那样,这一相遇的事件,即是"危机"的关头,它是道德生活的活生生的核心,而不是普遍的道德律或者德性或者一个由历史形成(story-formed)的社群。道德生活的基本特征是,我们是被那对认可提出了无可争辩之要求的某物或某人所引导的。根据列维那斯的说法,他者发出了一个最重

---

① 参 Karl Barth,《教会教义学》(Church Dogmatics),G. W. Bromiley 和 T. F. Torrence 编(Edinburgh: T. & T. Clark, 1957—70)及其著名的论文"当代伦理学中的问题"(Das Problem der Ethik in der Gegenwart),收入《上帝的话与神学》(Das Wort Gottes und die Theologie, Munich: Ges. Vorträge, 1924):125—155;Rudolf Bultmann,《耶稣与世界》(Jesus and the World, New York: Scribner, 1934); Abraham Heschel,《人是谁?》(Who is Man? Stanford University Press, 1965); Martin Buber,《我与你》(I and Thou, Edinburgh: T. & T. Clark, 1937);和Emmanuel Lévinas,《整体与无限:外在性论文集》(Totality and Infinity: An Essay on Exteriority), A. Lingis 译(Pittsburge, PA: Duquesne University Press, 1969)。毫无疑问,这一立场最尖锐的形式是伟大的圣经学者布尔特曼的著作和他的那种基督教存在主义。不过,另外一些神学家,比如说巴特对上帝的诫命的坚执或者蒂利希以"神治伦理学"(theonomous ethics)的名义对"道德主义"(moralism)的拒斥,都精当地揭示了那一代的思想家们是多么希望将基督教思想从其他各种形式的伦理学中解放出来。有讽刺意味的是,当今的德性理论家们和叙事神学家们满腔热忱地力争将巴特变成他们自己中的一员!

要的诫命:"不要谋杀我。"① 如果我开始从——比如说——寻求幸福、社会正义的要求甚或作为一个爱好和平的共同体的教会这些角度来接近生活,我就决不可能逃脱个人性自我或社群性的自我的范围。那种情况下的伦理学就被捕入了道德唯我论,这种在我们的企划之内的他者的诱捕过程就是列维那斯所说的"整体性";它是对他者的谋杀。巴特称之为罪:企图在上帝所命令的范围之外界定善。上帝的诫命摧毁了文化产品的整体化动力,这种诫命毁掉了我们所有的将生活铭刻入一种文本性母体之中的实践。

对于相遇伦理学来说,在他者的命令之外,没有道德上可靠的视角。巴特坚持认为,基督信仰者甚至不会就上帝的诫命进行推理,人们听到诫命,并且立即服从或者违反之。布尔特曼强调说,正是在对信仰的"危机"的回应中,人们逐渐作为一名基督信仰者而存在,作为一名基督信仰者而生存。在道德事件中,人们被上帝的话、你、他者的面孔所命令。这种命令不是从自然或者理性中发出的。在这方面,相遇伦理学的倡导者加入了迈向语言或者话语事件的范式转换。在那一事件中,他者的实在和我自己的道德存在都是给定的。但是,在与叙事伦理学的差别中,基本的道德行为并不是道德的形成,而是服从。对自我和实在来说,道德的"应该"才是关键。用列维那斯的话来说,伦理学而非本体论才是哲学的基础。

列维那斯、巴特、赫希尔、布尔特曼和其他人也许不会否认,社群是从理性的内在结构、传统或者自然中创生道德法则的。他们是在声称,独特的"道德"行为关系到人们如何对他者——一个人或者就是上帝这一他者——做出回应,那么,在此范围内,一种有效的道德诫命必须用具体例证说明道德关系的回应动力。诚如哲学家们可能会论述的那样,道德诫命是"伴随着"(supervene)非道

---

① 参 Emmanuel Lévinas,《在我们之间》(*Entre Nous*, Paris: Grasset,1991)。

德关系而产生的。巴特可能会主张,上帝的诫命不会毁掉生活的自然领域,也不会毁掉自然的道德知识,正如上帝的诫命不可以化约为它们一样。诫命顾及到了对正常的关系的重新描述,以便以确定无疑的道德术语来理解这些关系。①

这种对道德生活的解释对形象和圣经的运用来说意味着什么呢？根据列维那斯的看法,语言因而任何叙事世界的媒介都不先于我与他者的相遇,语言是在相遇的事件中被创造的。巴特以类似的方式坚持认为,圣经见证了就是耶稣基督的上帝的诫命。这一诫命与圣经文本密切相关,但并不受圣经文本的限制。圣经、宣道和神学变成了上帝的话,当且仅当上帝自由地选择在它们之中并通过它们来说话。正是这一点使得巴特虽然坚执上帝的话,却仍运用圣经批判。圣经文本乃是对我们所必需之物的一种见证。

对想象的庆典来说,相遇伦理学乃是后批判的诠释学之内的一种强有力的反对声音。通过坚持他者的诫命的"真实性",这种观点将道德生活聚焦于要么/要么的选择中:要么我顺从上帝的诫命,要么我置身于罪中;要么我对他者的面孔做出回应,要么我实施谋杀。而且,这就是问题。虽然相遇伦理学坚持道德认同的主体间性,并因此而避免了唯我论,但是,它仍像近代唯心论者一样根据一种无可置疑的直观性来理解道德的"应该",这种直观性建立了主体性、上帝的诫命或者他者的面孔的诫命的直观性。诚如赫希尔曾经尖锐地评论的那样:"我被命令,故我存在。"通过在道德主体性之肇端就坚持应该(ought)的直观性,这种伦理学降低了

---

① 参 William Schweiker,"上帝的诫命伦理学和上帝的他者性"(Divine Command Ethics and the Otherness of God),收入《上帝的他者性》(*The Otherness of God*, Orrin F. Summerell 编, Charlottesville: University of Virginia Press, 1998), 246—265 页。也参 R. M. Adams,《信仰的德性与其他哲学神学论文集》(*The Virtue of Faith and Other Esssays in Philosophical Theology*, New York: Oxford University Press, 1987)和 R. J. Mouw,《发布诫命的上帝》(*The God Who Commands*, Notre Dame, IN: University of Notre Dame Press, 1990)。

生存的复杂性,并且冒着这样的风险:削弱了对评价所有施加于我们之上的主张来说至关重要的要求。诚如列维那斯所论述的那样,自我被置于对他者无限的责任这一要求之下。这已经导致一些思想家尤其是女性主义神学家们正确地指出,他者无可置疑的要求会产生对自我的暴力。

良心与传媒空间

在我们的研究中,我们已经跋涉甚远。由于注意到形象在文化潮流中传播和当代思想中的共同关切,我们已经看到,在叙事伦理学中,当且仅当基督信仰者的生活是通过教会借助于耶稣的故事而得到形塑之时,主体性与暴力之间的联系是如何被超越的。是的,在叙事伦理学对圣经的解释中,人类的快乐与痛苦这个实际的世界被叙事世界的意向性奇怪地吞噬了。相遇伦理学坚定地固持活生生的上帝的要求与以自我为基础的人的要求,这一观点通过留意相遇的事件而超越了主体性与暴力之间的联系。但是,它是以一种看起来不接受对那种在任何具体境遇中提出的要求的合法性进行评判性评估的方式,来论述这一要旨的。具有讽刺意味的是,虽然相遇伦理学和叙事伦理学引发了迈向语言范式的后现代转向,却要么是在"应该"的直观性中,要么是在关于认同建构的二元论观点(教会/非教会)中,延续了笛卡尔遗产的一些方面。

研究圣经和伦理学的多元主义的进路需要考察前面指出过的反思的两极,即对文本的解释和对灌输那种解释的道德观的解释。我提议我们应该将圣经刻画为一种传媒空间,它既植根于文本形成前的社会与历史环境,也在其意向性中(部分地)摆脱了这种环境之限制。相关地,道德生活包含了在真实的和想象的境遇或世界之间运动,和在这些境遇或世界之中正确地确定生活的方向。最激进的主张是,作为传媒的空间的圣经以文本的形式表述了良心的形式、意向与职责。这一论点可以通过从传媒和良心的形式特征转向对此二者的更加实质性的解释而得到论证。在这样做的过程中,我们将善用叙事伦理学与相遇伦理学、铭刻与福音信息,但也会超越它们,以迈向基督教哲学。

形 式 特 征

传媒空间是一种复杂而又有结构的形象流,它通过在想象中建构一个具有可能性和有限性的可以理解的世界而形塑着感知。一种传媒空间可以采取各种不同——甚至是交织纠缠着——的形式:书写文本、口头陈述、电影等等。作为一种传媒空间的圣经提出了一种令人困惑的多面向的关于实在的异像(如天与地、末世与今世、恶魔的权势与政治势力),而历史性/想象性的人物就是在这种实在中生活和活动的。这包含着一个人类学的事实:人类生活总是处于某个地方,发生于某种社会——历史和担当着价值的境遇之中,在此境遇中,人们必须确定其与他者同生共栖并为着他者的生活之方向。人类生存的"道德空间"决不只是简单地给定的,也不是单向度的;它总是在信仰、价值、形象图式、实践等等之中,以某种想象的方式而得到建构的;它充满了文化方面的意义。因此,人类生存的空间是一个"世界"。生活的具体境遇和人类的任何空间是在文化上被塑造的这一本性意味着,一涉及生活的困惑,文化满足的各种形式,包括圣经,对评价、借用和转化都是开放的。

圣经的"意图"究竟何在?而我们又该如何栖息在圣经中的那种关于世界的想象之中呢?诚如我们已经看到的那样,关于圣经的意向,神学伦理学的立场是有所不同的。圣经文本打算通过以一种独特的新的异像活生生的充满经验世界,从而吞噬或者铭刻它吗?圣经文本见证了那是他者、却遭遇到了并且命令着读者的东西了吗？将圣经勾画为一种传媒空间意味着要坚执"文本"与解释者之间有一种重要的自反性的关系。解释的共同体参与到意义的实施之中，一如意义的实施会形塑那个共同体的生活一样。文本的"意指"，因而文本的语义学的意向性是与解释者的世界密切相关的；诚如伽达默尔(Hans-Georg Gadamer)曾出色地论述过的那样，意义乃是视野的融合。① 一世纪的罗马基督信仰者如何阅读圣经与20世纪末的韩国基督信仰者是有关联的，但又与之有决定性的不同！多元主义的解释会这样嘀咕道，这种差别并不是该为之悲哀的事儿，它显明了意义的丰富性，但也显明了意义的模棱两可性。除了相遇伦理学的严峻要求与叙事的纯净故事之外，作为一种传媒空间的圣经更为混乱、也更具有可参与性的特征。

于是，作为传媒空间的圣经就需要关于"文本"的语义学力量和意向性的独特的主张。诚如利科指出的那样，任何文本都在其自身面前展示了一个世界，在这个世界里，人们内心深处的可能性可以被发现。② 阅读有助于贡献可能性，并因而有助于揭示我们以不同的方式生活的自由：我们可以接受、修改或者否定由文本提出的那种生活。根据利科的解释，语义学的力量是以独一无二的方式与现世的尤其是未来的人类生存的动力相关联的：作为行进在通向整全之途中的存在和盼望着的受造物，我们总是在设计着可能的行动进程和生活方式。但是，我们已经论证过，圣经的意向性不应该只是根据未来可能性的开启而得到界定。传媒空间这个观念也是意欲表示对一个"世界"的展示，在这个世界里，人们和社

---

① Hans-Georg Gadamer,《真理与方法》(*Truth and Method*), Joel B. Weinsheimer 和 Donald G. Marshall 译修订本(New York: Continuum, 1989)。

② Paul Ricoeur,《圣经解释论文集》(*Essays on Biblical Interpretation*), Lewis S. Mudge 编(Philadelphia, PA: Fortress Press, 1981), 也参 Robert P. Scharlemann,"文本的文本性(Textuality of Text)",收入《文本与行动中的意义：质疑利科》(*Meanings in Texts and Action: Questioning Paul Ricoeur*), David E. Klemm 和 William Schweiker 编(Charlottesville: University of Virginia Press, 1993)。

群必须确定其生活的方向。圣经——或者任何传媒、想象的空间——的意向性不只是时间性的,也是空间性的,并因此是境遇性的。换言之,文本的意向性是想详细解释活生生的经验之动机性原因与结构,因而为生活提供方向。解释的任务是去把握、阐述和详细解释作为一种理性的空间的文本的复杂性,并揭示在理解的事件中,一个人和社群的生活是如何由此而形成的,从而以一些特定的方式去看、去评价并且去生活。理解的事件是在理性的文本性的世界与否则便会得不到表述的生活结构之间的运动,也是在二者之间的架设桥梁,而运动和架设的方式则会使行为与关系的意义得以产生。①

这种对传媒空间的语义学力量的解释使得我们迈出了另外一步,进入我们的作为良心的存在的密度之中。任何人的生活中一部分持续不断的挑战都植根于在指导行为和形塑个性的过程中,那种想象和混淆真实的与想象的世界的实在过于人化的能力。人们可以在想象中进入——比如说——先知弥迦的世界、最新的电影的世界或者爱人的内心世界。一直以来,狂热在想象中进入圣约翰的启示世界之中,经常导致破坏性的后果。圣经正如高级的传媒文化一样,作为文本在大量充满着道德感受力的生命中流传。圣经中提出的一些生活的可能性散布在从雅歌到雅各书,从上帝命令亚伯拉罕以其儿子为燔祭,到福音书中关于爱的异像之中。我们应该在我们的生活中体现哪种取向呢?我们应该如何负责任地栖居于并跋涉于这些是我们生存之环境的世界之中呢?

恰恰是作为带着恐惧和喜悦在不同的"世界"之间游移的、想象性的、耽溺于幻想的受造物,我们决不可能——在今生今世之

---

① 关于这种诠释学理论(即本书导言中说说的解释或者模拟理论),参 William Schweiker,《模拟的反思:诠释学、神学和伦理学中的一种研究》(*Mimetic Reflections: A Study in Hermeneutics, Theology and Ethics*, New York: Fordham University Press,1990)。

内——完全与我们自己一致。笛卡尔的那种用来确保理性的连续性的绝对的、直接的认同("我"就是"我")未能觉察到生命的悲剧与任务,那就是我们的不完全性和为争取与我们自己、他人、世界和上帝之间的整全性所做的斗争。通过良心而得到刻画的道德生活的意向性乃是"正直",而不是坚如岩石的自我相关性。诚如从本书第一章中所了解的那样,整全性事关在复杂的关系之中的正确的取向,以及生活的适当的融贯性。深刻的认识论的和道德性的问题是传媒"世界"、在其全部复杂性中的实际生活与整全性的道德意向性之间的关系。

诸多向度与规则

到目前为止,已经概述了一种作为传媒空间的圣经的形象,以及就它们的最形式化的特征(想象的空间;生存的取向)和意向性(世界;整全性)而言的良心之意象。我们的下一步骤将更为精细有条理。稍加反思,我们就能看到,一种传媒空间,尤其是圣经,是由多种向度和构成规则的。首先,不论一些叙事理论家坚持什么,一种传媒空间是不可轻易地被描述(emploted)为有一个"开端、中间和终结"的结构的;① 它并不是植根于人们可以将时间描述为一个过程或者流动的长河这一事实的统一的整体。除非服从教义,圣经(与格言、寓言、谚语、异像和叙事等等一起)远远超出了归纳为叙事形式的做法。诚如古斯塔夫逊曾指出过的那样,圣经是许多推论形式(discursive forms)的家园或场所。而这意味着——诚如在本书其他各章中可以看到的那样——在一种适时的实在之内对时间和空间的大量感知都是复杂的。在(比如说)《马可福音》第

---

① 作者在给译者的电子邮件中称,可将 emploted 表述为 rendered into a plot。——译注

13 章中得到描述的未来(参本书第四章),是以充满张力的方式与创造故事中的时间次序的多样性(参本书第一、二章)自反性地交织在一起的。将圣经描绘为一种传媒空间容许我们理解"各书"(books)之间自反性的互动,并且理解这些互动如何构成一个新的意义世界、一个新的理性的空间。

虽然作为一种传媒空间的圣经之复杂结构确实是这样的,但叙事伦理学在这一点上是正确的:任何文本的一个构成规则是可理解性(followability);①它必须(不论是不是叙事性地)有意义,并且是正在形成意义的。可理解性还意味着,文本中特定人物的生活可提供道德范例,他们是能够被"追随"或仿效的。确实,耶稣发出的"来跟从我"这一呼召可能会激发一种新颖的理性形式。②可理解性这一规则要求人们不仅要留意一些可能的生活,而且要留意在圣经文本的各个不同的层级、形式和生活中的位置(*Sitz im Leben*)中展现的实际人物和最重要的观念。多亏了文化潮流,这些生活(想想迪斯尼电影"埃及王子"吧)充满了道德感受力,并在全球规模上激发社会想象。犹大的口是心非一如撒莱的诚信或摩西的领袖才能,都使道德感受力得到深化和精致化。通过坚持在这些文本中得以展示的实际生活,我们正在避免将这些个体化约为教规中复杂难懂而且经常是缄默的逻辑。可理解性这一规则要求注意人物(比如摩西)的生活、观念(比如正义)和信仰(比如启示),因为所有这些都占据着并且穿透了圣经中各层级之间的复杂的交叉点,然后开始成为全球性的传媒。这样一来,"犹大"(试举

---

① Followability 是个多义词,这里根据上下文姑且译为可理解性;实际上亦可译成可追随性,但由于作者在下文中将该词与 intelligibility 互用,故在此译成可理解性。——译注
② 参 Robert Scharlemann,《跟从的理性:基督论与欣喜若狂的我》(*The Reason of Following: Christology and the Ecstatic I*, Chicago, IL: University of Chicago Press, 1991)。

一个事例)就以有关背叛的信念浸透了西方人的道德想象。

对有些人来说,圣经表达了一种"神圣的"传媒空间。圣经文本展现了与活生生的上帝相关联的生活,并展现了与活生生的上帝之间的争辩。这使得我们可以辨明除了可理解性这一原则之外的第二项构成原则。神圣的传媒空间是由一种显然是以上帝为中心的关于实在的异像所构成的,在这一点上,相遇伦理学确实有其正确之处。上帝是以极端不同的方式得到刻画的:创造者和破坏者、爱人者和主、救世主和审判者。给上帝命名的多义的(polysemic)方式必须根据这些方式的道德意义而得到考量。① 通过不同的策略——从立约式的忠诚到门徒的身份,从征服到复活——形象的丰富过剩将人类生活置于高度分化的神圣活动的领域之内。这使得我们可以厘析出两个事项:(1)以上帝为中心的构成原则,也就是说,作为传媒空间的圣经将人类的生活置于上帝的复杂的事工之中,(2)就前台与视野而言,这一"空间"的维度是可以设想的。处于前台的是一些人物(犹大一如撒莱、约伯与撒旦、基督与彼得)的实际生活,这些生活在道德上是可以追随和投身的;视野是一种关于以上帝为中心形塑实在的主张,它是以上帝和上帝的活动(比如创造、审判、天与地、终末论的王国、解放、立约等等)的名义得到展现的。

现在,作为传媒空间的圣经的一些轮廓,尤其是其多维度性与两个构成原则已经被厘析出来。人们该如何表述前台对视野的关系,或者换言之,该如何表述可理解性这一规则对上帝的中心性的关系?《约翰一书》4:20 互文性地(intertextually)提供了作为传

---

① 参 Sallie McFague,《上帝的样式:一种为了生态与核时代的神学》(*Models of God: A Theology for Ecological, Nuclear Age*, Philadelphia, PA: Fortress Press, 1987)和 David Tracy,"文学理论与神学中给上帝命名和思考上帝的诸种形式的回归"(Literary Theory and the Return of the Forms of Naming and Thinking God in Theology),载《宗教学刊》(*The Journal of Religion*)74:3(1994):302—319 页。

媒空间的圣经的第三个构成原则:"人若说,'我爱神',却恨他的弟兄,就是说谎话的;不爱他所看见的弟兄,就不能爱没有看见的神。"这便提出了一种超越可理解性(intelligibility [followability])之要求的宗教——道德规则——它建基于双重之爱的诫命(参第六章)。就让我们称之为形象性(iconicity)吧,也就是说,为了理解上帝,对实际的他者的关系应该是"形象"或者"象征"(icon)。在这一规则之下,负责的主张与钻研文本之间的关系应该是这样的,我们只是凭借具体的、实际的个体之间的关系程度才逐渐正确地理解作为神圣之善的道德生活的视野的。认识上帝的许多方式都是通过对他者的回应而得到检验的,圣经是一个神圣的空间,但也是一个深奥的道德空间。

现在,我们已经回到了伦理学面对的一个基本问题。如前所述,全球化时代的一个挑战是,人们和社群都必须评价形象、象征和叙事,它们都是凭借社会想象而运作,从而浸透良心,并形成生存与道德个性的。通过厘析出圣经"空间"的一些向度与构成规则,我们获得了对社会想象进行解码的一些概念工具。这个"空间"的视野是什么?人们如何在这个空间之内生活?在权能的最大化之外,它有任何道德规则吗?这一传媒会在道德关系里,并通过道德关系来提升或者妨碍对善的深度和上帝的存在本身的感知吗?通过这些质疑的方式,在神学伦理学中得到考察的不只是文化的"深度",也不是基督教共同体的"文化",而是在文化的道德想象之内的圣经形象的事工;而其宗旨则是考察那种浸透着经验与合法的暴力的邪恶的"形象"。人们试图凭借圣经的空间来改变社会想象的规则与向度,以便尊重和增进上帝面前的生命的整全性。我们已经在第五章中,根据一种早期的基督教文本《十二使徒遗训》这么做过,稍后,同样的阅读将围绕着该隐和亚伯的故事来进行(第九章)。

现在,问题就变成了:与神学伦理学的这一任务和圣经之图景一致的对道德生活的解释是什么？为了回答这一问题,我们必须转向反思的第二极和一种对良心的更为丰富的解释。

展 现 良 心

将圣经描绘为传媒空间还意味着要阐述良心的样式、意向性和任务。也就是说,良心会通过文本的成形而间接地"显现"在其所有的复杂性之中。我们逐渐明白,它对道德受造物的含义是,应该栖居在以上帝为中心的实在之中,而这种实在的特点是有某种可理解性,还有为负责任地生活而进行的奋斗。努力理解和评价贯穿于圣经之中的可能与实际的生活的形象之流,将有助于形成（或者损毁）我们对他者做出回应并对自己负责的能力。良心乃是谈论这种"能力"及其形成的一种方式,但是,为了理解这一点,我们不得不避免唯心论束缚"良心",使之成为自我对其自身的道德直观性的做法。良心并不只是真正的人类在唤醒其自身;它并不是内在的心理法庭,在这个法庭里,自我赤裸裸地站在神圣的审判官面前;它也不是真理的最高音。① 相反,良心是我们作为受造物

---

① 阿奎那是就自然法的第一原则来谈论良心的,并以之为一种习惯。参《神学大全》(Summa Theologiae)I/II q. 94, a. 1, ad. 2; I q. 79, a. 13. 蒂利希和海德格尔将"良心"理解为人对其自身的要求。参 Paul Tillich,《道德与彼岸》(Morality and Beyond),神学伦理学文库(Louisville, KY: Westminster /John Knox Press, 1995)和 Martin Heidegger,《存在与时间》(Being and Time),John Macquarrie 和 Edward Robinson 译(New York: Harper and Row, 1962)。还有其他一些人是就社会习俗而言来谈论良心的,参 H. Richard Niebuhr,《负责任的自我:基督教的道德哲学论集》(The Responsible Self: An Essay in Christian Moral Philosophy),神学伦理学文库(Louisville, KY: Westminster/John Knox Press, 1999)。也参 Anne Patrick,《解放良心:天主教道德神学中女性主义者的探索》(Liberating Conscience: Feminist Explorations in Catholic Moral Theology, New York: Continuum, 1997)和 Kenneth E. Kirk,《良心及其问题:决疑论导论》(Conscience and Its Problem: An Introduction to Casuistry),神学伦理学文库(Louisville, KY: Westminster/John Knox Press, 1999)。关于更进一步的讨论,参 William Schweiker,《责任与基督教伦理学》(Responsibility and Christian Ethics, Cambridge: Cambridge University Press, 1995)。

的整个存在的灵性(inwardness)，它拥有这样的力量，即游移于他者与被称作道德空间或世界的复杂境遇之间，考察并且回应他者与被称作道德空间或世界的复杂境遇。对基督信仰者来说，若负责任地细察圣经的空间和有生命的实在，良心总会受到挑战，而这与见于作为传媒空间和社会想象的圣经之中的关于实在的多维度的异像是一直的。

良心的观念使得人们能够利用叙事伦理学和相遇伦理学的一些洞见，但这是在一种多元主义的圣经概念中进行的。它相当于作为传媒空间的圣经形象，而我们已经看到，这一形象将"相遇"(上帝的中心性、形象性)和"叙事"(可理解性)这些观念综合在一起。像相遇伦理学的倡导者一样，良心展示了道德实在论的一种形式。每一种道德实在论的要旨是，对我们形成意义的行动或者"叙事"来说，都有一个"外界"(outside)。而在圣经中，这一"外界"是根据上帝和邻舍的要求(因此就有了上帝的中心性和形象性而不只是可理解性的规则)而得到表现的。道德感知的规范不能是人们自己的形象图式，而是我们极力想看到的东西——即真实的他者的实在与价值。事实上，诚如第四章中曾论述过的那样，基督信仰者是借助于基督、基督中的生命来观察实在的，感知是"基督形态式的"(christomorphic)。良心最基本的传送(delivery)是责任感，亦即这样一种感受：应该尊重和增进生命的整全性。然而，谈到可能的生活，我们必须评价他者的要求。并非所有的命令都是有效的，并非每一个召唤都应该被理会。对形象图式在道德生活——以及社会想象中——的地位的留意意味着，只有那些为生命的整全性开启了真实的可能性的要求才是有效的。在这一点上，叙事伦理学是正确的。较之于只是与他者的要求相遇而言，成为负责任的人和社群是一项更为艰巨的任务。人们必须以经常不见于相遇伦理学中的方式来谈论道德的形成。

道德生活充分地事关(人类的和非人的)他者对自我和个性与

感知之正确的形成所提出的要求,依据尊重和增进生命的整全性这一要求来钻研圣经和传媒潮流是形成和深化良心的实践的一部分。但是,这便意味着(而这也正是本章的要旨之所在),在伦理学中运用圣经最终与这样一个问题密切相关:责任感(良心的要求)如何得到指导,才会正确地理解生命的整全性的尊严与价值。从事这种教育正是生活中的工作,它是生活在新的创造中的行动;这样,认同与暴力之间的那种给人类历史留下创伤的可怕的联系就能够而且必须被突破。

结　　语

现在,在多元世界的时代里,伦理学的反思所面对的乃是这样一个事实,即深刻的道德感受是如何被形象的旋转与消费所浸透的。我们作为禀有想象的受造物的生活之道德吊诡是,我们必须创造形象图式,它是理解这个世界而又力争超越这些图式所必需的。为了避免作为全球性文化潮流的巨型购物中心的诱惑,良心必须运用和突破、创造和摧毁那些用来"观察"这个世界的文化性的、圣经形象本身,为的是更好地理解、尊重和增进上帝面前的生命的整全性。作为可能的和真实的生活之宝藏的圣经的复杂性与含混性乃是一所学校,良心就是在这所学校里得到锻造和形构的。圣经在伦理学中的运用并不只是为了形成共同体,也不是为了见证上帝对我们的生活的要求,尽管它也包括这些事实。更有甚者,人们解释圣经,为的是在真理和可能性中驾驭世界。

也许,在生活中运用圣经的最佳方式并不是让它或任何其他的形象图式变成一种偶像(参第三章)。难道这不是在一个全球性的文化潮流时代里的良心的自由吗?以良心为本的生活既不像接受圣经叙事那样直截了当,也不像对他者做出回应那样直接迅捷。但是,也许正是因为这一切,生活才值得去度过。

第八章 比较宗教,比较生活

神学家梅兰德(Bernard Meland)曾经出色地说道:"我们活得比我们所能想到的更加深刻。"①我们的真实生活是取之不尽的反思之源,思想必须永远以生存为目的,但从未成功地探测到生存的深度。本章将追随梅兰德的引导。上一章考察了圣经与良心之间的牵连。在一个全球化文化潮流的时代,宗教文本必须就社会想象而得到理解。这就不只是提出了如何把握对可能生活的宗教性描述的挑战,也提出了宗教资源如何能培育冲突的挑战。就多元世界的时代之深刻特征是宗教之间的互动而言,与第五章相似,本章的目的是探讨宗教如何并以什么样的方式能够误入歧途,能够培育并强化暴力和狂热主义。这是比较伦理思想研究的工作,而这种比较的工作试图厘析出所谓圣经宗教中共同的道德框架,以

---

① 本章的一些部分已经在别的地方发表过,它最初以不同的形式被提交给2001年11月在芝加哥大学举办的系列讲座"9·11:原因与后果:超越文明的冲突"。然后,这个讲座于2001年10月分三部分连载发表在《目睹》(*Sightings*)上(此处的叙述看起来在时间顺序上有点怪异,但原文如此。——译注)。本章的其他部分则发表于在纽约市、洛杉矶和旧金山举办的芝加哥大学校友宴会上。这些评论被称作"比较宗教—比较生活:9·11之后的笑声与伦理学"。我有幸与我的同仁冬妮格(Wendy Doniger)在这些盛事中一同演讲,我不仅受益于她扎实的宗教史知识,也受益于她自己睿智和充满人情的洞见。

便厘析出可能的狂热主义、良心的沦丧之要点,并展示这些传统对当代伦理学的重要性。

当然,有这样一些时刻,我们在那时必须只是活着,而不致力于对我们的道德资源进行批判性的反思;有这样一些时代,我们在那时必须忍受经验而不分析它。无论什么时候,当意想不到的暴力和恐怖妨碍生活时,情况都是如此。2001年9月11日之后,情况确实就是这样的。在紧接着这次袭击之后的每一天和每一周,很多人都生活在震惊之中,并深感他们生活中的某些事情已经永远变化。的确,对这些事件,尤其是关于针对恐怖主义网络或压迫性的国家行为的正当报复的根据(如果有的话),出现了许多伦理学的反思。但是,通常却很少有人思考人们对共同的悲剧的感同身受的回应。有时,我们所能做的就是悲伤。根据世界事件和人类暴力的恐怖,人们应该小心地切入本章的主题。

然而,现在似乎是反思比较我们的生活与他者的生活的方法的时候。对于任何有兴趣于宗教信仰的人道的表达的人,也就是那些希望阻止她或他的传统的邪恶的冲动,并带着旨在尊重和增进生命的整全性的信仰而生活的人来说,这一点尤其是确实无疑的。毕竟,这是良心的要求,是我们的道德性存在的基本方式。置身于不断扩张而且界定不清的针对恐怖主义——它通过对恐怖行为和其他国家的回应而得到加强——的全球性的战争、还有全国性的规模的自高自大之中,置身于一个还既有欢乐也有悲哀的时代里,我们需要考虑我们如何在与他者的关联中理解我们的生活。在一个人们之间的差异过于轻易并且过于频繁地导致暴力的时代里,我们需要深思该如何最好地理解他者,还有该如何去生活。

在注意到梅兰德的至理名言的情况下,本章的意图是探究两种比较方式之间的互动:其中一种可以在经验的深处感受到,另一种则可在明晰的伦理反思的水平上感受到。于是,我们就回到了本书别的地方已经指出过的信仰与经验、信念与欲望之间的复杂关系上来了。回想一下,我们在前面探讨过人的欲望被贪婪中的文化评价所浸透(第三章)。稍后,在第九章中,我们将对激愤与愤怒(rage and anger)进行类似的分析。目前的讨论通过考察对他者的笑(laughter),申述那些关于以认知的影响灌注情感的主张。这样聚焦的原因是,笑暴露了我们是如何深刻地通过比较我们自己与他者而生活的。作为本章的第二个任务的比较性反思将努力同样深刻地进行思考。因此,在着手进行比较宗教伦理学这项工作之前,让我们以对作为感受到了的比较的笑所做的简述作为开始。

感同身受的比较

伦理学家们从来就对笑感到焦虑,这并不是因为常常见于伦理学家中的那种对幽默感的令人惊异的缺乏,尽管人们可以轻易地列出那些无幽默感的人的长长的名单。据说,加尔文终身就讲过一个笑话,而那个笑话并不好笑。康德、阿奎那、海德格尔、斯宾诺莎,还有许多其他的人,可能也是如此。但是,幽默和笑话并非此处之要点。真正的问题是,笑,不论它是如何被引发的,都暴露了我们看待和评价我们的生活与他者的生活的方式。在许多古典思想家的心目中,狂笑表示丧失了对我们的生活的理性的控制,也表示那种扭曲我们的身体和灵魂的力量在疯涨。它意味着心灵的宁静之丧失。"正如鞋随着脚转,而不是相反",普鲁塔克(Plutarch)写道:"因此,人的秉性使他们的生活像他们自己……因此,让我们净化存在于我们自己的自我之中的宁静之源吧。"① 作为伟

---

① Plutarch,"论心灵的宁静"(On the Tranquility of Mind),收入《普鲁塔克道德论集》(*Plutarch Moralia*),卷4,W. C. Helmbold 译,罗布(Loeb)古典文库(Cambridge, MA: Harvard University Press, 1939),466D4,179 页。

大的文艺复兴学者,史克瑞琪(M. A. Screech)曾正确地指出:"多个世纪以来,神学家一个接一个地独自地一再发现,圣经中的耶稣被证明是个泪人儿,从来就没有笑过。"①史克瑞琪承认,基督教信仰的吊诡之处在于,它是在复活和新的创造中有着深刻之喜悦的宗教,但是,它也是一种悲哀的宗教。"哀恸的人有福了,因为他们必得安慰。"(太5:4)其他一些思想家,尤其是讽刺作家和文艺复兴时期的人道主义者则认定笑能治病。悲哀地说,笑也被征召列入战争的原因。

毫不令人惊异的是,对于笑的起源,有着长久的历史争论。例如,马克·吐温(Mark Twain)就认为,幽默和笑来自悲哀甚至愤怒。亚里士多德认为笑是人类独有的特性,而讽刺作家和基督教人道主义者拉伯雷(Rabelais)深知笑和亚里士多德的哲学,他是这样开始其《巨人传》的:

> 与其写哭,还是写笑的好,
> 因为只有人类才会笑。②

笑的起源问题永远不会得到解决,不过,我相信,我们需要将马克·吐温和拉伯雷结合起来。为了眼前的研究起见,重要的并不是笑的起源这一问题。本章中,重要的乃是笑如何在内心深处的层面上展示我们与他人发生关联的方式,这些关系涉及从嘲笑

---

① M. A. Screech,《十字架脚下的笑》(*Laughter at the Foot of the Cross*, Boulder, CO: Westview Press, 1999),7页。
② François Rabelais,《巨人传》(*Gargantua and Pantagruel*),J. M. Cohen 译(New York: Penguin Classics, 1955。[这里的译文录自上海译文出版社2004年版的中译本。——译注])。也参亚里士多德的《论动物之构造》(*On the Parts of Animals*, X, 29)以及柏拉图的《斐莱布》(*Philebus*)。

到怜悯、从愚弄到同情。笑展示了良心的样态、人生的道德趋向。至少,某些种类的笑——但是,当然不是所有的笑——是感受到了、经验到了的比较。有时,当我们发笑时,我们在与他者的比较中感觉或感受到一种关于我们的生活、以及他们如何生活和他们珍视什么的判断。某些种类的笑表现了在其中深刻的欲望和情感被道德评价所浸透和形塑的方式,这种笑展示了认知的影响和情感的力量。

为了理解关于笑是感同身受的比较这一要点,让我们考虑一下这样一个笑话,它几乎是在紧接着9.11事件之后便流传开来的。美国不应该攻打阿富汗,摧毁塔利班,这个笑话这样说。美国应该做的是抓住本·拉登,给他做个变性手术,然后强迫他在塔利班的统治之下,过个女人的生活!许多美国人都对此笑话发笑,因为这个笑话在笑的行为本身中展示了人类的共同性以及差异。这是从内部感受到的多元世界的时代。这一笑揭示了宗教在性方面令人迷惑的要求,它也向我们展示了对性别角色、上帝的要求、基本政治权力的地位等问题的非常不同的观点。这一笑传达了对一种被看作专制和父权制的宗教和道德观的判断。人人平等是西方文化中一种深刻而又被公认是来之不易的信念,它被认为是有关上帝的宣称中最为重要的部分。人们能够理解那种看来似乎要否认平等的宗教信仰吗?笑是一种道德比较。这种潜藏在笑中的感受到了的比较展示了对宗教戒律、性、他人和上帝的意志未加阐明的评价。

笑是从情感反应内部对良心之样态的展现,我们的道德存在之最基本的样式是由一种责任感共同构成的自反性的自我理解。我们的道德存在、良心在事实上的真实与善良之程度,端赖于行为与对自我和他者的关系被那种责任感确定方向的程度。对笑的细心考察和解释是我们能够逐渐认识良心之趋向与方向的路径之一,它能展示沦丧或者被扭曲之良心,同样也能展示道德存在的整全性。这一点是至关重要的。没有人对他们自身拥有一种直接的、当下的和清楚的知识,就此而言,有时或者大多数时间,我们便是借助于间接的行为、探析我们之所行、所说、所感、乃至所笑,而达致自我理解的。在这方面,本章的分析之意图也是为了提供考察多元世界时代的良心之手段。

本章较后部分,我们将回到作为感同身受的、比较的笑这一主题。这对澄清那种对由宗教和道德驱动的、类似于 2001 年 9.11 恐怖事件的暴力所做的神学人道主义的回应来说,极其重要。在这一关节点上,我们必须致力于另一种形式的比较,明确地说,就是比较宗教伦理学中的某种工作。在某种意义上,我们是在努力揭示宗教信仰为何能变得狂热而又凶残的原因,因而较好地减缓这些冲动。我们也是在努力澄清某些种类的作为感同身受的比较的笑的深刻根源,这便是要像我们的生活那样深刻地思考。尽管承认这一事实,情况仍然是,在多元世界的时代里,我们必须冒险去努力理解他者和我们自己,总是意识到我们自己的偏颇、无知和盲目性。如果运气好的话,比较的工作能够用来治疗人类的弱点。接下来,我们需要根据当前的境遇和多元世界时代的特征来澄清比较的语境。

文明的冲突?

在所有的道德反思中,理解和评估一种境遇是如何得到界定的是很重要的。在本书中,当前的境遇一直被界定为多元世界的时代,而且,在这样做的过程中,我们一直在探讨构成这个时代之特征的一些面向和过程。自从 9.11 以来,当然还有伊拉克战争以来,一直都有很多关于文明的冲突的讨论。① 这一描述意在对我们生活于其中的社会和道德实在有所表示，它不无道理，但这个观念也有很多错误。

　　文明的冲突这一观念意在强调，我们如今在全球化景观中应该预期的冲突形式并不只是政治性的和经济性的，也是深刻的文化性的或者文明的冲突。贯穿于近代西方的大多数冲突都是由政治势力驱动的，其涵盖的范围包括从内战和解放战争到殖民性征服以及动荡的经济革命，这些都是可见于工业革命时期、前苏联、中国和其他地方的。当然，这些种类的冲突还在持续着。在全世界，存在着正在进行中的政治对抗，以及无休无止的全世界穷人的困窘与为争取解放和经济公平而进行的斗争。② 但是，如今在全世界，还有大量由文化和宗教推动的暴力。我们对此耳熟能详。"冲突"的观念使得我们的思想摆脱了一些相当陈旧的分析范式，这些范式是以关于实力政治世界中的独立政治实体的观念为基础的。它也使得我们摆脱了对当今境遇的任何过于经济化的解释——马克思主义的也就是资本主义的解释，它是根据劳动、市场和资本之间的相互作用与冲突来看待这个世界的。换言之，在不否认政治和经济分析中的洞见之情况下，我们必须以新的方法理解全球化的景观。

---

① 文明的冲突这一观念来自亨廷顿（Samuel P. Huntington）在《外交事务》（*Foreign Affairs*）72：3(1993 年夏季号)：22—49 页上发表的"文明的冲突"（"The Clash of Civilization"）一文。也参 Benjamin Barder，《圣战对麦当劳世界》（*Jihad vs. McWorld*, New York：Time Books, 1995）。关于切入这个问题的不同路径，参《上帝与全球化》（*God and Globalization*, 4 vols.），Max L. Stackhouse 等编(Harrisburge, PA：Trinity Press International, 2000—2002）。关于社会理论之内对如何理解当今之境遇的颇有竞争力的解释，参《文化、全球化和世界体系：认同表现的当代条件》（*Culture, Globalization, and the World-System：Contemporary Conditions for the Representation of Identity*），Anthony D. King 编(Minneapolis：University of Minnesota Press, 1997）。
② 在本书别的地方，我已探析过这些冲突形式的一部分。我们不仅考察了有关世界的起源和暴力中的社会秩序的信仰(第一章)，也探讨了全球化语境中的贪婪这一问题(第三章)，还有政治冲突与对复元性正义的需要(第六章)。

对全球范围内的"文明"的存在的这种新的洞见之真正的力量在于,我们是在不同的"理性空间"之内理解人的生存的。正如在本书中所使用的那样,理性的空间意指为行为提供动机和意义的某种(真实的或想象的)语境。文化是以复杂的方式为行为提供动机的理性空间:人们的生活位于不同的社会亚系统(经济、法律、政治等等)之中,这些亚系统是带着目的、价值、规则和规范而运转的;受社会想象驱动的文化传媒浸透了人的欲望和动机行为;出现了广泛传播的价值和信仰,它们形塑着那些置身于一种文化和弥漫周遭的"气质"(ethos)之中的人们的认同。但是,存在着多种理性空间。比如,当神话(该隐与亚伯、巨人)形塑人类的生活时,它们就是理性空间;经济和其他社会系统也是理性的空间。与过去相比,我们现在更好地认识到,"世界"只是一个名称,它指的是不同的、冲突着但又相互作用着的理性空间的聚集。① 多元世界的时代,也就是我们的时代,乃是这样一个时代,在这个时代里,人类获得动力,在自反性地相互作用着的理性的空间中,并通过这些空间而生活、活动并发生关联。诸宗教之所以会激发人的行为,是因为它们是使得生活富有意义的复杂的手段;作为理性的空间,诸宗教必须与人类获得动力而行动、而使得其生活富有意义的其他方式(政治的、经济的等等)相互作用。

---

① 这里,我们必须指出的是,这正是"世界"这个观念在基督教思想中是系统而又复杂的原因之一。"世界"可以意指悖逆上帝的罪的所在,它可以意指基督为之而死者。基督徒甚至会"永远"("world without end")祷告。对"世界"这个观念做类比性的使用,从而谈论这些不同的、环环相扣的实在,这表达了这样一种洞见,即"世界"最好被看作相互作用着而又相互冲突着的理性的空间的聚集。关于这一点,参 William Schweiker,"责任与贪欲的世界:神学、正义与跨国公司"("Responsibility and the World of Mammon: Theology, Justice, and Transnational Corporation"),收入《上帝与全球化》(第一卷)(*God and Globalization vol. 1*),105—139 页。

因此，促使人们以某些方式生活着，乃是那与他们作为人的认同密切相关的信仰与价值的事项，这一点是确实无疑的；这些信仰和价值通过社会想象的传媒而浸透了人们的欲望。而这便生发出各种不同的想象出来的世界，这些世界乃是"多重的世界，它们是由个人和群体的、处于历史之中的想象所构成的，这些想象流传于全世界"。① 但是，这些"世界"本身就是理性的空间，这一点在本书全书中都得到了论证。在目睹恐怖主义者以他们的信仰及其对"西方价值观"的仇恨的名义，驾驶着喷气式客机撞入大厦后，谁还能怀疑这一点呢？但是，即便是那种恐怖行动也表明，人类的所有行为都是由不同的理性所驱动的。或许，许多原因激发着恐怖主义者的行动：有关冲突的文化与历史的信念、技术方面的信念、经济方面的信念等等。当我们转而简略地探析一神论宗教的道德架构时，我们的目的是探明在这些宗教中，何处会发现狂热主义和道德疯狂，其原因又是什么。在这个关头，我们必须承认，文明的冲突这一观念是有其价值的。

然而，这一观念并不非常充分。首先，诚如全球化理论家们所说的那样，有一种"世界的凝缩"，它随之带来了对全球性的相互依赖以及日益增长的冲突的意识。文明的"冲突"这一观念忽略了见于各种形式的相互依赖之中的某些东西，这种相互依赖也就是全球性的自反性，这可不是仅仅事关冲突。回想一下本书第一部分吧，所谓全球性的自反性指的是文化或文明根据得自其他文化或文明的信息而对其自身进行调适的方式；自反性这个词意指那些能够观察它们自身的实体。它植根于人类的

---

① Arjun Appadurai,《全面的现代性：全球化的全球向度》(*Modernity at Large: Global Dimensions of Globalization*, Minneapolis, MN: University of Minnesota Press,1996),33 页。

惊人能力：在行动中意识到自身，并能在那个过程本身中进行调适和学习。① 人权教义就是宗教如何以各种不同的方式适应活跃于全球性的自反性之内的理想与价值的一个很好的例子。想想吧，在"反恐战争"中，各个有关的国家是多么快速地不得不对拒绝承认妇女的人权这一指控做出回应；如上所述，这一点甚至在流传于文化中的大众笑话的层面上有所反映。现在，自反性的动力是依据那些自身内在地就很复杂的文化和传统如何对他者和像人权这样的人类的普遍关切做出回应的方式而存在的。②

当然，自反性可以是暴力的。对得自另一种文化信息做出反应的方法之一是，努力破坏那种文化，原因是担心其自身的认同会由于互动而被改变。但是，自反性也可以被看成文化将其自身界定和理解为理性的空间的正在进行中的、复杂的方式之一部分。为什么将我们的境遇描述为文明的冲突最终并无助益，这就是有关其原因的第二个要点。文明的冲突这一观念假定文化或者"文明"或多或少是块状的实体，是同质性的，而不是内在复杂的和相互竞争的理性的空间。③ 这一观念似乎想说明，这些文化能够而且将要回应来自其他文化的信息之注入的唯一方式就是借助于冲

---

① 关于这一点，参 John Tomlinson，《全球化与文化》(*Globalization and Culture*, Chicago, IL: University of Chicago Press, 1999)。
② 文化的自反性实际上是一种古老的现象。长久以来，宗教和文化就一直相互作用着，并彼此调适着，以至于它们自身的认同就是由这些自反性的互动构成的。如果承认基督教和伊斯兰教的传教、征服和帝国的历史，那么，它们就尤其是这样。人们在所谓欧洲的中世纪也可以看到这一点，当时，犹太教、伊斯兰教和基督教的思想家们和法学家们研读对方的著作，并相互做出回应。这是在稍早由贸易而形成的经济互动中建立起来的。
③ 关于对任何文化的内在复杂性和争议性及其对神学的重要性的解释，参 Kathryn Tanner，《文化理论：神学的新议程》(*Theories of Culture: A New Agenda for Theology*, Minneapolis: Fortress Press, 1997)。

突。这种解释未能看到:我们有多种选择可做,为更和平和更动人的自反性形式而工作是可能的。

当今的世界态势难以描述,而像文明的冲突和全球性的自反性这些观念有助于理解正在发生的一切的努力。如果我们珍视生命,我们就必须在这一语境中工作,以使文化间的这些自反性的互动迈向不具破坏性的形式。宗教是将世界界定为激发性的理性空间的主角,就此而言,为了避免正在发生的系统性的冲突,我们就需要培育宗教间的自反性的互动。我甚至曾经暗示,笑显明了在一种理性的空间之内自反性地生活的不同方式。而且,我们也许会想象出,某些种类的笑支持人们之间的冲突,而不是支持文明间的和平互动。至少,这是将要得到论证的。在通往这一结论的路途中,我们需要致力于某种细心的伦理学反思。在回应我们的境遇时,比较伦理学必须承担一种角色。

一种共同的道德框架

让我们以一个吊诡开始。我们必须谈到不同的宗教,可是,人们必须永远牢记于心的是,对作为用来组织有关这些社会文化和文明实在的谈论的一种方式的宗教这个观念本身是有争议的。此外,这些宗教中的每一种本身都是令人可怕地复杂的,并且是内在地具有争议性的。在某种意义上,谈论(比如说)某种宗教是十分含混的——首先是因为,说现代的宗教观念可以厘清某个共同体的意义,那是根本就不明显的;其次是因为并不存在着某种基本的所谓宗教共同体的东西。说到这里,我们就必须想想这些复杂的文明势力、这些理性的空间之间的互动,因为它们内在地就相互作用着,并且在全球舞台上彼此相互作用着。因此,我小心翼翼地关注的是,厘析出一种见于这些宗教的不同形式之中的广为共享的道德框架。①

在这方面,认识到下面一点是很重要的:基督教、犹太教等传统有很多共同点。它们分享着一些相同的经文谱系;诚如穆斯林率先提出的那样,它们都是圣经宗教(Religions of the Books)。②作为宗教,它们都是一神论的:有一个上帝,没有诸神的万神殿。当然,正是在这些要点上,这些宗教之间存在着重大的差异。犹太教徒为基督徒有关三位一体和基督的谈论而担心,基督教的三位一体的信仰听起来颇为古怪,就像一个诸神的万神殿,或者,在某些有关上帝道成肉身的激进主张中,就像是拒绝承认任何神。基督徒也经常猜想有些人只是出于恐惧和对永恒的奖赏的期望才顺从真主的,正如他们经常认为犹太人注重上帝的要求过于注重上帝的仁慈一样。此外,圣经宗教不是同一种经书的宗教,它们拥有不同的正经。而且,这些不同的正经产生了不同种类的解释策略和实践,包括对语言的注解,以及每种传统的独特表现方式所特有的诠释方法。毕竟,基督徒谈论"神学",犹太教徒致力于各种不同

---

① 当然,有关"宗教"和宗教比较的争论正在进行着,而且永远不会终结。关于一些迥然不同的进路,参 Ninian Smart,《世界观:人类信仰中的跨文化探究》(*Worldview: Cross-Cultural Exploration in Human Belief*, New York: Scribner's Sons, 1983);Jonathan Z. Smith,《想象宗教:从巴比伦到琼斯敦》(*Imagining Religion: From Babylon to Jonestown*, Chicago, IL: University of Chicago Press, 1982);《宗教学关键词》(*Critical Terms for Religious Studies*),Mark C. Taylor 编(Chicago, IL: University of Chicago Press, 1998);Donald Wiebe,《超越合法性:宗教知识问题论集》(*Beyond Legitimation: Essays on the Problem of Religious Knowledge*, New York: St. Martin's Press, 1994);Wilfred Cantwell Smith,《意义与宗教的终结》(The Meaning and End of Religion, New York: Macmillan, 1962);以及 Theo Sundermeier,《什么是宗教? 神学语境中的宗教学。一部研究性著作》(*Was ist Religion? Religionswissenschaft in theologischen Kontext. Ein Studienbuch*, Gütersloh: Chr. Kaiser/ Gütersloh Verlaghaus, 1999)。
② 在《可兰经》第五章(图)中,人们可以看到这一名称以及有关宗教间的关系的主张。参《可兰经注解》(*The Koran Interpreted*),Arthur J. Arberry 译(New York: Macmillan, 1955)。

类型的犹太法学博士式的解释。最后,这些传统间有着令人沮丧的冲突史,那是仇恨、鲜血和冲突着的文明的历史。虽然承认这些差异,当我们总揽这些传统、而不是使它们彼此对立时,仍然会有一些共同点会熠熠生辉。① 那是我们需要探讨的一种共同的道德框架;对生活来说,这一框架乃是深层、深刻但也是含混不清的理性的空间。

首先,这些传统是理论家们所说的道德实在论的诸种形式。犹太教徒和基督徒并不相信,善恶是非的标准完全是并且仅仅是人类的发明。不管现代西方的知识分子——从休谟到尼采,从弗洛伊德到福柯——坚执什么,也不管文化相对论者主张什么,这些传统都认为,道德标准植根于事物的本性,尤其植根于神的旨意。当然,人们中间、甚至是在这些宗教之内,出现了一种从素朴的实在论——在这种实在论中,特殊的启示或者心中的观念以某种方式与"实在"保持着一致——到本书中称之为诠释学的实在论的转向。在诠释学的实在论中,人们必须解释复杂而又无节制的想象形式,以便理解我们生活于其中的世界,甚至理解神的实在与旨意。但是,解释行为的意图是想发现一些基本的真理。这便意味着,对基督徒和犹太教徒来说,我们生活的要旨——如果我们想做善良的人的话——是遵照那种道德秩序去生活,而且,在这样做的过程中,我们的生活将会得到满足。这就是为什么犹太教徒努力效仿上帝之道、基督徒全神贯注于做基督的追随者的原因之所在。通过遵从上帝的旨意,人类的生活便是正确而又丰富的。在我们当今的境遇中,这是一种激进的主张。对这些传统的成员来说,比

---

① 关于对比较道德反思的解释,参 William Schweiker,《责任与基督教伦理学》(*Responsibility and Christian Ethics*, Cambridge: Cambridge University Press, 1995) 和 William Schweiker,《权力、价值与信念:后现代时代的神学伦理学》(*Power, Value and Conviction: Theological Ethics in the Postmodern Age*, Cleveland, OH: Pilgrim Press, 1998)。

如说正义就不是政治的权宜之计或者文化偏好这样的问题,它事关遵照那最真实最正确者而生活。这种关于实在论和由它激发的道德情感的观点被当代西方的政策制定者、社会批评家和文化评论员所误解。

这些传统的道德实在论将我们带到第二个观点。人们如何知晓真主的旨意或者上帝的目的?关于道德知识的来源与特征的问题,或者道德认识论中的争辩,都是非常复杂的。在这些传统之内、并且在这些传统之间,存在着一些差异,也有某些共同点。共同点是,每种传统基本上都坚持,有两种相互作用着的道德知识来源:(1)上帝的旨意的明确启示,和(2)人类理性在道德问题中训练有素的运用。每种传统都有某种有关自然的道德知识的概念,比如说,在有关敬慎(*Taqwa*)①、与诺亚的立约或者作为刻在心里的律法的良心(罗 2)这些观念中,就是如此。就什么是上帝的决定性的启示而言,这些传统又彼此有差异。尽管犹太教徒承认与基督徒之间的血亲关系,但那是律法——成文的、口头的和永恒的律法——对认识上帝的旨意来说,那才是决定性的。尽管基督徒承认与另外两种一神教之间的血亲关系,但对认识唯一上帝的旨意来说,具有决定性的启示是作为基督的耶稣。

正是在关于道德知识的这一要点上,我们也揭示了这些传统之内的差异,这可以使我们探明一些对伦理学来说至关重要的问题。据我的理解,在每一种传统之内,对于人类理性能在多大程度上有效地把握道德真理并处理一些道德问题,都存在着漫长而又艰难的纷争。在每一种传统之内,都有这样一些人,他们坚持认为,人类的理性是如此遭到曲解,或者如此脆弱、或者如此无能,以至于我们对应该如何正确地生活不能做出有效的道德判断。在基

---

① 关于 *Taqwa* 一词的翻译,参 http://ch.fgulen.com/content/view/15/3/。——译注

督教里,人们在从古代教会的德尔图良(Tertullian)——他的名言是"我相信是因为它荒谬"——到一些中世纪的唯名论者,到那些坚持认为在服从上帝的启示之外运用理性就是罪的思想家那里,可以见到这一观点。在穆斯林中间,也存在着传统主义者和穆塔齐拉派(Mu'tazila)之间的冲突,后者认为,如果真主要审判行为和奖赏义人,那么,人类就必须是自由的,而不是被决定的。与此信念一致,他们还断定,既然伦理规范具有客观的意义,这些规范就能够被理性所把握——而理性是独立于启示的。这个学派逐渐消失了,并且被认定是不可接受的,因而让路于传统主义者,后者聚焦于启示,以启示为关于善恶之定义的终极来源。在犹太教里,也可以见到类似的发展。

从这些有关人心之匮乏的主张中,流溢出敬虔派、神秘主义和威权主义的思潮。苏菲派神秘主义者安萨里(al-Ghazzali)在他的《幸福炼金术》(Alchemy of Happiness)一书中描绘了人类思想的局限性以及苏菲派生活的重要性。由于注意到了心灵的黑暗之夜,基督教的神秘主义者们通过否定我们就上帝之所能言和所能思者,绘制了一种与上帝的关系。在犹太教里,卡巴拉派(Kabbalistic)的大师们全神贯注于律法以及思想在信仰中的局限性。①当然,"神秘主义"思潮是极其复杂的,而且,这些传统中的每一种都有很多"神秘的"思想形式和实践。关键的一点只是,一些基督徒和犹太教徒对宗教生活坚执一种神秘的愿景。

对人心的局限性乃至腐败的承认,可以采取异于神秘的形式。威权主义的思想倾向坚持认为,人们必须彻底地将所有的思想都交付给那些能够权威性地解释上帝的旨意这种决定性的启

---

① 关于对这些大师们的精妙描述,参 Bernard McGinn 的权威之作《上帝的临在:西方基督教神秘主义史》(The Presence of God: A History of Western Christian Mysticism),五卷本(New York: Crossroad, 1988)。

示的人。① 诚如我们在第五章中所看到的那样,那些置身于宗教社群之外的人,因缺乏这种启示和威权性的教义,便被留置于黑暗之中,缺乏道德智慧。他们是不信教者或者罪人,或者栖息于死亡之途。在一些极端正统的犹太教分支中,似乎是这样的,某些拉比或者拉比会议必须就道德决断的合法性做出决定。正统的罗马天主教要求要求服从教会的教义,罗马天主教内的极端保守分子甚至抵制教会权威与教皇一起在梵蒂冈第二次大公会议上颁布的旨在使基督教信仰能被世界理解的变革。这是因为,"世界"是堕落的,缺乏关于上帝的旨意与上帝之道的知识。基要派的新教徒们攻击人们自由的质疑,并要求完全服从于对圣经的字面解读。这些种类的"宗教"极易成为全世界范围内和这些传统之内的狂热运动之中坚。它们依靠的是有关自然理性无能并且充满罪恶的主张。

在这些传统的每一种中,在神秘主义和威权主义之外,还有别的选择,认识到这一点是至关重要的。这些其他的立场坚持认为,尽管人类的理性易犯错的,并且经常被扭曲,但是,我们能够、必须而且可以思考如何尽量过好日子,我们必须解释我们的圣典和传统,我们必须承担起责任的重担。那些在共同体之外的人可能拥有即便是虔信者也需要的道德洞见(想想古代世界里的柏拉图、苏格拉底和亚里士多德吧)。这就是为什么有穆斯林的哲学家,也有犹太教和基督教的哲学家的原因之所在:基督徒有诸如亚历山大的克莱蒙特、奥古斯丁、阿奎那、伊拉斯谟、施莱尔马赫、蒂利希等

---

① 非常有趣的是,有一些当代道德哲学家就服从权威以获得进行有效的道德推论的能力而阐述了这一论点。关于这一点,参 Alasdair MacIntyre,《道德研究的三种相互颉颃的形式:百科全书、系谱学和传统》(*Three Rival Versions of Moral Enquiry: Encyclopedia, Genealogy, and Tradition*, Notre Dame, IN: University of Notre Dame Press, 1990)。我在本章中所做的表述受益于阿齐扎·阿尔-黑卜里(Azizah al-Hibri)和夏皮罗(Louis A. Shapiro)在回应前面提到的我在《目睹》(*Sightings*)上的文章时所作的评论。

等；犹太教徒有诸如迈蒙尼德(Maimonides)、布伯、列维那斯等等；穆斯林则有从阿维诺伊(Averroës)到阿维森纳(Avicenna)到像拉赫曼(Fazlur Rahman)这样的现代主义者等等。① 每种传统中的这种"非威权主义"的组成部分都提出了进一步的主张——有时是明确地,有时是含蓄地——即当人们解释传统时,人们必须朝着这样的方向进行解释:它是最人道的、最有益于那种尊重和增进生命的整全性的行动与关联方式。② 因此,列维那斯坚持认为,上帝的迹象见于对他者负责任的相遇之中;而来自所谓第三世界的思想家们则为穷人和被边缘化的人说话。每种传统中的这种组成部分都是有分寸的,它寻求的是合乎逻辑的信仰,而不是对信仰的威权主义式的强迫接受。

到现在为止,已经得到了论证的是,一神论的传统(1)赞同某种形式的道德实在论,并且(2)与一些关于道德知识的复杂理论合作共事。从这种有关道德知识之来源(理性与启示)信仰中,流溢出极端威权主义的可能性,也流溢出对道德良心及其对善与正义的探寻给予气度恢宏的解释的可能性。对那些置身于信仰共同体之外的人的生活如何被看待以及他们如何被对待的方式来说,道德知识如何得到界定具有深远的意义。

要指出的第三点也是最后一点事关道德的结构与领域。许多现代西方人都认为,道德主要事关"要做"与"不要做",尤其事关性(sex)。许多现代伦理学将道德责任的舞台仅仅削减为对正义的公共要求;而犹太教徒和基督徒则拥有更为复杂的图景的资源。在这些宗教中,道德有着不同的向度。一个向度事关人类生活若

---

① 关于一种概观,参 Ninian Smart,《世界哲学》(*World Philosophies*, New York: Routledge,1999)。

② 圣奥古斯丁就是一个好的例子。在其《论基督教教义》(*De Doctrina Christina*)一书——西方中世纪大学的实际纲领——中,他辩称,当他感到疑惑时,圣经总是弥漫着爱(*caritas*)。

想持久和兴盛所必不可少的一系列美德：像性功能、家庭、经济生产和社会与政治生活这样的美德、还有比如说音乐和艺术之类的文化美德。这些对人类的生存和兴盛必不可少的"价值"乃是植根于上帝的旨意的。① 而这就是为什么每种传统都关切穷人、被遗弃者和赤贫者的原因之所在；它也是为什么这些传统对教育和社会政策拥有深刻的承诺的原因之所在；它还是为什么——用每一传统中的某些表达方式（比如说基督教中的加尔文主义，犹太教中也有类似的表达方式）来说——需要建立一种弥漫着道德愿景的政治秩序的原因之所在。只有以这种方式，人类生活中的真正美德和现实中的道德秩序才能和谐共存。关键是，这些宗教要素要与一种多向度的价值理论合作共事。在本书中，我们借助于创造和生命的整全性这一话语，只是阐发了那种价值理论。

还有道德的第二个领域，它事关义务，而义务涉及我们如何在价值的领域之内生活：这些义务包括讲真话、忠诚、尊重财产、禁止谋杀等等。这些义务与美德的领域密切相关，但又与它们有所不同。例如，每人都需要某种经济福利的举措以求生存；经济行为事关某些基本的美德。但是，一个人在其经济生活中应该恪守的责任或义务则是另一回事！义务的宗旨是保护和促进美德的某个领域，但义务的意义和有效性则不可化约为这些美德。职是之故，作

---

① 目前，在神学家和哲学家中，对前道德（premoral）之美德的范围和种类及其在一种综合性的道德理论中的地位，有相当可观的讨论。关于对围绕着美德与规范的一些问题颇有裨益的讨论，参 Martha C. Nussbaum，《妇女与人类的发展：能力分析法》(*Woman and Human Development：The Capabilities Approach*, Cambridge：Cambridge University Press, 2000)；Don Browning，《一种基本的实践神学：描述性的和策略性的建议》(*A Fundamental Practical Theology：Descriptive and Strategic Proposals*, Minneapolis, MN：Fortress Press, 1996)；Jhon Finnis，《伦理学基本原理》(*Fundamentals of Ethics*, Washington, DC：Georgetown University Press, 1983)；Robin W. Lovin，《基督教伦理学：基础指南》(*Christian Ethics：An Essential Guide*, Nashville, TN：Abingdon Press, 2000)，以及 William Schweiker，《责任与基督教伦理学》(*Responsibility and Christian Ethics*)。

为不同类型的道德实在论,这些传统的每一种都认为,责任和义务并不只是社会习俗的问题,它们植根于神圣的旨意。以这些义务为生即是尊重和增进那些对人类的生命和非人类的生命之持续与兴盛都很重要的基本美德的领域。依照该书的论点,我们遵循双重之爱和金律,具体阐述了责任的律令,这样做只是为了说明这一要点。人们被呼吁去尊重和增进的是上帝面前的生命的整全性,而这需要邻舍之爱和道德互惠。

除了这幅有关道德价值之范围和道德义务之重要性的图景之外,犹太教、基督教和伊斯兰教还为道德增加了第三种向度。通过活出一个人的道德义务,通过遵循上帝的旨意,还有一种不能仅仅依照美德的领域和义务的套路而得到界定的独特的美德,它是一种人类的卓越。人成为一个义人,一个具有我们称作道德正直的人。每种传统都拥有悠久的圣徒、义人和烈士的历史,这些人乃是我们如何能够、可以而且必须过一种虔诚的生活的楷模。非常奇怪的是,这种人类的卓越、这种人类之善的完全实现,并不是人们能够直接寻求的某种东西。例如,人们不能决定做一个圣徒!相反,圣徒是这样一种人,他不是将整个生命奉献给其自身的自我实现,而是奉献给服务于善的事业。

每种传统都有关于道德的领域(善、义务和人类之卓越)的图景,如果我们对这种图景的复杂性有所把握,那么,我们就会注意到这样一种张力,它将深刻的道德含混性导入这些传统中的每一种之中。它开启了道德疯狂的可能性。如果人们相信,人类的理性不能把握生活的道德秩序,不能在一定程度上分辨善恶,那么,生活的目的就完全是遵循由掌权者给予解释的、得到了上帝支持的义务了。人们不能质疑那些发布命令者,因为任何质疑都会背叛堕落了的人类理性。人们必须心甘情愿地牺牲那些对普通人是十分明显的基本的人类美德,而这恰恰是因为人们必须完全服从那些当道者的命令,为的是做"虔信者"。更有甚者,毫无质疑的服从被相信是通向道德卓越、通向一种圣徒式的生活的道路,哪怕以烈士的行为为之亦在所不惜。

正是这一点使得狂热分子的思想几乎不能为他者所理解。狂热分子不能承认,他者对以下美德也有可靠的把握,即道德义务,哪怕是上帝命令的义务,都应该旨在尊重和增进(生命的整全性)。① 设若如此,那么,狂热分子是在心甘情愿地牺牲出于对至高无上的道德要求的服从而来的整个自然的、基本的人类美德——甚至到了滥杀无辜平民的地步。头等大事是服从一种至高无上的义务,哪怕毁灭那些显而易见的自然美德也在所不惜,而其所抱之希望则是将这些美德用作对服从的回报。这种逻辑可见于这个星球上的每一种宗教;而可悲的是,道德疯狂处处可见。

相反,如果人们——作为虔诚的基督徒或穆斯林或犹太教徒——相信,所有人都确实拥有理解道德生活之终身性和使命的某种能力,那么,服从于由神启示的道德规范就意味着服务于人类的兴盛与生命的整全性。如果人们主张一种宽泛的人类理性观念,那么,生活的目的便是尊重和增进人类美德的领域。那也就是遵循上帝的旨意去生活。不论我们是否会这样称呼它,它都将是一种神学人道主义的生活。人们将承认生活的愚拙,但将坚持认为,人类生存的目的就是按照我们最好的洞见与传统中最深刻的智慧去生活,以求生活之繁荣兴盛。而且,神学人道主义将坚执良心之自由,以之为每个人的神圣权利,并坚执这样的要求,即仅仅凭权威不可决定什么是善,什么是真。

一个社群和一个个体的人如何理解道德理性的资源和有效性,以及他们如何解释价值的多重向度,对于过一种虔信的生活意味着什么具有深远的影响。这解释了为什么受道德驱动的狂热主义以及人们的观点可见于每一种道德传统及其道德实在论之中,

---

① 此括弧中的文字系译者据本书文意所加。——译注

我们看到了宗教的深刻的含混性。这也揭示了为什么说在不同的文明之间进行反思性的互动是迫切之需要的原因。

笑与良心

我们一直努力在伟大的一神论传统中厘析出一种共同的道德信念的框架,以及每种传统——至少在原则上——赖以变得狂热并孕育出道德疯狂的一些关节点。我们已经厘析出这样一些关节点,在这些点上,一个社群的自反性互动及其周遭的社会语境能够蜕化为文明的冲突——暴力冲突。这种易导致扭曲和暴力的弱点,良心的沦丧也会在形形色色的笑中得到展现;不同的笑乃是那构成世界的理性的空间被感知和经验到的不同方式。我们应该想象到,道德疯狂之特征就是它自身的那种笑,正如一种对生命仁爱的观点会以其自身独特的方式而获得表达一样。

对于基督教的人道主义者来说,笑植根于福音的愚拙,因为福音本身要比世人智慧(参林前 1:18—30)。正如伊拉斯谟在其经典之作《愚人颂》中所说的那样:

> 所有人都是愚人,甚至虔诚者,都是愚人。基督尽管是上帝智慧的体现,也让自己显得有点像个愚人。目的是要对人的愚蠢助以一臂之力,所以他呈现出人的本性,看上去具有人的形式;正如他让自己成为罪人,才得以为众人赎罪一样。①

仁爱之笑并不嘲笑人的弱点。它是一种理解人类生存之共同

---

① Erasmus,《愚人颂》(*In Praise of Folly*),Betty Radice 译,A. H. T. Levi 撰写导言(London: Penguin Books, 1971),199 页。[这段译文录自许崇信译《愚人颂》,沈阳:辽宁人民出版社,2001 年,100 页。——译注]

命运的自反性,正如它可以用来促进生活一样。但是,形形色色的笑进一步证实了这样一些差异,这些差异见于我们对威权主义式的和狂热的生活与那些寻求仁爱之善的生活之间所做的比较反思。

狂热分子并非因为他们的敏锐的幽默感而为人所知,在他们中间出现的笑乃是嘲笑他者的一种形式。格洛夫(Jonathan Glover)已经注意到纳粹党卫军和别的一些地方的拷打者对他们的受害者发泄的嘲弄之笑,那种笑意在使他者非人化,剥夺他们的尊严。

> 这种冷酷的笑嘲弄受害者,那是一种额外的冷酷无情,也是对权力的炫耀:我们能够让你们在地狱走一遭,而这仅仅是为了我们那惬意的娱乐。它额外强调了"我们"和"他们"之间的差异:我们这些审讯者是这样一群人,即可以以你们这些受害者为代价来取乐。它也是对冷酷无情的展示:我们不为同情感所烦扰,以至于可以对你们的痛苦发笑。①

诚如史克瑞琪在其对基督教传统中的笑的研究中注意到的那样,"笑是那些不关心他人、冷酷或邪恶的家伙应对苦难的景象的方式之一"。② 例如,我们应该回想一下耶稣死亡时,那些嘲弄他的人,或者那些戏弄他是王的兵丁。

嘲弄和冷酷的笑完全是非反思性的,它意在使一个人自身的自我理解脱离任何对他者的生命的牵连。诚如格洛夫正确地指出的那样,这种笑试图在他们和我们之间勾画出一道严格的界线,其

---

① Jonathan Glover,《人性:20世纪道德史》(*Humanity: A Moral History of the Twentieth Century*, New Haven, CT: Yale University Press, 2000),37页。
② 前引 M. A. Screech,《十字架脚下的笑》(*Laughter at the Foot of the Cross*),17页。

方式是,"他们"决不是"我们",因此,我们就可以任意地不受惩罚地、以毒气室和恐怖主义袭击以及"附带破坏"最小的无情的狂轰滥炸来对待"他们"。这种笑从那些欢乐狂舞的人们中咆哮而出,那时,他们得知来自所有种族和信仰的无辜者在世界贸易中心中化为灰烬。难道这是处在生命之路上的人笑对处在死亡之路上的人吗?① 诚如拉伯雷所相信的那样,笑也许是"人的特性",但是,那只能是一种旨在表明我们是一种残忍和暴烈的受造物的方式。笑是一种比较,可以在旨在使他者非人化的嘲笑和戏弄中感受到。这种笑是对沦丧的良心、亦即人类之罪的现实的证明。这样,无情的笑也是对救赎、对新的创造和对从那扰乱人心的扭曲与仇恨中解脱出来的悲呼。

可能有另一种笑,这种笑见于传统之中,正如在撒莱的形象中一样,当她得知她将老年得子时,她笑了。这种笑勾画出了一种包容性的道德界线,将每个人和处于我们生活周遭的愚人都包容在这种界线之内。它是公正的良心之延伸。这种笑并非没有其嘲笑,但是,它所嘲笑的乃是生活中的愚蠢和恐惧,用的是我们的更高的本性的名义,此种本性亦即对人类的尊严的坚执。我们可以称之为"善意的"笑。这是一种笑对我们自身、并出于对他者和我们人类共同的困境的真正的同情而嘲笑暴力和愚蠢的能力。马克·吐温曾经说过:"做一个善良的人是一件高贵的事。但是,将他人导向善良是一件更为高贵的事,而且更加容易。"我们笑对马克·吐温的评论,因为我们感受到了伪善的民主。较之于独善其身而言,我更善于教训别人如何去生活。我们所有的人都是如此。我们必须谴责伪善,但也必须使我们的人性高贵。善意的笑是对愚人的同情,旨在使我们更仁爱。它也可以是在处于压迫和暴力的之中而保持人的尊严的同时,抵抗非人化的势力的一种行

---

① 关于这一点,人们应该读读奥古斯丁的《上帝之城》的第 20 和 22 卷。

动。这样，善意的笑就是良心转化亦即我们的道德存在的一部分。

在那些被狂热的行为理性所驱动的人们的生活中，善意的笑是付之阙如的。人们也会猜想，这种笑对这个时代的美国人和其他人来说，尤其是就战争与恐怖主义者而言，是特别困难的。在战争的高潮，当道德的砝码似乎在我们这边时，对我们自己的那种膨胀夸张的全国性的自豪的富有同情心而又诚实的注视，将难以为之。再考虑一下 2001 年 9 月 11 日之后那个流行的笑话吧：这个笑话是关于美国人应该如何抓住本·拉登的，给他做个变性手术，然后放掉他，让他在塔利班的统治下生活。这个笑话好笑，而且尖锐；但是，它会轻易地滑向困境。我们的笑能使我们不会轻易地也卷入到拒绝承认妇女的自由与自主之中。这个笑话嘲笑了本·拉登和塔利班，但是，如果我们稍不小心，我们就会忘记美国和其他"自由"国家里的妇女尤其是有色人种中的妇女所处的困境。

笑对自身是很难的；当我们面对着暴力和愚蠢时，想以正义的嘲笑来笑对人们的过错，并仍然想抑制那极易在我们中产生的仇恨，也是很难的。但是，如果我们努力增加与其他民族的互动，并怀着人道的目的而接近我们的传统，那么，善意的笑就是必需的。善意的笑即是不顾人类的愚蠢，通过坚执良心之最大影响，从而保护价值和基本之善的领域。善意的笑将狂热主义连根拔起，因为它保护理性，并且坚执共同的人性；善意的笑是一种方式，可以培育那种提升而不是破坏不同的文化资源的全球性的自反性。它使我们能见到那使我们命运与共的共同性，这种共同性即是人类的冒险经历中愚笨与洞见、悲哀与欢乐、愚蠢与令人敬畏的创造。善意的笑即是我们如何能在我们的传统中生活，并抵御它们的狂热之可能性。

现在，让我们说个清楚明白。判断必须做。根据战争伦理学，任何国家都有理由使用武力，以便制止那些不加分别地乱杀无辜的非战斗人员的人。尽管神学伦理学对使用武力深有成见，但是，正如第六章中所论证的那样，至少在原则上有以复元性正义为目的的正义的战争这样的可能性。现在，关键与使用致命武器的可能性无关，而是人们的理由的正当性和冲突行为的正当性被削减了，并且可能丧失殆尽，如果人们丧失了笑对人类共同的愚蠢的能力的话。一旦人们抵御邪恶，却使其人类的代理者妖魔化，那么，人们的理由的正当性就会丧失殆尽。

那么，对一个充满着暴力和仇恨的世界，神学伦理学的回应是什么呢？在所有的行为和关系中，我们都应该尊重和增进上帝面前的生命的整全性。这一责任的律令并非只是为了那些生活在我们的国家、或者分享着我们的"宗教"、或者倡导我们的价值观的人们。人们是在对所有的生命做出回应，并且是以所有的生命进行回应。在遭受严重的苦难和损失的情况下，人们的倾向是收缩道德界线，以一种恐惧和自卫的态度在"我们"和"他们"之间划清界线。神学人道主义者必须与那种收缩反其道而行之，并且总是将他者包容在道德关切的范围之内。事实上，人们这样做都要借助于小心翼翼的反思，而这种反思是建立在有关愚人以及人类思想的资源的一些信念的基础之上的。我已经指出，人们也可以以善意的笑来这样做，这样的笑乃是良心的功能之一。这并不意味着恐怖不该遭到抵抗，无辜者不该受到保护。完全相反！它恰好意味着，负责任的生存要求我们的行动、哪怕是反抗和保护性的行动，都要以尊重和增进所有相关的生命为目的，而不是以贬抑或者毁灭这些生命为目的。在一个在痛苦中哭泣并且以仇恨和暴力为特征的世界里，这只是道德生活的任务。善意的笑是一种在全球性的自反性之中生活的方式，这种自反性会抵御那些将我们驱向文明的冲突的力量。人们只能日日希望并劳作着，致力于让政治机器迈向更为人道的目标。

合乎人性地虔诚

令人欣慰的是,在各种宗教传统之内,一直都有人为一种人道的生活而劳作着,并且试图矫正人道灾难。他们一直试图像我们活着那样去深沉地思考,以便我们的生活更少暴力,更富有创造性。这些人一直将生命的赌注押在脆弱的道德理性资源、善意的笑及其传统中的洞见之上。我们称他们为伊斯兰教的人道主义者、犹太教的人道主义者和基督教的人道主义者。人们可能会称之为别的什么;但是,不论他们被称作什么,我们时代里严肃的宗教之士的责任是应该加入到他们的行列之中。我们必须努力使我们传统中的含混性——这是一种活在我们心中和思想中的含混性——成为生活的资源,而不是成为狂热的破坏性力量的资源。我们必须扩展道德关切的界线,以便在多元世界的时代里负责任地生活。

第九章 论道德疯狂

信念的狂怒

这样一个场景烙刻在集体记忆之中：一名男子冲入一座办公楼，朝尖叫着的工人们射出一串子弹。周围都是鲜血和尸体的他，将枪转向了他自己。这一残酷的暴力的牺牲者的家人和朋友们所忍受的混乱、悔恨、愤怒和痛苦，终其一生都挥之不去。人们寻求着解释：他还是孩子时就受到虐待；他是一个心怀不满的工人；他是妄想狂。同样吹毛求疵的解释追随着帮派暴力和种族——宗教冲突的踪迹。当一架装满了母亲、孩子、上班族和年轻男子的商业飞机撞入世界贸易中心，随后在一团火球中灰飞烟灭时，举国都在恐惧和怀疑中注视着。几分钟之后，又发生了另一次爆炸。在世界的其他地方，在正在进行着的冲突中，有孩子被绑在卡车的前排。在所有宗教中，原教旨主义的狂热分子杀害了那些被看作邪恶、无可救药的人。暴力的事例充斥在每一种传统和每一种文化之中。

在我们的时代，种族群体、个体乃至整个社会都会被他们的信念之逻辑导向残忍和破坏性的行动。道德信条非常容易激发出对生命的侵害。令人悲哀的是,对这些暴力行为和运动的惯常的解释看起来从来都是不充分的。因此,我们就深思一些基本的问题。上司的冷落如何会导致一个男子全副武装、带着对鲜血的渴望,进入一座办公楼,以求为他那受到玷污的自尊心复仇呢?关于爱的宗教信念如何不能阻止强奸和暗杀?那种对活生生的上帝的服从如何会导致针对无辜民众的粗野的暴力行为呢?我们能搞清那些转向破坏的、有关善的深刻的信念的意思吗?

为了理解和改变当代生活,人们被迫考虑道德信仰和人们互相发泄并对其自身的社会发泄出来的破坏性力量之间的关系。人们必须考察良心。正如本书全书所表明的那样,对那些抱持着人道的观点的人来说,与他们自己的传统中的暴力潜力进行斗争是必不可少的。得失攸关的是人类的尊严、对生命的尊重和道德信念中的真理这些事项。通过从笑转向道德疯狂,本章建立在上一章的工作基础之上;它将努力在感同身受的经验的层面上,揭示这样的关节点,在这个关节点上,有关什么是善的和神圣的信念转而变得令人憎恶。本章的论点将是,某些道德信念与人类那种想排放其心理和生理能量的深刻而又永恒的需要之间的想象性的关系,会导致可见于全球的那种形式独特的残忍。我们可以将这种现象称作道德疯狂。在对善良的良心的凯旋中,正是道德想象出了差错。让我们通过凝视有时在是在道德和暴力之间勾画出的联系,开始澄清这一观念吧。

残暴行径的道德逻辑

在获得道义支持的残暴行径这一问题上,诸多文化之间有其相似性。这表明,对那些被写入了文化生活之织体的道德多样性以及人们的能量,是有一些限制的。如果情况是这样,那么,得到了道德信仰支持的破坏性的和去人化的力量就应该在其深度与广度上都得到考察,而不会因对道德多样性和相对主义的诉求而轻易受到挫折。许多文化理论家就道德的相对性所发出的呼声,使我们对隐含在人类暴力中的道德机制视而不见。① 它导致这样一种境况,在这种境况里,当代西方社会似乎不能就恶的问题令人信服地进行言说。人们最多听到这样的说法:这样的暴力是愚蠢的。但是,说这样的残暴行径是愚蠢的,因而是无意义的这样的主张,是既不正确、也不令人满意的。这正是那些关于社会暴力、帮派狂怒和种族——宗教冲突的惯常的解释看起来如此空洞无力的原因之所在。如果我们想直面那些受到了深刻的道德动力刺激的暴力的力量,那么,我们就需要一些手段来思考和谈论真正的恶及其逻辑与意义。

坚执文化生活与暴力的道德深度,并不是要做出这样一个错误的、虚无主义的论断:道德本身就是问题。我们不能通过以某种方式生活在道德之外,想象人类生活是或者能够永远超越善恶是非的区分而进行,从而消除各种形式的暴力。② 想要作为人而生活,就应该栖息于一种生活的道德空间之中,栖息于一种理性的空间之中,这种空间会赋予生存以意义和目的。想要作为人而生活就该致力于文化创造这样的任务,并因此而处理那些我们借以确定我们的生活之方向的价值。社会生存所特有的残暴行径与人们生活中的意义与价值这些问题密切相关;在一个险象环生的世界里,谈到有关善恶、是非和正义与非正义的信念,弄清我们应该信仰什么和我们应该如何生活,对未来的生活是大有裨益的。实证

---

① 关于对这一问题的讨论,参 Charles T. Mathewes,《恶与奥古斯丁传统》(*Evil and Augustinian Tradition*, Cambridge: Cambridge University Press, 2001)。
② 要想超越善恶而生活,人们应该考虑一下像大巢(Dachau)集中营这样的地方以及纳粹党卫军的意识形态。关于对伦理学中的这种选择的拒斥,参 Ekkehard Martens,《善恶之间:应用哲学的基本问题》(*Zwischen Gut und Böse: Elementare Fragen angewandter Philosophie*, Stuttgart: Philipp Reclam, 1997)。

主义的社会科学家、文化相对论者和某些哲学家对文化的道德维度的全盘拒斥仅仅支持和推助了具有破坏性的冲动。

对某种"超越善恶"的生活观来说,虽然并不拒斥道德,但是,道德观念本身就是根本问题这一观念却有一种精妙和更具说服力的形式。这是由一些理论家们提出的一种主张:一些高级理想、有关道德至善的信仰乃是人类残暴行径的刺激因素。[1] 我们可以称之为社会冲突中的"反至善主义理论"。这些思想家们主张,高级理想要求所有人接受这些理念,而且,由于无法做到这一点而确保武力的使用具有正当的理由,而使用武力的目的则是强求道德上的顺从。因此,认为有一种普世道德或者一种最终的人类之善这一观念本身就是危险的。对这些理论家们来说,为了反对在道义上得到了支持的残暴行径,有两件事是必需的。首先,我们需要最低限度的公共道德,以指导人们的互动,它主要建立在同情和对残暴行径的深恶痛绝的基础之上。其次,与那种最低限度的公共道德密切相关的是一种道德态度,一种坚守人们自己最珍爱的信仰的方式。正如罗蒂所指出的那样,我们必须变成自由派的讽刺家。我们必须坚守自己的信仰,但必须总是以一种讽刺的方式坚守之,愿意修改这些信仰,为的是保持最低限度的公共标准,而这些标准对避免社会冲突来说是必不可少的。尽管我们能够采取个人自我形成的所有方式,但是,在多元社会里,却不能并且不应该将这些有关人类之善的信仰强加于他人。有关人类之善、我们应该努力成为什么样的人以及道德的终极支持的信仰,不应该完全控制我们的注意力。由于每一场战争都是以理想的名义发动的,当今的任务是降低这些理想及其施加于我们的主张的重要性。对价值的

---

[1] 参 Richard Rorty,《偶然性、反讽与团结》(*Contingency, Irony and Solidarity*, Cambridge: Cambridge University Press, 1989)和 Judith N. Shklar,《平凡的恶》(*Ordinary Vices*, Cambridge, MA: Harvard University Press, 1984)。

讽刺性的超然物外是这种对得到了道德信念支持的社会冲突的回应之核心。

当代的这种论调似乎颇具吸引力,尽管它以道德为我们的问题之根本。我们将周遭的一切都视为由高级理想激发的社会冲突的事例;反至善主义理论的困难是显而易见的。那种认为人的行为可以通过改变我们思考道德理想的方式而得到改变的假设,未能把握这样一个简单的事实:人类行为也发现其根源深植于生活、激情、情感和人类的生命力之中。只有那种能够处理人类行为的认知向度和情感向度的解释,才足以抵御在现代社会中急剧增加的各种形式的暴力。讽刺性的超然物外这一呼请与那些司空见惯的对暴力的解释一样空洞无力。这些论调宣告我们应该对危及人类的尊严以及在当代文化之内发怒的无辜的生命的真实的威胁保持沉默。

有些批评家将晚期现代西方文化视为道德信仰的愉快的不协和音,而有些保守主义者则担心我们陷入了道德沦丧的死亡之钳,与此相反,这些文化中的破坏和暴力的逻辑却表明了对道德正义的深刻信念。问题是,这些信念在肆意发疯。伦理学的一个任务是检验有关道德之善的信念,并且以道德信仰的清晰透明为基础,为行为提供方向。道德反思必须直面、挑战和改变一个社群的道德观点或个体良知中的邪恶性;而令人惊讶的是,检验道德信念和指导人们生活的手段,却在那些薪火相传的宗教传统中得到发现。要证明这一论点,需要利用圣经中有关正义的信仰之中的透彻的洞见,而这些洞见来自一个圣经故事,它揭示了道德疯狂的所有特征。

如前所述(例如,第三章对贪婪的论述和第八章对笑的论述),我们的目的是提供一种关于道德经验的粗略而又可用的现象学;而这是通过探讨该隐杀害他的兄弟亚伯的故事、以一种诠释学的方式而得以完成的。这一文本既揭示了道德疯狂的所有特征,也指明了克服道德疯狂的路径。这个故事向我们显示了人类的恶是如何在创造之善中急剧繁殖的。然而,重要的是,该文本也暗示了新的创造的道德意义。借助于利用这一故事,我们能继续进行对文本的后批判的、解释性的读解,从而在"诸世界"之间运动,以便阐明生活的空间以及活生生的经验之结构。也就是说,我们可以赓续在第七章中勾画出的、并且实际上在本书全书中都得到了阐发的那种诠释学,第七章论述了神圣的文本与社会想象。对道德生活的圣经化理解,倘若得到正确的把握,可以使道德暴力的动机受到挫折,而不是使之得到强化。这些信仰能够像计算机病毒一样发挥作用,这些病毒会感染一种文明,而且会重写关于人类冲突是如何进行并最终被终结的代码。相反,诚如我们后面会看到的那样,电影《天生的杀手》(Natural Born Killer)揭示了大众有关暴力、暴力的原因及其结局的信仰之弱点;这部电影反思了现代道德思想的贫困,而其根源则在于驱逐了伦理学中的宗教和象征资源。要想提供一条走出这种受到了道德驱动的暴力之循环的出路,比我们的文化所想象的要复杂得多。因此,我们现在将转向对道德疯狂的原初性的描述。

论道德疯狂

在被逐出伊甸园(《创世记》第三章)后,能知善恶的亚当和夏娃便在地上安顿下来。这个男人与他的妻子"同房"(knows);她生了儿子。语言的朴实很难掩藏这样一个事实:交媾发生在伊甸园之外,尽管上帝在创造中已俯允这种享乐。人的生命诞生于痛苦之中,而不是诞生于乐园。对交媾的激情产生了生命,但也产生了人与人之间的分裂。该隐是首生的,他的名字的意思是"矛"。他是种地的,是个农夫,其劳作像古代近东的其他人一样象征着已经建立的社群的增长和农耕文明。男人和女人再次同房;小儿子亚伯诞生了,他是牧羊的。这个名字让人想起希伯来语 *hebel*,其意思是"气息"、"无用",并因此而预示着恐怖即将到来。从文化上讲,亚伯是个游牧民,漫游全国,照管他的羊群。无用和矛,亚伯和该隐是人类在乐园之外的激情的果实。男女交媾孕育了人类在职业、文化和生活方式的差异,而这些差异在接近(proximity)的压力之下就会适合于冲突。

这个故事的背景乃是游牧文化与农耕文化之间的关系与冲突。① 这些都代表着不同的生活方式,并因此代表着迥然不同的有关人类之善的价值观和信仰。农耕式的生活方式建立在由对四季和大地的依赖而造成的尝试与期待的基础之上,人们的生存与大自然的脆弱性交织在一起,而人们的生存既依赖于自然,又要与之进行斗争,以形成一种可行而又可以维持生计的生活。当一个人还是个种地的时候,灵活适应和百折不挠便是核心价值。游牧生活将人们的社群与一系列场所分割开来,并且需要游历的技巧。游牧民还必须适应新的境况,但是,这些境况并不像四季的循环那样是可以预测的。牧羊人必须抵挡食肉动物的袭击,捕猎和杀戮是游牧生活中司空见惯的事实。

在这种不同文化价值的境遇中,该文本引入了崇拜的要求,即向神提供礼物和献祭的要求,而其目的则是强化文化价值。对于献祭的原因或者崇拜行为的实际做法,我们所知甚少。兄弟俩为获得神宠而展开的竞争究竟是什么,似乎没有暗示。每个兄弟都只是从其劳作的施与物中献贡给上帝:地里出产的谷物、羊群中的羊。这里,生活方式方面的差异,以及因此而来的借助于劳作而得到珍视与被追求的东西这方面的差异是如此深刻,以至于这种差异显明在各有特色的崇敬与礼拜行动之中。该隐献上了地里的出

---

① 参 Gerhard von Rad,《〈创世记〉注解》(*Genesis: A Commentary*),John H. Marks 译(London: SCM Press, 1961)。

产,而亚伯则在给上帝的血祭中完成了捕杀的行动。宗教信仰与文化形态、崇拜与文化之间的独特关系在这个文本中得到了完全的展示。每种文化都会产生其自身的崇拜形式,并且因此而在神那里获得其最基本的价值。在圣经文本中,诸文化之间的差异是如此深刻,以至于有不止一个祭坛。现在,产生于亚当与夏娃之间的激情的那些区分又被加强了。种地和养畜这样的文化活动显明了在人们的感激与崇敬的最深处的区别。两个祭坛和两种祭祀增加了那种弥漫于人类生存之中的区分。

上帝并未惠顾该隐的献祭,这个文本对这一判断并未给出原因。这显然不是因为仪式中的失误,或者相反因为该隐在信仰或态度方面的某种不足,都不是。唯一的线索似乎是,血祭更合上帝之意。① 供献生命力—— 圣经的作者们认为生命力栖居于鲜血之中——不可理喻地得到了神的惠顾,而大地的赐予却不受青睐。难道这是将捕杀这一事实锚定在神那里?相反,难道上帝对杀戮的惠顾通过崇拜而阻止了杀戮的循环?我们不得而知,尽管在整个圣经中,这将得到圣人、立法者、先知乃至弥赛亚的辩论。在任何事件中,该文本确实从什么是人意可以接受的这一问题,转向了自由而又明显是高深莫测的上帝的旨意。在这一叙事语境中,这便意味着,人类的劳作与文化形态之间的差别是由一种不可能在人的预期的逻辑之中得到解释的力量来论断的。因此,在该文本中还开启了另一种差别,这种差别即是那种表达在崇拜的祭仪行

---

① 关于这一主题,参 Friedrich Nietsche,《悲剧的诞生与道德的谱系》(*The Birth of Tragedy and the Genealogy of Morals*),Francis Golffing 译(New York: Doubleday Anchor Books, 1956)和 Réne Girard,《暴力与神》(*Violence and the Sacred*),Patrick Gregory 译(Baltimore, MD: Johns Hopkins University Press, 1977),也参《祭祀:神学与文化语境》(*Opfer: Theologische und Kuturelle Kontexte*),Bernard Janowski 和 Michael Welker 编(Frankfurt: Suhrkamp, 2000)和《消除暴力》(*Curing Violence*),Mark I. Wallace 和 Theophus H. Smith 编(Sonoma, CA: Polebridge Press, 1994)。

动中的人类对接受和价值的深刻需要与论断那种价值的高深莫测的上帝的旨意之间的差别。这种差别也产生于鲜血之中,正如该叙事叙述说该隐与亚伯是在激情和鲜血中进入这个世界之中一样。上帝接受了血祭,而且那种接受创造了差别。

现在谈凶杀。该隐叫他的兄弟到田间见面,该隐"起来"袭击亚伯,并且残忍地杀害了他。这支"矛"将自身发泄在人类的"气息"之上,将亚伯的生命归还给了尘土,这生命本来自尘土。亚伯的血、他的生命力从地里哀告,吁请保护或辩白。该隐受到了上帝的质问,上帝——和他接受亚伯的血祭几乎一样地——认出了生命力从地里发出的哀告尖叫。但是,这一次,血被认出是为了审判不可接受的捕杀行动。该隐的捕杀行动逾越了道德界线:这种取人之命的行动不是猎杀或者献祭,而是凶杀。"你的兄弟亚伯在哪里?"上帝的质问将该隐的行动置于一种明确的道德语境之中,这一语境是围绕着家庭关爱这一纽带而运转的。该隐否认他是他兄弟的守护人,他的否认激发了多个世纪以来对爱和家庭的责任的反思。稍后,在本章中,我们将在此看到从圣经里的想象内部而来的金律之肇端,这金律乃是对以他人为目标的暴力问题的回应。在这一关节点上,对我们来说,更有意味的是这样一个事实,即这一文本将几件事情凝缩到它对残杀兄弟的简要描述之中。至关重要的是,厘析出道德疯狂的这些基本因素。如果我们使之成为决定家庭成员彼此亏欠对方什么的场合,那么,我们就会与该文本的深刻之处失之交臂。

尽管我们不知道该隐如何得知上帝对他的贡品缺乏兴趣,这个仅有短短两节的文本却揭示了道德疯狂中一些重要的向度。该隐对上帝的做法很愤怒,这种愤怒从生理上表现出来,它铭刻在该隐的身体里。上帝问道,为什么该隐要发怒,为什么他的脸色变了?这很重要。该隐将(上帝)对他的祭仪贡品的拒斥解释为事实上对他个人和生命的整全的拒斥。借助于对该隐的愤怒在身体上的铭刻,这一点在该叙事中得到了描述;他的整个存在——灵魂和肉体——都牵连进来了。当然,该隐并未被完全拒斥,上帝只是拒斥了他的祭品。这是道德疯狂的第一个因素,它是我所说的整体的逻辑。该隐夸大了上帝的拒斥,并将这种拒斥运用到他的生命的整体。这是作为道德存在的劳作的良心的深刻失误。

理解下面一点是很重要的:这种"夸大",即整体的逻辑建基于道德行为的一种基本动力之上:尊重是给予人的,或者是从人那里撤回来的。所谓"尊重",我们仅仅意指"承认"一个人是某个道德共同体的一部分,并因而必须被认为是有价值的。该隐的愤怒之力量是,上帝对他的祭品的拒斥将他置于一个道德共同体的范围之外,因为没有承认他的价值,或者对他的价值漠不关心。如此行事时,公正这一基本原则似乎被违反了。当然,该隐犯了以偏概全的推理错误,他陷入了整体的逻辑。在这一逻辑之下,该隐相信他已饱受非正义之苦,这种非正义必须得到纠正。换言之,这种整体的逻辑为以正义的名义对人的价值进行辩护提供了正当理由。作为良心之失误的道德疯狂是严格意义上的认知性的失误:它必须处理我们如何考虑给予和撤回尊重这些行为。诚如像罗蒂这样的自由主义的理论家们一直认为的那样,问题并不是有关道德完善或者善的诸多观念。认知上的问题是以对有关正义的一些主张的错误的扩展为中心,例如,对生活或者行为的一个方面所做的具体的、明确的论断(上帝对该隐的贡品的拒斥)被当作对一个人或者共同体的生活之整体的羞辱;其道德反思中的错误是,将人们的尊严、他自己的尊严而不是生活的某个其他的方面置于争论的中心。①

---

① 关于对这些问题中自尊和尊严的地位的讨论,参 Jeffrie G. Murphy 和 Jean Hampton,《宽恕与仁慈》(*Forgiveness and Mercy*),剑桥哲学与法律研究丛书(Cambridge: Cambridge University Press, 1988)。

第九章 论道德疯狂

这一文本将这种整体的逻辑与关于人类动机的主张结合在一起。上帝警告该隐要行得好,并且,他将蒙悦纳。而如果该隐行得不好,"罪就伏在门前。它必恋慕你,你却要制伏它。"罪被描述为一个等待着它的猎物的食肉动物。这好象是对那种与诱惑及亚当和夏娃之原罪密切相关的"撒旦"形象的一种强化(《创世记》第三章)。对亚当和夏娃来说,罪的化身只是引诱他们忤逆上帝;而现在,在伊甸园之外,人格化了的恶则成了极力毁灭其猎物的肉食动物。这样,从亚当和夏娃的堕落到对亚伯的谋杀这一动向便是恶的力量的强化之一,也是人类对那种恶的力量与日俱增的脆弱性。令人惊异的是,关于作为野兽等待其猎物的"罪"的图景笼罩着关于鲜血与捕杀的话语,这一点可见于整个故事之中(出生、亚伯的劳作、血祭、谋杀),而这个故事是在人类动机的层面上以自身为依靠的。因此,对作为野兽的原罪的那种表面上很原始的描述应该不会愚弄我们。道德疯狂不只是受到整体的逻辑之驱动,在这种逻辑中,一种有关道德正义的理解或者信念会被错误地扩展到超出其适当的范围之外;其次,道德疯狂表现在占有的意象之中。它就好像是某种外在的力量(野兽)抓获或者毁灭代理者,它扭曲着良心,并驱动着人们的行动。在这方面,道德疯狂具有与我们在第三章中发现的贪婪之特征完全相反的结构。贪婪的特征是渴望被吸收和铭刻到一种文化的价值尺度之内,与此相反,道德疯狂则作为一种驱动着个体去采取行动的外在力量而困扰着他们。

我们可能会推论说,等待着毁灭人们的野兽这一意象只是一种心理投射。我们也许会说,道德想象以野兽、毒蛇、恶魔和泼妇等观念形象化地填充人类的经验。情况确实如此。但是,关键是,这些描述就人类生存的一些独特的形式阐述了一些重要的东西:比如,被某种将其自身内在化到人们的行为之中的力量所制服、占有的经验。非常不可思议的是,这便是为什么爱能够成为道德疯狂的一种形式的原因之所在。① 古人知道，爱能够占有灵魂，驱动一个人去采取错误的行动。它可以是一种神圣的或者恶魔般的疯狂。这一洞见可见于古希腊酒神狄俄尼索斯（Dionysus）这一形象，例如，在欧里庇得斯（Euripides）的《酒神巴克斯的女祭司》（Bacchae）中，神占有了女性崇拜者，驱使她们进入暴力的狂欢放荡之中。这一关于道德疯狂的思想画像一直影响着众多的思想家：从近古通过尼采的著作到当代理论家。② 在这一思想脉络中——尽管它与这里阐发的论点有相似之处——未能获致的是，没有结束暴力的机制，正如在关于该隐和亚伯的圣经故事中有这样的机制一样。道德疯狂仅仅必须耗尽自身，这是一种令人焦虑的思想，在像《天生的杀手》这样的狄俄尼索斯式的电影里，我们看到它还在传承不绝。

道德疯狂不仅有一种认知性的向度，它对价值的错误判断遭到错误的夸张，并被运用于个人或者群体，道德疯狂还有情感的、意志的或者动机的向度。正是在把握道德疯狂中的认知向度和意志向度之间的联系方面的无能，使得残忍的各种形态对当代人来说晦暗难解。实际上，当这些向度在单独一个人或者一个社群那里合为一体时，愤怒就会在正义的旗帜下得到释放。绝不令人惊异的是，在上帝拒斥了该隐的贡品后接下来的一节经文里，该隐便叫他的兄弟跟他一起到地里去。道德疯狂会发泄在无辜的生命之上。

---

① 我断定，在古代世界里，当然正是柏拉图和奥古斯丁最深刻地探讨了爱的这些复杂的动力。参柏拉图的《会饮篇》（Symposium）和《斐德若篇》（Phaedrus），以及奥古斯丁的《上帝之城》（City of God）。
② 为了解释宗教性暴力以及其他模式，人们对狄俄尼索斯模式做过讨论。关于这种讨论，参 Jonathan Z. Smith,《想象宗教：从巴比伦到琼斯敦》（Imagining Religion: From Babylon to Jonestown, Chicago, IL: University of Chicago Press, 1982）。[这里的琼斯敦指的是美国邪教人民圣殿教教主琼斯于 20 世纪 70 年代在圭亚那丛林中建立的集中营式的公社。——译注]

这段圣经文本并未试图解释该隐做出错误判断的原因，也未探讨那毁灭了他的罪的掠杀性力量的来源。我们当然知道，亚当和夏娃是带着关于善恶的知识离开伊甸园的，但是他们并未也带着对他们的知识没有错误的确保；而人类的道德知识的这种浅薄而又易犯错的特性是有其神话背景的。从伊甸园的故事中，我们还知道，否定性的动机力量被化身于那极力影响人类生活的毒蛇的形象之中了。在这种意义上，从认知方面和意志方面对该隐的行为之原因的解释是与独特的人类生命肇端于地球之上交织在一起的。但是，圣经故事的主张似乎是，人类的错误与邪恶的来龙去脉最好是给予象征性的描述，而不是理性的解释。①

圣经文本并不试图解释该隐的认知错误和情感上的着魔之来龙去脉，而只是描述它们，就此而言，我们能从这一关于道德疯狂的现象的文本中发现别的什么吗？另外一些特征立刻便凸显出来。在回应亚伯的鲜血的哀告时，该隐"从这地接受诅咒，（这）地开了口，接受（他）兄弟的血"。该隐赖以谋生的土地，亦即所有农耕价值的空间，现在转而与他作对。这土地被描述成张口接受亚伯之血的肉食动物，并且因此不再在该隐的耕种劳作中维持他的生计。道德疯狂转而与自身作对。那受到强大而又难以控制的力量（罪）驱动的非正义的表面原因（亚伯）是具有破坏性的；这种疯狂以那些在其掌控中的人的毁灭而告终。该隐与他的文化和生计分离，他被迫像一个游牧民一样飘荡流离。他受的惩罚是变成他所鄙视的，这个主题在其他的神话、故事和戏剧中一再得到重复。这个主题就是去体验那内在化于被扭曲而又受到束缚的良心之中的上帝的审判；而重要的是，这一主题在当代西方文化中已丧失殆尽。我们生活在这样一个时代，暴力的行动者被描述成正在逃避

---

① 详参 Paul Ricoeur,《邪恶的象征主义》(Symbolism of Evil)，Emerson Buchanan 译（New York: Harper and Row, 1867）。

这种(内在化了的)惩罚。而且,在这些文化中,人们一直极力消除这样一种感受:人们能够而且应该受到良心的审判。下面,我们将要关注的是道德良心的丧失及其引发的狂热的危险。

该隐明白,他的行为已经使他服从于捕杀为生的方式。"凡遇见我的必杀我!"道德疯狂的后果不仅是毁掉它的作恶者,它也削弱了对正义的要求本身,而在整体的逻辑之下,这会推动暴力。由于这一点,道德疯狂的结果是使人类生活处于强者和弱者不断冲突这样一种状况。始之以对道德辩护之要求,终之以人类生活中的残暴力量的凯旋之创设。对由圣经文本提供的这一可怕结论的唯一解答是——这是现代世界里缺乏的一种解答,上帝的旨意要求为该隐进行报复,这是令人惊异的。当然,这是该文本的最后之讽刺。它是有关如何避免道德疯狂之恐怖的一种提示。尽管该隐的贡品遭到了拒斥,但该隐本人仍然在上帝的保护之下,就好象上帝为亚伯的被杀实施正义一样。实际上,上帝并未从该隐那里撤回尊重,上帝没有受到整体性的逻辑之限制。神圣的正义开创了未来生命的可能性,它并未毁灭那脆弱的可能性。后来,在圣经中,当耶稣坚持认为上帝降雨给义人,也给不义的人(太 5:43—8)时,这一点得到了更强有力的阐述。如果没有这种创造性的、神圣的正义(亦即前文所说的创造事件),道德疯狂的后果便是自我毁灭与暴力的作恶者在行动中所诉求的那种价值秩序本身的崩溃;而那种崩溃会表明势力能胜过一切。而上帝的行动则再次向我们表明,新的创造之迹象亦即一种心与脑的革命来自被创造的秩序内部。

圣经中该隐和亚伯的故事仅有短短几节,其复杂性在于我们已经揭示了的我们称之为道德疯狂的这一人类现象的核心特征。整体性的逻辑和动机的外在化、占有的形象都是道德疯狂的特征,而其后果则是预示着自我毁灭以及维系一种生活方式所需要的文化价值之崩溃。我们将会看到,这些特征会立刻得到宣泄,并且获得不同的表现。我们的主张是，道德疯狂并不是毫无意义的，其特征是某种有关文化生活之内的价值与正义的合理性。但是，它是一种真正的疯狂，因为它导致生活的紊乱和自我毁灭。各种显示出道德疯狂的暴力是可行的个人与文化生活之逆类的（antitype）、颠倒了的形象；道德疯狂彰显了人类那种转而与其自身以及他人作对的道德存在的深度。如果圣经文本是正确的，那么，这种疯狂就总是伏在门前，等待着消灭我们；文化活动总要遭遇那种等待着毁灭生命和人类生存之生命力的破坏性力量。只有对这一事实进行现实主义的评估，才可能有助于我们掌控这些在人心和文化的动力之中发挥着作用的力量。

一种幕间短剧

方才阐述的有关道德疯狂的主张乃是文化生活中一种永恒的可能性，这些主张的正当理由是什么呢？为了在回答这一问题上取得某种进展，也为了澄清该如何思考道德疯狂的各种形式，我们不妨从圣经文本转向当代有关文化的争论。而且，我们也许可以设想这些问题是相互关联的。唯有当我们拥有足够精细的工具，以查明文化性的人工产物与目前生活中的道德疯狂的各种形式，我们才能非常有望成功地阐述这样一个更大的主张，即道德疯狂是文化生存的一个特征。更简单地说，我们该如何从一种伦理学的角度来解释文化形态和文化活动？暂时停顿一下以便回答这一方法论问题的原因是想澄清本章研究的进程，我们不希望在这一点上的混淆使我们对各种在道义上得到了支持的暴力的复杂性无动于衷。

关于解释的问题得到了当代文化批评者们深入而又广泛的争论。在那些后批判的进路中，这一争论的一部分不得不与我们正在探讨的人工产物的特征密切相关。有没有某种人类生活的基础在各种文化形式、比如说在艺术、文学、音乐或者电影中得到表达？如果情况是这样，那么，我们就能对这些文化形式进行解码，以便厘析和分析它们所象征的生活的动力。有时，这被称作浪漫派诠释学或者解释理论。根据这种解释，文化形式（艺术作品、音乐、建筑）表现了艺术家的天赋或者一个社群的生活之独特形式；它们并不创造或者规定一种生活方式，但它们表现了艺术家们或者该文化的生机勃勃的动力和创造性。[①] 因此，我们应该仰赖圣经文本，以之为那种动力之表现。相反，有些批评家却辩称，文化形式并不表现生活的任何基础，也不表现艺术家们的精神或者种种社会势力。有时，此论被称作关于解释的后自由主义理论，因为它不像浪漫派诠释学看起来会做的那样，端赖于个体的天赋。后自由主义的理论家们主张，文化的人工产物创设了一种拥有其自身的一套规则与观念的意义系统，该系统为文化提供一种认同。个人的生活需要学习这些关于意义的文化规则，并获得文化的识字能力。这种诠释学或者关于解释的理论并不试图挖掘艺术作品、音乐或者像体育这样的社会活动或者电影，以便揭示表现的动力。解释者分析文化活动，目的是考察它们是如何运作的，它们又是如何被学习的。[②] 我们应该依据该隐和亚伯的故事如何在基督徒的社群

[①] 关于对诠释学立场的讨论，参 William Schweiker，《模拟的反思：诠释学、神学和伦理学中的一种研究》(*Mimetic Reflections: A Study in Hermeneutics, Theology and Ethics*, New York: Fordham University Press, 1990)。神学中最重要的"浪漫诠释学"支持者是施莱尔马赫(F. D. E. Schleiermacher)，参氏著《诠释学手稿》(*Hermeneutics: The Handwritten Manuscript*), Heinz Kimerle 编, James Duke 和 Jack Forstman 译(Missoula, MT: Scholar Press, 1977)。也参 E. D. Hirsch，《解释中的有效性》(*Validity in Interpretation*, New Haven, CT: Yale University Press, 1967)。

[②] 有关事例可参 George Lindbeck，《教义的本质：后自由主义时代的宗教与神学》(*The Nature of Doctrine: Religion and Theology in a Post-Liberal Age*, Philadelphia, PA: Westminster Press, 1984)和 Kathryn Tanner，《文化理论：神学的新议程》(*Theories of Culture: A New Agenda for Theology*, Minneapolis, MN: Fortress Press, 1997)。

中得到运用,来解释这个故事。

这些立场中的困难似乎是显而易见的。浪漫派诠释学信赖一种过于简单的假设,即人类先定的就是心同理同的。就后自由主义派的思想而言,它冒着这样的危险,即未注意到文化之间的实质上的相似性;而(我们的)任务是把握人们的道德观与文化活动中的相似性与差异。我相信,通过保持聚焦于文化与道德想象之间的关系,我们是能够做到这一点的。人类总是连续不断地面临着文明化、建构世界这样巨大的任务,而且,诚如我们在前面看到过的那样,任何文化都是那些规定和指导着人们的生活的意义与价值的空间。道德想象则事关那种意义与价值的空间(亦即文化)如何由人们形构、又如何得到人们的理解,其目的则是决定个人和社群应该如何生活。我们所说的解释的或者模拟的诠释学是对这些见于文化之中的意义与价值的解释,其目的则是理解他者和我们自己。这一理解的行动并不意味着我们要变成那些我们对其进行研究的人,它不需要将其他的文化创造物和道德生活化约为我们自己的意义范畴。

诚如一位理论家所说的那样,关键是理解"他人的创造物如何完全是他们自己的,而又深深地是我们的一部分"。① 道德疯狂确实就是如此。见于西方文明那种野蛮而又老谋深算的进程之中的文化性的意义建构的各种形式就一直寻求着理解和遏制道德疯狂,这些给我们留下的印象要比我们想象的深刻得多;它们提供了一种理解的框架。本书的一个任务就是利用这些来自文化健忘的框架,这样我们也许就可以在今天运用它们,并在需要之时对它们进行批判性的修改。令人悲哀的是,道德疯狂的各种形式也使其

---

① 参 Clifford Geertz,《地方性知识:解释性人类学论文续集》(*Local Knowledge: Further Essays in Interpretive Anthropology*, New York: Basic Books, 1983),54页。

自身在文化生活中留下印记。这就是为什么我们会看到,在整个历史中,各种类型的暴力麻木不仁地重复着,还有实施破坏者令人厌烦地重复着他们的要求与借口以及他们对正当理由的可鄙的诉求。这种诠释学的目的就是理解这些问题,它希望理解其他人的文化之意义以及我们自己的生活的道德意义。

如果这是正确的,浪漫派与后自由主义的理论家之间的争论便是被误置了,至少就努力理解暴力与正义之间的复杂关系来说是如此。对该隐和亚伯的故事的简单解释揭示了情况为何是如此。一方面,道德疯狂依赖于由一种文化所持有的一套道德信念,诚如我们所看到的那样,这些信念事关什么是有价值的(农耕的、游牧的)以及那些与公平待人有关的规则。我们也许会想象到,这些信念是通过见于一个社会之中的无数文化活动而得到传播的。诚如我们已经看到的那样,祭仪本身就是这样一种活动:它重申由一个社会——这个案例中指的是农耕文明(该隐)和游牧生存方式(亚伯)——所持有的价值。这些过程是有一种逻辑的,我们必须努力理解这种逻辑。就道德疯狂而言,那种逻辑的一个关键因素是整体性的逻辑,它错误地将道德判断的范围予以扩大化;这种逻辑和用来传输它的一些观念又一直将它们自身的印记烙刻在随之而来的生活之上。在这一点上,后自由主义的诠释学似乎是正确的。该隐和亚伯的故事不只是古代近东文化的创造——尽管事实确实如此——这个故事原本也是我们以及我们的宗教共同体的实践的一部分。

另一方面,我们也已看到,至少是在古代社会,有这样一种理解,即人们的行为,尤其是那些暴力性的、具有破坏性的行为,经常都是由那些对自我来说是客观的、但又是从自我之内涌现出来的力量所激发的;这些力量似乎先于那些阐明并且承认社会之价值的文化活动。这是浪漫派诠释学的真正洞见。人类行为的源泉深深扎根于情感与生命力之中,其深度之深,以至于它在身体形式(该隐之变了脸色)、行为以及文化形式中都得到了表达。古代文本的这种怪异之处部分地正是动机力量的客观化,该文本将这种力量描述为伏在门前的一头野兽。对于现代精神趋势来说,这些描述似乎是朴素的;而这是我们的研究正在挑战的一种假设。也许我们必须更少地从文字上来思考这些古代的文本,或许,我们必须努力把握这些描述的道德意义,以便理解道德疯狂的深度与力量。在这种诠释学的层面上,人们需要一种开放的心灵,一种这样的主动的意愿:即认为我们根本不了解它,因此,也许会通过研究他人的创造物而学到一些有关人类生存的东西。

道德疯狂的认知性的与意志性的面向要求我们回避有关解释的浪漫派与后自由主义派之间的争论;此外,重要的是将文化创造物作为意义与价值的空间、作为道德空间予以考察,其前提是认识到,他人的世界即便是我们的一部分,也不同于我们自己的世界。但是,这便开启了另外一个问题,这个问题也得到了深入而又广泛的聚讼。这并不是诠释学中的一场争论,而是道德理论中关于道德信念与价值的地位的争论。难道道德信念与价值只是人们对生活环境的一种回应吗?或者,相反,难道它们试图对那些超越人类之回应的某种东西保持虔信吗?

有些理论家——就让我们称他们为反实在论者吧——相信,人类创造价值为的是赋予生活以意义与重要性。道德解释旨在回答人们和社会如何创造价值,因为价值切入生活的问题并不比人类对这些问题的回应更为深刻。① 那么,道德价值的地位乃在于,它们正如其他的社会创制,比如说法律和经济一样,是文化产品。根据这种理论,该隐和亚伯的故事就是文化性的人工产

---

① 详参 Irving Singer,《生命的意义:价值的创造》(Meaning of Life: The Creation of Value, New York: Free Press, 1992).

物,其宗旨是创造和维系一套得到了"上帝"认可的有关人类生命之价值的价值观。其他理论家则不同意此说。他们主张,道德价值植根于实在,而且,进而言之,道德思考并不只是事关如何最好地处理人的行为中的诸多问题,而是事关如何使人的行为正确合理。道德价值具有本体论的地位,它们扎根于事物存在的方式。① 从这一角度来看,该隐和亚伯的故事阐述了有关人类生活本身的真理,也许就是关于生命之神圣性的真理,它支撑着我们对他者和我们自己所拥有的所有责任。道德实在论者——诚如我们在第八章中所称谓的那样——坚持认为,道德观念和价值可以是正确的或者错误的。此外,道德陈述事关事实,独立于我们有关事实的观念和信念。因此,该隐和亚伯的故事是可以就其真理性得到检验的,这种检验要依据不同于故事本身的东西,以及它在受到了圣经宗教之激发的文化中的道德生活里一直以来得到运用的方式。

就实在论与反实在论展开的争论使得道德神学家和哲学家们意见不合。呼吁停止浪漫派和后自由主义派之间就文化创造的特性展开的诠释学论战,将是令人愉快的,同样,若能提供一种简单的路径,穿越这一就价值的地位而展开的争论的灌木丛,也将是令人愉快的。但这将不会发生。此外,为了目前的研究之目的,这实际上是不需要的;有另外一种思考这些问题的方式。在这一切入解释与伦理学的替换性路径中,基本的主张是,人们创造价值,为的是发现关于他们的生存之本性的真理。文化性的意义与价值显然是人类的创造,但是,道德想象的创造性总是要受到生存的特征之限制,而生存的目的则是在这个世界上诚实地生活。实在论与反实在论之间赤裸裸的差异会让我们对这一简单的事实视而不

---

① 详参 Robin W. Lovin,《尼布尔与基督教实在论》(*Reinhold Niebuhr and Christian Realism*, Cambridge: Cambridge University Press, 1995)。

见。文化的创造物确实有一种现实的目的,但它们总是人类的创造。更有甚者,诚实地把握人类的环境这一点是通过表现而得到实现的,这正像浪漫主义者所认为的一样,但是,诚如后自由主义者所看到的那样,这一点又是通过想象赋予社会行动以意义而借助于规导得到实现的。我们不得不从其被感受到了的重要性这一角度,来理解人类的这些意义与价值,但是,也要根据它们的社会功能来理解之。此外,后自由主义派和浪漫派的诠释学理论以及实在论与反实在论之间过于矫饰的差异是毫无助益的。为了理解意义与价值,我们必须更加宽宏大量。[1]

只有对文化性的人工产物与道德价值的特性与地位所做的复杂理解,才能让我们理解其他人和我们自己的创造物,这对自我理解来说是至关重要的;然而,这还需要我们针对这个世界来检验这些理解,而我们正是在这个世界里发现我们自身的。换言之,这里提供的关于解释的观点坚持意义与价值是可以修改的,它们可以被改变,因为它们事关某种多于文化规导或者自我表达的东西。我们不能仅仅窥视文化形式和活动来理解实在,我们想理解的正是他人和我们自己的道德世界。具体而言,在本章中,我们想在文化创造之内来把握残忍的道德动力。如果这是目的,那么,我们就必须接受一种关于道德解释的诠释学的实在论形式,而这一进路的真理性只有通过它作为一种解释的路径是否能够实现其目的这一点来得到判定。我们寻求在不陷入有关我们应该如何解释文化这一没完没了的争论的情况下,来理解道德疯狂。

---

[1] 关于"诠释学的实在论",详参 William Schweiker,《责任与基督教伦理学》(*Responsibility and Christian Ethics*, Cambridge: Cambridge University Press, 1995),也参 Charles Taylor,《哲学与人文科学:哲学论文集二》(*Philosophy and Human Sciences: Philosophical Papers* 2, Cambridge: Cambridge University Press, 1985)。

疯狂的陷阱

人们也许会认为,这些关于解释的问题会引发有关知识的本性、理解他人所受的限制等问题,并且会引发有关道德相对论的争论。令人引颈相望的是,上述的评论连同本书的其他部分一起,标示了对这些问题的意识以及就这些问题所做的判断。但是,现在关注的是道德疯狂。由于这一原因,我们已经阐明了一些基本的观念。让我们回到上面指出过的那个主题,并且很快撇下它。当我们努力理解并且削弱各种形式的暴力时,确认在不同的文化与时间之间移动的可能性本身是颇有裨益的。回想一下,我们曾经就道德良心的结构与如何让那种由道德疯狂驱动的破坏的循环得到遏止,而指出了古代圣经文本与当代高度现代的社会之间惊人的——甚至是危险的——差异。作为反思的下一个步骤,我们必须澄清那种差异。从该隐和亚伯的故事跳跃至斯通(Oliver Stone)的电影《天生的杀手》(1994年)将会阐明要点。

斯通的这部电影情节非常简单。一名青年男子米基(Mickey)和他的女友玛诺蕊(Mallory)进行着他们的杀人狂欢,他们杀害了玛诺蕊虐待成性的父母,然后继续实施残忍而又随意的暴力行为,在此过程中,他们留下少许目击者,让他们讲述其经历。这部电影追踪着他们的狂欢,并描绘了公众对大规模凶杀奇怪而又恐怖的迷恋。① 米基和玛诺蕊成了媒体上的名人,他们既吸引着大众的想象,也令其感到厌恶。即使当他们的暴力很色情化时,他

---

① 在与崇高者的相遇中,吸引与排斥之间的关系被勘定为界定宗教本身的因素,关于这一点,参 Rudolf Otto,《神圣的观念》(*The Idea of the Holy*),John Harvey 译(New York: Oxford University Press, 1936)。

第九章 论道德疯狂

们彼此之间的爱情也得到了赞美。最后,他们遭到逮捕,锒铛入狱。但是,光是他们在监狱里的现身就是很危险的,这似乎激发了同狱的囚犯走向暴力。在这种爆炸性的情势中,米基答应接受一位唯利是图的电视权威人士的采访,这得到了冀望名利的典狱长的准许。顷刻间,米基设法煽动了一场监狱暴动;在鲜血淋漓的杀戮中,米基和玛诺蕊逃了出来,还拖带着那位电视权威人士。采访者加入了这一暴力事件,最后,他发觉他还活着,虽然他被——我们或许会说——暴力这头野兽所支配。影片结束时,米基和玛诺蕊处死了这个家伙,然后逃跑。影片最后的镜头描绘了米基和玛诺蕊带着孩子们,在他们的野营拖车中,幸福地穿越全国。暴力就这样耗尽了自身,而其行动者则冷静地回到了"平常"生活,做起了慈爱的父母。

这部电影令人反感,它绘声绘色地描绘了毫无代价的暴力这样的极端行动,它描绘了一种由于缺乏生命力而被令人厌恶的暴力与死亡之爱所控制的文化。这部电影还展示了前面指出的道德疯狂的各种成分,以及古代世界与当代西方高度现代化的世界之间的关键差别。我的意思是什么呢?

在整个情节的关键之处,米基得到了记者召见。深受其暴力与50多名无辜平民死亡这事之困扰,米基以一种展示了道德疯狂之动力的方式回答了向他提出的问题。这位大规模屠杀者谈到了魔鬼,这是一种外在的力量,他生来就被魔鬼附体,他是一名"天生的杀手"。掠杀是天性,人就像其他野兽一样,也是一种野兽,时刻等待着吞噬其牺牲品。米基坚持认为,任何否认这一点的努力都是骗人的,那是虚伪不实的。这里,暴力动机在魔鬼身上的外化完全是自然而然的事。尽管"罪"就伏在门前等着该隐,它却是违反自然的,并且是在该隐的抵御能力的范围之内的。对于米基来说,魔鬼完全就是自然而然的东西,任何想借助于自我控制或者道德严修而克制它的尝试都是注定要失败的。这一思路试图削弱任何有关大规模屠杀的道德判断的可能性,它将生命抛入一种野兽般的境遇之中,在这种境遇中,强弱是惟一的决定因素。① 支配的意象主导着整个情节。

毫不奇怪的是,米基也深深地陷入了整体的逻辑之中。在回答一些关于他的无辜的牺牲品的问题时,米基反驳道,没有人是无辜的。他盯着采访者,而这位采访者原本该证明这个罪人有罪。米基从有些人确有过错这一事实出发,夸大这一判断,使之包括所有人。他阐述了一种世俗化了的并且是扭曲了的基督教原罪教义,米基相信,由于活着,人们都是有罪的。在他那疯狂的脑海里,这就是大规模杀戮的道德正当性。所有人都是有罪的,正义必须得到伸张,而屠杀就是正义的行动者。在监狱文化里,这种推论的线索是如此令人敬佩,以至于在他说完这几句话之后,便爆发了骚乱。正义的行动者无需正确或纯洁,而且,进而言之,由于所有人都是有罪的,愤怒可以正当地降临于任何人。我们看到,道德暴力中整体的逻辑与情感的面向随着暴乱而结合在一起。我们看到了道德疯狂的宣泄。在这种意义上,电影《天生的杀手》以当代的语言复制了与见于该隐和亚伯的故事之中的道德暴力相同的动力。

但是,这两个故事间还是有差异的。这些差异应该让我们犹疑不定。这些差异向我们揭示了为什么我们必须非常关注要理解疯狂的逻辑,并对这种逻辑进行釜底抽薪。在该隐和亚伯的故事中,暴力的循环被上帝的正义所摧毁。这种正义虽然惩罚行恶者,却并未与整个暴力一同出现。事实上,即使在道德界限得到确立

---

① 在此,我应该指出的是,在那些既见于圣经文本,也见于斯通的电影之中的有关"野兽"的观点中,我完全意识到了其含混性与道德想象的缺乏。这就是说,似乎有必要将动物妖魔化为人类的反面形象,关于对这一问题精彩的解释及其对伦理学的意义,参 Mary Midgley,《野兽与人:人性的根源》(*Beast and Man: The Roots Human Nature*, Brighton: Harvester Press, 1979)。

后，该隐的价值也再次得到了确认。与道德疯狂不同，上帝的愤怒为未来的生活开启了可能性。圣经的思想世界为道德想象提供了一种语言和一套意象，可以用来阻止它自身最有害的逻辑。愤怒从未简单地按常规发展，对人类的暴力，有一种以植根于上帝的行动的正义为名义而施加的限制。《天生的杀手》则展示了一种不同而且不那么复杂的见解。在其见解中，暴力完全应该耗尽其自身；由于某种难以言表的原因，米基和玛诺蕊停止杀人，并开始养家糊口。或许，每人仍然还是有罪，而正义仍然要求得到伸张。但是，死亡的行动者不再以鲜血来维护正义。

在斯通的电影中，人的生命被描绘为高悬在一个非理性的暴力的深渊之上，没有目标或必要的目的。大地本身张开了大口，想要吞噬人类的投影；历史只是一个屠宰场，人类的时间以鲜血和疯狂的结局为标记——暂时自然是——毫无理由，也毫无目的。这就是前述的狄俄尼索斯的见解，它见于这部当代电影之中。难道我们的社会没有任何神圣的结构来遏制和限制暴力？如果是这样，那么，掠杀的事实似乎就是基本的社会实在，掠杀的事实是历史的基本真相。诚如我们早先在本书中所看到的那样，旋转在大地上恣意妄为。①

我们正在发展这样一种文化，在这种文化里，对道德暴力这一事实的唯一回答是让其耗尽枯竭，这种前景一定会让我们惊恐不已。难道那种将商用飞机用作炸弹、在几分钟内让数千人毙命的恐怖而又残忍的暴力形式，在耗尽枯竭之外，就没有别的目的或答案吗？难道那些旨在支持政治合法性的军事行动除了经济上的耗尽外，就没有别的措施？但是，斯通的电影之道德贫困并未在其无能为力中停顿下来，设想一种不同于耗尽枯竭的答案。我在前面

---

① 回想一下吧，在第一章中，通过探讨宙斯和克罗诺斯的神话及其与许多现代政治理论，比如霍布斯的政治理论之间的共鸣，我们遇到过类似的论点。

曾经指出,该隐遭到谴责,变成了他所鄙视的;在一种意识到生命被抛入到掠杀的威力之中的良心形式中,这是显而易见的。"凡遇见我的必杀我!"这种形式的道德良心乃是真正的良心,它在《天生的杀手》中却是付之阙如。这部电影以米基和玛诺蕊做上正常父母而结束;生活原本该回归到这样一种常态:决意确保未来、生儿养女、没有后悔或者对暴力的担心受怕。不知何故,我们应该相信,米基和玛诺蕊是能够爱他们的孩子的,不会威胁重新使用暴力,尽管用米基自己的话来说,每人都是有罪的。为什么不杀害孩子呢? 米基证明了我们在该隐身上见到过的良心的责备这种意识形式的沦丧。

这里,两种选择是可能的。其一是,米基代表了一种人类生活的形式,它完全是空虚的。我们也许会设想,这种人是如此缺乏批判性的自我反思,又是如此自恋,以至于他不能体验到一种通过与他人互动而形成的意识的转换。他没有悔恨或者爱的能力,而米基的情况似乎并非如此。于是,在理解这一特性时,我们便被迫转向第二个选择,这一选择曾在狱中采访里被简短地提到过。在采访中的一个关节点上,米基坚持认为他超越了他人的生活方式。他就是一种新的生活方式,是一种尼采式的超人,其生活超越了有关善恶的文化信仰。米基上演了由尼采之流的思想家们倡导的、在内心世界进行自我超越的最暴烈的版本,这很像我们在下一章中将要探讨的。他向不义宣泄着愤怒,不受悔恨或者内疚之拘束,以此作为其更高级、更纯洁的生存方式的一种莫名其妙的证明。米基在其道德生存中是完全自主自决的,他创造价值,并且界定正义。他就像宙斯一样,他那高深莫测的意志决定了谁该被认定是值得尊重和得到生命的。超越道德疯狂的道路并不只在于那种勃然大怒的精力的耗尽枯竭和暴力的宣泄;只有当暴力的行动者——而这必须被看成人性本身——演化至一种超越善恶的生存方式,并且在至高的意志行动中完全决定放弃暴力时,摆脱道德暴力才是可能的。在这一方面,《天生的杀手》可谓将道德本身描绘成了问题。对道德疯狂的解答是一种新的人类生活方式的出现,是超越善恶的超人的出现。

斯通的电影使我们又回到了上文厘析出来的道德疯狂的成分;它还绘声绘色地展示了古代的圣经思想世界与高度现代化的文化之间的差异。这些差异的核心在于整体的逻辑、客观化的动机之自然化,以及暴力的传播该如何得到阻止。通过探讨该隐和亚伯的叙事以及《天生的杀手》,由道德疯狂这一观念所占据的领域之大部分已经得到研讨。通过从一些难以相处的文化之产物中吸取一些比较性的洞见,我们已开始获得一种语言,可用来对道德暴力进行批判性的思考。当然,还有大量的问题有待得到回答。一个来自古代近东的故事,如何会在20世纪末的一部关于大规模屠杀的电影中找到相似的对应物?难道事情竟是这样,即其他民族的创造已然在我们自己的自我理解中留下了深刻的印象?再者,我们如何解释有关道德疯狂的著作之间的根本性的差异呢?难道将现代冷酷无情的暴力归咎于上帝与神圣的社会结构的沦丧就够了吗?难道是其他的社会力量与关于生命的观念支配着我们的道德想象吗?对这些不同的关于道德疯狂的解释之真理,还有我们逃避这些形式的人类暴力的各种方式,我们该如何给予评判呢?

这些便是我们必须予以全盘思考的问题;我们无法希望在本章或本书中全面处理这些问题。由于这一限制,在本章的研究中,就出现了最终的步骤。我们必须从圣经故事丰富的复杂性中搜集有关避免暴力之未来这一可能性的洞见;我们希望在那些能够并且有时确实会导致暴力的宗教文本之内,厘析出一种超越该文本的叙事逻辑的路径。人们会带着不同甚至是相反的目的阅读这样的文本,并且会因此令人惊异地揭示该文本的真实的道德可能性(参第五章)。

暴力与道德的原则

在该隐和亚伯的故事里,对于什么能够、可以并且必须挫败道德疯狂及其所驱动的暴力的循环,发现了一种至关重要的解答;它根源于这样的事实:上帝并未收回给该隐的尊重。即便上帝通过流放该隐而伸张了正义,但是,上帝并未拒绝给予该隐以保护。此外,我们应该认识到,最初暴露该隐之罪的是,他拒绝对他的兄弟承担相互性的责任。在遭到质问时,该隐反驳道:"难道我是我兄弟的守护人吗?"然而,在回应上帝的驱逐行动时,尽管该隐玷污和否定了生命的尊严,却害怕他的生命的尊严遭到玷污,害怕被他所遇见的人杀掉;还是上帝保证该隐的生命将不会遭到肆意玷污。上帝以各种方式阻止了来自道德疯狂的暴力之循环。但是,该文本在上帝与该隐的对话中,并且通过这一对话,还提出了一种有关相互性的责任的主张。这一主张后来定式化为金律:"像你对待你自己一样地对待他人。"我想完成我们的研究,这一研究将金律当作对道德疯狂的一种回应、当作进一步具体阐述"我们应该尊重和增进上帝面前的生命的整全性"这一绝对律令的一种方式而予以探究。这里的讨论回敬了稍早对双重之爱的诫命的解释;现在关注的是,为良心的形成阐明规范。

对许多基督徒来说,金律是至高无上之道德原则。如前所述,在犹太教传统中,金律是由希勒尔以否定性的形式给出的:"己所不欲,勿施于人。"在《新约》中,金律是由耶稣宣布的,只不过,在马太对金律的肯定性陈述与路加的否定性阐述之间,略有差异而已(太7:12,路6:31)。但是,在每一部福音书中,金律都被置于那被展示为耶稣的教导之精粹的东西之中,亦即被置于山上宝训和旷野宝训之中。对金律的广泛运用及其否定性和肯定性的表述形式蕴含着一条解释的原则;诚如利科曾经指出过的那样,人们必须

"按照由那种支撑着基督教圣经的象征秩序所规定的视角",①来探究金律的背景。在如此这般做的过程中,人们会看到,金律在行为方面形构了一种与创造之间的联系。回想一下本书前文提到过的贝茨的洞见吧:"你如何爱你的邻舍呢?看看创造吧:这就是上帝爱邻舍的方式。上帝甚至向仇敌、反叛者和忘恩负义的人提供生命的丰盛。"②用保罗的话来说,"在我们还作罪人的时候"(罗5:8),上帝也爱我们,而且,由于这种对他者的责任并不取决于他们的道德价值,一种洞见便不见于《天生的杀手》和几乎所有尼采与狄俄尼索斯式的道德中。

由于金律一直是在西方宗教思想的语境中得到理解的,它便有三个特征。③ 首先,金律聚焦于人类行为的主体间性这一特性之上。这便意味着,金律的主旨并非简单地服从于一种绝对律令;首先出现的是人们之间的关系。此外,它也不完全是人所具有的"人性"(humanity,比如说康德伦理学中的理性的自由这一观念),而人性乃是道德关注的核心。个体彼此不同和独特的个性在道德上是重要的,这可见于该隐和亚伯的故事之中,这不仅是通过

---

① Paul Ricoeur,"对金律的伦理学和神学思考"("*Ethical and Theological Consideration on the Golden Rule*"),载《描绘神圣者:宗教、叙事和想象》(*Figuring the Sacred: Religion, Narrative and Imagination*),David Pellauer 译,Mark I. Wallace 编(Minneapolis, MN: Fortress Press, 1995),293 页。

② 参 Hans Dieter Betz 和 William Schweiker,"论山岳与道德:有关山上宝训的对话(Concerning Mountains and Morals: A Conversation about the Sermon on the Mount)",载《标准》(*Criterion* 36:2,1997:23 页),关于这一主题,人们必须参看 Hans-Dieter Betz,《山上宝训》(*The Sermon on the Mount*, Philadelphia, PA: Fortress Press,1995)。

③ 我已经在另一语境中阐发过这一论点的某些方面,参 William Schweiker,"星光灿烂的天堂和道德价值:神学伦理学结构中的希望和责任"(Starry Heavens and Moral Worth: Hope and Responsibility in the Structure of Theological Ethics),收入《利科与当代道德思想》(*Paul Ricoeur and Contemporary Moral Thought*),John Wall,William Schweiker 和 W. David Hall 编(New York: Routledge,2002)。在这些讨论的每一次讨论中,我都深受利科和我的同事贝茨的启发。

他们的名字(矛、无用)与职业(农夫、牧民)的复杂性,也是在上帝对该隐的仁慈之标记中而得以显现的。其次,理解以下一点是很重要的:不论是在希勒尔的否定性表述中,还是在耶稣的肯定性陈述中,金律都是以需要、憎恨和欲望为中心的。在这样做的时候,金律将道德锚定在基本的人类之善的范围之内,而这些善乃是我们所珍视的,也是我们担心会在情感和欲望的层面上予以抛弃的。这些包含在我们的行为之中的善必须得到保护和提升,与这些善反其道而行之的不正当的暴力就是不道德的,是恶。

在人们的生活中,有一系列的善:感受力和经验(性、快乐、游戏等等)之类的自然之善,社会性的善(友谊、家庭、政治性的或者社群性的参与等等),还有像自我理解和文化活动之类的反思性的善。① 这些基本之善的形式——自然的、社会的和反思性的——乃是金律的背景。在该隐对亚伯的杀害中,它们显然被违反了,但是,在上帝的仁慈的正义行动中,又得到了确认。我们自己所需要的乃是整合或粘合这些善的差异,以使我们的生活丰富而又深刻。我们应该预期,其他人也是以生活的某种整合为旨趣的,哪怕(情况通常都是如此)他们是以与我们不同的方式来这样做的。金律坚持这一点:我们必须像我们自己希望被对待的那样——亦即能够将一系列的善整合到一种正直的生活之中——去对待他人。这样,金律就阐明了关于这样一种道德领域的观点,在该领域中,一系列的人类之善应该得到尊重和促进,而其遵循的规范则以主体

---

① 这一清单显然不想穷尽一切。我的要旨是,各种基本的善都是可以归类(自然的、社会的和反思性的)的,而这些类型在我们的生活中通常都是彼此竞争的,并因而需要做出具有区别性的决断,这是可悲的。尽管在这个星球上,文化与人之间的差异是真实而又重要的,似乎还是有若干种我们应该尊重和予以促进的善。对正直的生命而非混乱的生命来说,这些善是重要的;这便是为什么他们要求我们负责的原因之所在。当然,有些人可能会随意选择放弃某种基本的善,比如说,放弃出于对上帝的信仰的家庭和性关系,但这并不意味着否定一种基本的善,它只是对如何形塑生活所做的一种决断。关于基本之善这一观念,参第八章。

间性的关系以及像愿望和恐惧这样的大量行为动机为旨趣。它阐述了我们在第八章中建立的那种复杂的道德观,这种道德观乃是各大一神论宗教的基础。

金律的第三个特性为我们引来道德疯狂这一问题。通过聚焦于人们之间的互动以及假定有基本之善,用利科的话来说,金律"注重某人之所为与对另一人之所为之间的不对称";他者"潜在地是我的行为的牺牲品,正如他者是我的行为之对手一样"。① 以互动为中心的金律不仅预设了主体间性和基本之善,而且预设了对行为的权力和潜在的对他者的权力之实施;金律旨在阻遏对他者的权力之专断,它以这种方式将该隐和亚伯的故事中的洞见本身形构为一种行为准则。有分歧的乃是一个人之所为与对另一个人之所为,是一个行动者与一个受苦受难的人。他人是潜在的所爱之人、牺牲品和对手。道德生活就是这样的要求和责任:人们应该在行为和关系中使用他们可以自由支配的权力来尊重和增进生命的整全性。

然而,我们必须注意对金律的一种挑战,这金律乃是对道德规范领域的一种适当的表述。诚如理论家们通常注意到的那样,金律依赖于一个限制性的前提,亦即善良意志。② 它应该读解为:要像你应该被对待的那样对待他人。邪恶意志能够对其自身怙恶不悛,并且因而在普适性的要求下使得暴力合法化。这种可能性的可怖之处可见于比方说纳粹艾克曼(Adolf Eichmann)的身上,面对战争罪,他固执己见,认为他遵循了绝对律令;这种可能性至少隐含地见于《天生的杀手》之中。米基本来不得不同意他也是有罪的,并因此正当和正义地得到的处决。一种"邪恶意

---

① Ricoeur,"对金律的伦理学和神学思考"("Ethical and Theological Consideration on the Golden Rule"),294 页。
② 例如,参 Alan Gewirth,《理性与道德》(*Reason and Morality*, Chicago, IL: University of Chicago Press, 1978)。

志"，亦即沦丧的良心能够将最光荣的道德原则用于可怕的目的。我们已经探究过的关于道德疯狂的圣经故事里，有能够处理这一挑战的方法吗？

创造与道德更新

在圣经里的想象中，金律将像该隐和亚伯的故事中有关如何阻遏由道德疯狂驱动的暴力之循环的洞见表述为一种道德律令。如果金律或者与金律非常相似的东西构成道德责任的核心，那么，在原则上，道德疯狂是被拒斥的。但是，我们现在已经获得了一种相当冷静的观点：金律或者任何其他的道德律令只是被感受到的，并且只是约束那些渴望正当地生活的人。邪恶的意志是不受道德主张之影响的。这是否意味着，在最后的分析中，金律的诸多深刻洞见是无用的？因为它们似乎恰恰依赖于它们意欲指导的人，亦即依赖于渴望过一种负责任的生活的人或者共同体。用不同的话来说，面对道德疯狂，我们该如何思考道德转换或更新？我们似乎已经达到了道德与宗教、责任与神恩之间的联结点。我们回到了前面几章中探讨过了的创造与新的创造之间的关联。

回想一下，该隐和亚伯的故事乃是《创世记》中复杂的关于宇宙演化的神话的一部分，这是很重要的。这意味着，受金律支配的行动者与受苦受难的人、在这个案例中即是该隐与他的兄弟之间面对面的互动，是被神秘地置于创造的叙述之内的。人的生存处于由上帝所界定的一个空间之内，上帝创造一切，是至高无上的主，但仍承认上帝之外的一切都是好的（创1:31）——如果我们追随《创世记》的叙述的话；一种与上帝的关系感能够但不必产生一种对存在的爱。受造物并未对上帝提出生存权或终极救赎方面的有效要求，这些都是赐予。就道德生活而言，创造的救赎特性在对仇敌的爱中明显地获得表达。上帝通过甚至向仇敌提供生命的丰盛而爱邻舍，并因而要求皈信。这正是上帝对该隐的行动。但是，这个以上帝的行为为中心的创造观念如何有助于我们正在追寻的问题呢？这个问题即是遵守金律的动机问题，是意志的皈信。创造的象征如何揭示出一种为良心的更新与转换、因而为新的创造工作的力量呢？

在该隐和亚伯的故事中，更新、新的创造的观念出现在上帝给该隐地标记之中。① 也就是说，它是间接地显现在上帝的行动的象征之中的。这一标记在一种独特的符号之下显示了对该隐的承认和关爱，而这一独特的符号表明了上帝甚至会捍卫这个罪人的生命的意愿。在这方面，该隐的全部生存就显明在这个符号中。带着这一标记，该隐便能够重新参与到正在进行着的"创造"的事工之中，也就是说，将一个非常不同的生活空间、一个世界引入到生存之中。该隐"离开上帝的面"，住在伊甸园东边。但是，在那个空间里，他和他的妻子生儿育女，而且，他的家族形成了一种文明。更新是在心与脑、意志的转化中、并通过这种转化而获致的一种新生，是作为上帝的形象的自我的新生。与尼采的超人不同，更新了的自我不是对"人"的一种残酷无情的战胜，它是对人类参与创造的计划的复兴。从道德上来说，任何人本来都能够负责任地与他人相处，并且为他人而生存，在其行为中践履金律，在其关系中践履双重之爱的诫命。道德生活的前提是，人的生存是有价值的，而且，即便它是破碎不堪和极其有限的，也会激发关爱和尊重。如果没有这一信念，一切都会化约为过于人化的权力意志。如果我们应该对道德疯狂的现实阐述一种回应的话，生存的这种无限的、积极的、甚至是充满希望的结构，以及圣经中的象征秩序的融贯一致

---

① 我认识到，在西方基督教史上，这一"标记"通常是以否定性的、种族主义的方式得到解释的。我的解释的力量之一部分恰恰是试图灭掉这样一种形式的道德疯狂，在这种道德疯狂中，有色人种，尤其是非洲人，被莫名其妙地冠以凶手的标记。

性,是能够(而且我认为是必须)通过创造/新的创造而得到读解的。

　　创造/新的创造的复杂的象征最具决定性的要点是,神圣的善不是一种残酷无情的权力行为,而是对生命的整全性的一种非强制性的承认和促进。意志的更新、良心的皈信,都是通过一种充满了价值的新的实在的图景,在想象的层面上运作的;它是在对上帝对所有生命甚至对该隐的持续不断的关爱的回应中,在感受力的层面上运作的。更新发生在人的计划的新的肇端这一可能性之中,而不会陷入破坏的循环的陷阱之中。它是一个创造性的事件。当想象被一种没有陷入整体性逻辑的正义观和人们的那种充满着生命的脆弱感的感受力所吸引时,生活就会重新开始。

　　更新的神学意义是以信仰的实在为中心的。和解性的信仰是信靠上帝的这种更新性的力量——它照亮了一种生活方式。信仰的道德意义是,实在本身、实在的可理解性与目的都是在超越权力意志的善与活生生的上帝的面前逐渐为人所知的。良心的要求是,将这种神圣的善见证为对负责任的生存的一种训令。它是我们存在的标记。诚如历代思想家们所认知到的那样,我们的破碎不堪、邪恶乃至暴力都并非如此深刻或者如此彻底,以致能抹煞这种见证。正是从神圣之善中,产生了人类生活的道德冒险;任何人都是在那种善中,期望着并且劳作着。超越对由道德疯狂驱动的无休无止的暴力之循环的密度,是对生命的一种现实主义和负责任的爱。而且,这种对生命的爱能够渗透到人类的时间之内,这种时间与血腥的编年史、与历史上的断头台是反其道而行之的。

跋

第十章　提出一种新的人道主义

　　大多数西方哲学伦理学与宗教伦理学一直坚持如下信念,即在道德上善并且正当的东西与人类个体和人类的社群之繁荣昌盛密切相关。① 尽管道德体系与社群之间的差异巨大,人类的福祉过去总是以某种方式内在于最高的善和有关道德责任与社会正义的诸多观念之内。诚如启蒙哲学家康德所指出的那样,人性就是目的本身,而且就是普遍的绝对律令的基础。诸多基督教团体也提出过类似的主张。很少被看作人道主义宣言的《威斯敏斯特小要理问答》(1647年)却坚持认为:"人的主要目的是荣耀上帝,并且永远喜爱他。"上帝是最高的善;上帝是人类繁荣昌盛的目的。更早一些,阿奎那辩称,人类最高的善是在上帝自身的存在中并通过上帝自身的存在去认识上帝,是爱的成全——也是人类的成全。即便在今天,像犹太哲学家列维那斯这样的思想家也一直拥护一种"面向他人的人道主义"。在这方面,大多数西方伦理学——宗教伦理学和其他伦理学——都带着一种确定无疑的人道主义品味,哪怕有关人和人类之善的诸多观念迥然不同。康德、新教牧师

---

① 本章最初曾以不同的形式、于2002年8月在比利时布鲁塞尔举行的几次会议上提交给欧洲伦理学网和伦理学会,它也曾发表于2003年1月在宾夕法尼亚的匹兹堡举办的基督教伦理学会的年会上。

们或者托马斯、列维那斯所说的人类之善,其意含在本质上迥然不同。但是,人类的福祉似乎是在道德上善和正当的东西所固有的。①

20世纪是以很多方式对人性展开的攻击,这个世纪是战争、毒气室、屠宰场和强奸营的令人厌恶的编年史。② 非常具有讽刺意味的是,很多哲学家和社会理论家加入到了对人性的攻击之中。在19世纪,尼采直率坦言:"世界是美好的,但是有一种被称作人的疾病。"20世纪的思想家在其对"人"的批判中,如果说其尖锐程度毫不逊色的话,其含糊不清则更胜一筹。海德格尔在其"关于人道主义的信札"中苦苦思考着人的行为的本体论意义,他似乎对存在的命运比对无辜民众的鲜血更为担心。福柯和其他一些后结构主义思想家宣告了人的结局。而最近,辛格尔(Peter Singer)则以非人动物和逻辑严密的名义,一直在倡导"让人类生命非神圣化"。③

---

① 参 Immanuel Kant,《道德形而上学的基本原理》(*Fundamental Principles of the Metaphysics of Morals*,Thomas K. Abbot 译,Marvin Fox 撰写导言,New York: Liberal Arts Press, 1949)和《威斯敏斯特小要理问答》(*The Westminster Shorter Catechism*),收入《基督教信经》(*The Creeds of Christendom*,Philip Schaf 编,第三卷,Grand Rapids, MI: Baker Book House, 1983),也参 Thomas Aquinas,《神学大全》(*Summa Theologiae*,5 卷。Westminster: Christian Classics, 1981)和 Emmanuel Lévinas,《在我们之间》(*Entre Nous*,Paris: Grasset, 1991)。关于什么构成人类的繁荣昌盛这一问题,当然是很复杂的,并且是关于自然主义和非自然主义的道德理论中的争论的一部分。本书的论点赞同一种伦理自然主义,亦即这样一种理论,它认为,我们所说的善之意含是与那些尊重和增进在与他者的关联中的存在的生命之整全性的东西密切相关的,如果说不是受其限制的话。有关这一观点的一般性讨论,参 Philippa Foot,《自然之善》(*Natural Goodness*,Oxford: Oxford University Press, 2001)。

② 关于对这一历史很有说服力的叙述,参 Jonathan Glover,《人性:20世纪道德史》(*Humanity: A Moral History of the Twentieth Century*,New Haven, CT: Yale University Press, 2000)。

③ 关于这一点,参 Peter Singer,《让人类生命非神圣化:辛格尔论伦理学》(*Unsanctifying Human Life: Singer on Ethics*),Helga Kuhse 编(Oxford: Blackwell, 2002)。

这些反人道主义的批判,都是以关于人的观念以及西方宗教与文化传统赋予人类的独特价值为中心的。

对人性的攻击并非20世纪唯一的故事。与此同时,还有以人类共同的尊严和弱点的名义,对令人不能容忍的恐怖所做出的回应;这些回应千姿百态。我们在小马丁·路德·金和民权运动那里亲眼目睹了社会正义和解放运动,还目睹了印度的甘地、南非的斗争,以及当今遍及全世界的妇女运动。神学家和宗教思想家们试图不与更为宽广的生命之延伸反其道而行之,而是在此延伸范围内保护人类的尊严。看到以下一点也是很重要的:反人道主义从来就不缺乏"道德激情"。请让我们记住,即便是尼采也试图以更高级的人类的名义来战胜人。① 通常都有一种对所有生命的尊严的激情,这种激情驱动着对人道主义的攻击的。因此,如果我们想迎接对我们时代的大挑战,澄清伦理学中的人道主义问题很重要。

本章的目的是探索与建设性的,我们想探究在当前形势下有显著发展的人道主义问题。在其他时间和地方,人们应该如何看待和评价人的存在的价值,曾采取过不同的形式。但是,人们应该如何正确地珍视和恰当地尊重人的存在目前可谓聚讼纷纭,而争论的背景则是近代以来人的力量的大规模扩张,还有过度人化的问题。本章建设性的任务建基于对其他思想形式的探究之上;本章将提出一种神学人道主义,以之为一种伦理学立场。② 这样,本章会阐述本书的结论。沿着在第三部分里勾画出来的研究路线,

---

① 很多反人道主义的论点——尤其是尼采和海德格尔——也是对平民百姓的攻击,认识到这一点是很重要的。
② 尽管各种形式的不宽容、基要主义和对"正统"与传统的权力结构的诉求在诸宗教中广为流传,在每一传统中却仍有一些人,他们接受类似于我所说的"神学人道主义"这样的东西。想想所谓的批判性的佛教以及犹太教、印度教和伊斯兰教中的进步的呼声吧。在基督徒中,黑人、第三世界和女权主义思想家们的那些批判性的却也仍然是虔诚的信念,一直都有助于为神学人道主义开辟道路。

接下来我们要关注的是，道德生活是如何被想象的，而这对负责任的生存的意义又是什么？更明确地说，这里的论点是阐发一种人类自由观，它是超越道德疯狂的可悲事实而生活所必需的。下面几页文字将结束本书，因为这几页将阐述一直指导着本书各章的那种伦理学立场。面对对生命的全球性的威胁，对人的价值展开了更大规模的讨论。下文为神学人道主义提供的案例也是就这一争论而言的。

我们首先将转而较为详细地探讨人道主义问题在当代伦理学中正在采取的形式。这样做的时候，我们就能够厘析出一系列对此问题的回应，而在本章的其余部分，这将占据我们的注意力。立论中使用的辩证的和诠释学的方法，将是提出神学人道主义这一建设性任务的一部分。

人道主义问题

人道主义问题将人们带到许多广为流传（甚至是全球性）的道德和政治争论的核心，这些问题中的某些已经在本书中得到探讨。"道德的善"意指什么？它与人类繁荣的关系是什么？人们如何理解人的自由？其尊严是什么？当我们越来越留心那些弥漫于世界周遭的乱哄哄的文化多样性时，我们还能谈论"人"吗？当技术和生物学中新的发展将我们推向完全的基因控制和电子人的生存形式时，谈论"人"还有意义吗？难道在参照人的行为的情况下，社会制度才能得到最好的理解？或者，难道我们必须按照其自身的主张来探究社会过程？从道德上来说，人类的福祉与非人动物的道德地位的关系是什么？人们该如何对待我们现在生活在自然的终结，人类力量的凯旋之中这种主张？

这些以及大量其他问题显然值得注意。人们可以通过详细注意某些明确具体的问题，比如说生物技术中的问题，而对这些问题进行微观研究。但是，对这一课题宏观的处理，即试图把握由处于我们这个后现代的、全球化时代里的人道主义问题所提出的最广泛的大量问题，也是可能的。当我们宏观地审视当前的境遇时，我们能够将什么视为人道主义对伦理学提出的基本问题呢？

目前，不同的思想家和文化运动都在回应一种普遍的挑战。这一挑战在我们的时代尤其显得迫在眉睫。它产生于人类回应、形塑乃至创造实在的能力的奇异扩张。它有两个环环相扣的因素。首先，技术力量能将所有生命囊括到其领域之内，并且使得任何"外部"（outside）都服从人类的计划，即使真的可以的话，我们又如何能够限制技术力量这种残酷无情的动力呢？我们已经将这种对生命的囊括称作过度人化。许多人发觉这种对生命的囊括是令人窒息的，他们渴望一种"外部"，渴望某种超越。他们带着对暴力、粗俗的言行以及对人类权力包括宗教恣意妄为的否定的恶心感而生活着。这些人渴望某种方法，面对生存中难以忍受的事实，而他们的生存充满着一种对生命的赐予现实主义却又明快鲜活的感恩。问题是，我们该如何避免人成为地球上的疾病？其次，肆无忌惮的人类力量对这个星球上的所有生命都施加了显而易见的威胁，有鉴于此，如果真的可能的话，我们该如何提供一种持久、适足以为人类的生活确定方向的先见之明？在一种复杂的、文化上多样化的全球化境遇中，我们甚至能够以一种与道德相关的方式来谈论"我们"吗？于是，伦理学所面对的核心挑战就是，如何在全球化的境遇里，形构一种思想形式和生活方式，它在其他生命形式之内，而不是对抗性地尊重和增进人类生存的整全性。坦率地说，难道人们必须拒斥对人类的独特价值的宣称，以便抵御对生命其他形式的众多威胁吗？这便是人道主义问题在我们的时代所采取的特殊的形式。

这一挑战可谓众所周知、广为察觉，并且被深刻地感受到；困难在于如何着手处理它。我们可以厘析出一系列立场，它们在本章的剩余部分里必须得到更详尽的考察。这些立场中没有一种——更不用说神学人道主义了——需要全盘拒斥人类可以创造性地形塑和改变实在的力量;但是,这些立场中的每一种都充分意识到,当力量只是通过其持续的增长而得到衡量时,那么,人类和非人类的生命形式的维系就会出现困难。我们所说的过度人化这一观念,并非指对人类的创造性或者技术力量的赞美,而是指一种意识形态和社会状态,其中,使这种力量最大化成了善本身。我们可以厘析出的立场与此种可能性反其道而行之,它可见于形形色色的人道主义者之中。各种形式的当代人道主义大多公开标举人类中心主义,并且显然是世俗的;它们将所有的价值都划归为人类的、世俗的目的。因此,善就被限定在人类之内的目的与繁荣之内,即便它们希望遏制过于人化的驱动。由于这个原因,人们为其他非人类的生命形式担忧,是因为它们对人类的福祉是至关重要的。这些形形色色的伦理学之焦点聚焦于托多洛夫(Tzvetan Todorov)所说的"横向超越"和纳斯鲍姆(Martha Nussbaum)以类似的方式所说的"入世超越"。我们可以将这种新人道主义立场当作入世人道主义来谈论。①

另外一组我们必须予以探讨的立场将反思推至超越现在的人类的力量之外,为的是考察超越人类或者个体之上的实在,以之作为历史中最重要的力量;出现了对所有人类的入世性超越的否定,为的是聚焦于超越社会制度或者海德格尔提出的存在的命运这种人类动力的实在与力量。由于这一原因,人道主义是错误的,这不仅因为它聚焦于现在人类的价值,而且因为它力图只参照人类个

---

① 参 Tzvetan Todorov,《不完美的花园:人道主义的遗产》(*Imperfect Garden: The Legacy of Humanism*), Carol Cosman 译(Princeton, NJ: Princeton University Press, 2002)和 Martha Nussbaum,《妇女与人类的发展:能力分析法》(*Women and Human Development: The Capabilities Approach*, Cambridge: Cambridge University Press, 2000)。

体行动者的生命与行为,来解释复杂的系统的运作。这种双重性的主张是当代各种形式的反人道主义的根本特征,而其根源则是尼采的见解。

神学人道主义者显然关注人类的福祉。但是,诚如我们将要看到的那样,与入世的人道主义者相比,他或她坚执更为宽广、更复杂的价值域。这种更为宽广的价值领域在与作为善的来源与范围的神圣者的关系中得到理解。诚如在本书第一部分中所看到的那样,在存在的领域与价值的领域之间,存在着一种深刻的关系,以至任何具体存在的价值都不只是人的力量与评价的问题。换言之,人们使用传统的语言,人们做"神学",为的是阐明生活的道德空间如何充满了不可化约为人类力量的价值,并阐明这对生活意味着什么。这种立场仍然是人道主义的。与各种反人道主义不同,一个神学人道主义者会与其他形式的人道主义为伍,以辩明拥有自我发展的自由与形构社群之能力的个体有其独特的道德地位。正是由于拥有这些行动的权力,个人才拥有不可归入那些在人类之上的实在(社会制度、自然和国家)的价值。[1] 这就是为什么我们一以贯之地坚持以良心为使道德存在的独特方式概念化的最佳路径的原因之所在。许多反人道主义思想的缺点就在于,它们都希望完全没有道德目的或者道德意义的超越人类的实在解以某种方式拯救我们。

神学人道主义的直觉诉求依赖于这样一种洞见,即人之上的实在与人类之内的目的不会也不可能穷尽人生的价值与意义这一

---

[1] 伦理整体论与认识论中有关整体论的争论有关联,但又迥然不同。我这里的立论只涉及这样一些伦理立场:它们主张,任何个体的存在之价值都完全依赖于它是其一部分的"整体"。尽管有些神学家像伦理整体论者一样高谈阔论,在圣经传统中却仍有一些强烈的动力,它们抵制为了"整体"的善而完全抹煞个体,不论这个"整体"是如何被界定的。关于对当代神本论(theocentrism)最强有力的表达,参James M. Gustafson,《来自以神为中心的角度的伦理学》(*Ethics from a Theocentric Perspective*,2卷,Chicago. IL: University of Chicago Press,1981,1984)。

领域。在更为宽广的生命范围内,就自由的实在而言,有些东西超越世俗目的,并且抗拒人之上的力量。人类为超越将生活归约于俗世——我们并不只是靠面包为生——的东西而奋斗,但是,诚如从集中营到反对种族主义的斗争所昭示的那样,人们也持续不断地抵抗将他们的生命淹没于对个体的生存无动于衷、在人之上的实在之中。因此,对神学人道主义者来说,自由的善,也就是我们形塑、回应和创造实在的能力之价值与尊严,并与有关人类的超越性密切相关的。如果我们想针对那些对生命的威胁而对生命的整全性承担责任,换言之,如果我们想在多元世界的时代里抗击过度人化,这种联系就是至关重要的。

接下来,我们将转向传统人道主义中的基本主题,以及当代入世的人道主义所做的一些修正;而那些反对人道主义的观点将在此过程中与它们对人类超越性的具体解释一道得到展现。

人道主义的形式及其批评者

人们所说的"人道主义"意指什么?当然,这是众所周知地难以界定的。具有代表性的做法是,人们会将其谱系追溯到文艺复兴和研究"人性"的肇端,并且会图示世俗人道主义、自然主义的人道主义与宗教性的人道主义之间的差别。然而,关于人道主义的根源,还有更多的话可以说。它至少可以回溯至苏格拉底,是苏格拉底使得哲学降到了地上。根据某些解释,它还可以向前追溯至希伯来圣经和基督的如下主张:安息日是为人设立的,人不是为安息日设立的。无论历史是什么样的,所有的人道主义者都共同拥有尊重和增进人类生存的整全性这一愿望。这种愿望需要对自主性的确认、需要坚执人类独特的善,也需要某种形式的道德普世性,亦即所有的人类——不只是我或者我的亲戚——都应该得到尊重和尊敬。托多洛夫已经指出,人道主义者认为"自由是存在的,而且自由是珍贵的,但与此同时,人道主义者也珍视共同的价值,珍视与他人一起生活以及对其行为负责任的自我"。①

除了对自由、共同的生活和负责任的行为的关切以外,还有一种有关人类生存——对人道主义思想家们来说,这种生存很重要——的更为深刻的主张,诚如维森伊(Laszlo Versényi)在对苏格拉底的人道主义的研究中所说的那样:

> 打比方说,(人)只是一种象征、一个片断,是根本上不完善和不完整的某物,如果意识到其不完善性,他被推动着走向自我完善,他会为使之生来就必须存在以便实现其自身的东西而奋斗着……(人)是一种运动、一种超越、一种"中间(metaxu,中介)的事物"。②

人类会爱会恨,会哭会笑;我们是易受自己的幻觉欺骗、容易犯错却又追寻真理的存在物。如果是这样,如果人们的生活不该只是幻想和悲哀,人们就必须开始以完整或整全性(wholeness and interity)为目的的自我超越过程。人们这样做的时候,会意识到整全性可悲地或可笑地永远不可能获得。但是,人们这样做的时候,也会带着某种模模糊糊的意识,即做人即是一种正在进行的为了整全性而作的斗争,在多个领域、多个世界之间运动。

在承认人道主义者在这些理想上有着广泛的共识的前提下,思想家们之间的争议也开始了。一位宗教思想家坚持认为,那种

---

① 参 Tzvetan Todorov,《不完美的花园》,5 页。
② Laszlo Versényi,《苏格拉底的人道主义》(*Socratic Humanism*, New Haven, CT: Yale University Press, 1963),131 页。

规定着人类生存的整全性、并因而规定着那独特的人类生活之善的,乃是人类寻求与上帝之间的自由与回应性的关系的能力。我们存在的超越性已经并且永远部分地是迈向并且回应上帝的运动。正如奥古斯丁的名言所说:人心永不安宁,直到它安宁于上帝之中。杜摄尔(Hermann Deuser)在其对十诫的研究中昭示了以下一点:从神学上来考虑,第一诫命阐述了做人必须有一个"神",亦即某种确定方向的善。于是,伦理学和神学的问题便是:我们能够并且应该认信什么样的善?① 相反,一位非宗教性的人道主义者则会否定这一主张,并且用托多洛夫的话辩称:人道主义"划定了这些(人类的)行为的行动者在其中发展的空间:这是所有人类的空间,并且只是人类的空间"。② 人道主义者之间的这一争论覆盖了价值的领域、生活的道德空间之范围,而与之结合在一起的是对自由的珍贵性的肯定。这一争论的核心事关人的超越性之性质与范围。诚如我们稍后将要看到的那样,这与过度人化及其对所有生命形式的威胁密切相关。

长久以来,人道主义者们就已经懂得,人的自由历史性地、社会性地、文化性地存在于世界之中或者体现在世界之中。但是,把握以下一点也是很重要的:在人道主义的文献史上,自由以及为争取整全性而展开的斗争这两者之间的联系一直都通过反差甚大的想象与隐喻的架构而得到表达。这些隐喻对有关人的超越性的不同观念提供了洞见;作为超越之能力的自由一直被以不同的方式想象成对道德观具有深远的影响。让我们考虑一下古典人道主义

---

① 参 Hermann Deuser,《十诫:神学伦理学刍议》(*Die Zehn Gebote: Kleine Einführung in die theologische Ethik*, Stuttgart: Philippe Reclaim, 2002)。这也是路德在其《大本教理问答》(*Large Catechism*)中注解第一诫时提出的主张。人们还应该注意到,这一主张尤其见于新教思想家之中,而且,这一主张也许可以很好地解释像柏拉图和康德这些阐述过类似观点的人的立场对新教神学的重要性。

② Todorov,《不完美的花园》,30 页。

中三个占据着支配地位的隐喻吧,这就是剧院、花园和学校,不过,它们没有穷尽古典人道主义的隐喻。① 它们都是描绘超越性的路径。我们必须考察这些自由的隐喻,在这些隐喻中,人的超越性显现在为争取完整和道德整全性而展开的斗争之中。

以这种方式开始行动有两个理由。首先,从事这种对自由的隐喻的反思有其诠释学上的理由;尽管我们必须详细地探究这些隐喻,但对自由在这个世界中的地位所作的解释提供粗略而又现成的类型学,将会厘析出人道主义、还有当今入世的人道主义以及当代反人道主义思潮的显著特征。② 当代的新人道主义一直朝着对他者、对"你"负责任的方向,修正着传统人道主义有关自由的主张。生活的道德成就并非只是事关自我和自我的实现,要紧的是"他者"的福祉。虽然这是人道主义内部的重大发展,自由和超越的问题却仍备受争议。因此,第二,我们便探究这些隐喻,为的是为神学人道主义阐发出辩证的论说。

---

① 当然,还有许多其他重要的隐喻可以探讨,包括生活即斗争的观念,亦即伊拉斯谟在其《基督徒士兵手册》(*Enchiridion Militis Christiani*)一书中所说的属灵的战争。人们还可以看看关于体育场或体育训练的隐喻。我现在聚焦于花园、剧场和学校这些意向,这是就其可以有效地将见于反对人道主义的思想家们之中的批判路线组织起来而言的。关于对隐喻在人道主义思想中的地位的讨论,参 Ernesto Grassi,《作为哲学的修辞学:人道主义的传统》(*Rhetoric as Philosophy: The Humanist Tradition*, University Park: Pennsylvania University Press, 1980)。

② 一条小心翼翼的注释是适宜的。任何使用类型学的人都会承认其局限性;你是在厘析出一些逻辑上的选项,而不是对任何一种立场都提供一种详尽的分析。类型学的思想似乎会将每一种立场僵化或者凝冻为一种"静态的"而非动态的实在,不仅如此,它还会在一个非常复杂而又凌乱的世界里提供一种明晰的错觉。此外,任何一种类型学都是从某种观点出发而得以构想的,因此,就阐发这种类型学的思想家的视角而言,必然会厘析出一些逻辑类型。人们如果稍不留心,类型学的框架就会成为自我辩解型的。在承认所有这些问题的情况下,我仍然断定,运用类型学的反思对神学伦理学的工作来说是很重要的。关于这一问题,参 Paul Tillich,《基督教与世界诸宗教的相遇》(*Christianity and the Encounter of the World Religions*, New York: Columbia University Press, 1963)和 H. Richard Niebuhr,《基督与文化》(*Christ and Culture*, New York: Harper and Row, 1951)。

作为寓言和戏剧的人类

"全世界都是一个舞台",莎士比亚写道。在人道主义思想家中,人类生存的空间即是舞台和人就是演员这一观念可谓广为流传。① 文艺复兴时期的西班牙作家外舞斯(Juan Luis Vives)在《人的故事》(Fabula de homine)一书中写道:"人本身就是一则寓言和一幕戏剧。"人类的独特性就在于有力量改变她自己或他自己,出现在形形色色的面具之下,甚至成为诸神的模仿(archmime)。"确实,人是有神性的,就像朱庇特一样。他经常借助于遮掩的面具仔细张望,差不多准备在许多事情上都大呼小叫,别出心裁地展示自己。"②米兰多纳(Pico Della Mirandola)和西塞罗之福,外舞斯将人的尊严锚定在自由行动所具有的界定人类之生存的力量之中;人们拥有不受自然和超自然的限制之阻碍的、塑造和建构他们的生活的全部道德力量。而且,更有甚者,这种力量的拓展表明,人类恰恰是在这些由人的力量塑造而成的事物和实在之中得到显示的。文化和社会的作品乃是揭示朱庇特力量的棱镜,这种力量是人类的本性。

在对人类自由的解释中,人们可以轻易地看到激进的存在主义预兆。诚如萨特(Jean-Paul Sartre)很久之后所说的那样:存在先于本质。③ 这种激进的自由概念乃是当今反人道主义思潮的主

---

① 当然,事实是,那些使用剧场这一隐喻来说明自由在这个世界中的地位的人有着非常不同的议程,并且也有迥然不同的实质性的道德观与哲学观,有关花园和学校的观念也是如此。尽管意识到这些差异,我却不能在本章中对它们详加探究。

② Juan Luis Vives,《人的故事》(A Fable of Man),收入《文艺复兴时期关于人的哲学》(The Renaissance Philosophy of Man),Ernst Cassier 等编(Chicago, IL: Phoenix Books/University of Chicago Press, 1956),388 页。人们还应该回想起,就演员所戴的面具而言,西方思想中关于人的观念在戏剧中是有其源头的。

③ Jean-Paul Sartre,《存在主义就是一种人道主义》(Existentialism is a Humanism),收入《基本著作》(Basic Writings),Etephen Priest 编(New York: Routledge, 2001)。

要靶子,这种不受妨碍的自由观意味着对自由的其他领域的抹煞,也意味着将生命的其他形式仅仅化归于人类的工具性目的。激进自由的计划支持过度的人化,它认为过度人化就是将所有的存在都囊括、框入和编码到人类力量这一领域之内。毫不奇怪的是,很多20世纪的反人道主义者都对形塑存在的所有领域的人类力量这一观念提出了挑战。海德格尔在其对萨特的回应中,就辩称:"人道主义"会过于轻易地将所有存在化约为人类目的的"长期储备"(standing reserve);海德格尔在人道主义里看到了现代技术对存在统治之根源。[1] 人道主义必须遭到拒斥,因为作为朱庇特之模仿与形象的人类将人的生存从其他生命中孤立出来,并确保了对存在领域的统治之正当性。

许多思想家都追随海德格尔的批判。一些生态哲学家发现,支配的动力根源于有关激进自由的观念,根源于圣经传统中支持人对自然的统治,而其原因则是认为,人类作为上帝的形象、作为对统治着世界的上帝的模仿,拥有独一无二的尊严。[2] 也有一些神学家,如古斯塔夫逊,在坚执人类的尊严与责任的同时,正确地驳斥了大多数西方伦理学中的人类中心主义。而且,还有另外一些人重新设想了镶嵌在更为宽阔的生活之网中的人类生活,如女

---

[1] 关于这一点,参海德格尔著名的"人道主义信札"(Letter on Humanism),收入《基本著作》(*Basic Writings*),David Farrell Krell 编(New York: Harper and Row, 1977),189—242页。在学者中间,关于海德格尔是否应该被视为一位反人道主义者,还是他是在以一种新的解释的名义攻击一种特定形式的人道主义,可谓聚讼纷纭。这一争论在本章中不能得到介绍,此外,这一讨论对我的立论并非必不可少。

[2] 关于生态伦理学家中"海德格尔式的"论点,参 Jim Cheney,"后现代环境伦理学:作为区域生物学叙事的伦理学"("Postmodern Environmental Ethics: Ethics as Bioregional Narrative"),载《环境伦理学》(*Environmental Ethics*)11(1989年夏):117—34页,以及 Mick Smith,《地方伦理学:激进生态学、后现代性和社会理论》(*An Ethics of Place: Radical Ecology, Postmodernity, and Social Theory*, Albany: State University of New York Press, 2001)。

性主义者麦克法格(Sallie McFague)所做的那样。① 非常有趣的是,正是在这一点上,神学人道主义另辟蹊径——如果说这一路径还与之有些关联的话——迈向了神本论和生态整体论。世界即剧场——人类在其下出现的面具之上演——并非一种关于自我实现的人类力量的主张,毋宁说,诚如加尔文会指出的那样,世界乃是上帝荣耀之舞台。正像本书其他地方所辩称的那样,世界这个剧场有其对神——而非只是人的创造性——的本体论上的和价值论上的参照。只有以这种方式,人的超越性才会保护其他生命形式的整全性。对于神学人道主义者来说,这一有关生活的道德空间的事实,并不因此减损人类行动能力的独特性,也不否定人类的道德天职。在神学上有分歧的乃是如何理解自由,不以自由为自我创造的力量,而是以之为在一个充满着价值并且需要回应他者的世界里生存的独特方式。稍后,这将要求对人的生存进行神学上的解释。

花园中的自我

在人道主义有关世界中的自由的话语里,花园和学校这些隐喻也很流行。这些隐喻中的主调不是自我创造,而是教化或者道德形构(moral formation)。

"我还知道,"康迪德说,"我们必须耕作我们的花园。"
"你是对的,"邦葛罗斯说,"因为,当人被置于伊甸园时,他被置于那里,为的就是劳作(*ut operaretur eum*)——他应

---

① 参James M. Gustafson,《来自以神为中心的角度的伦理学》和Sallie McFague,《丰盛的生命:为处于危险中的地球重思神学与经济学》(*Life Abundant: Rethinking Theology and Economics for a Planet in Peril*, Minneapolis, MN: Fortress Press, 2001)。

该劳作——这证明,人不是生来就游手好闲的……"

"说得好,"康迪德回答道,"但是,我们必须耕作我们的花园。"①

像外舞斯一样,伏尔泰找回了人在这个世界中的历史悠久的形象,以便完成关于康迪德的故事。

花园中的生命形象见于《创世记》和它所产生的注解之中,也见于古代的伊壁鸠鲁学派和后来蒙田(的著作)之中。根据这种解释,生命的旨趣应该是道德涵养。对于生命置于人类生存之上的限制,人们必须有一种真诚的——如果说并不总是感恩的——意识。在这些限制之内,人的使命是培育一种适合他自己的判断和他与他者之间的关系的性格。虽然珍视友谊与社交,花园意象却导致了对孤独的赞美。诚如蒙田常说的那样:"我尽量将时间完全用在我自己身上。"在《散文集》中,他又写道:"你在家中有足够多的事情要做,不要离开。"②换言之,真正的自由是摆脱了忧虑之纠缠的自我劳作,这些忧虑太轻易也太经常地以具有倒数第二的重要性的事务让我们分神。

正是有鉴于此,我们能理解对古典人道主义的其他批判。这些批判找到了两种表现形式。在一种形式中,生活的目的是"涵养自我"遭到了由列维那斯出色地提出的整体性批判。想想前面的讨论,他的主要观点是,任何始于"我"的思想体系都会将"他者"囊

---

① Voltaire,《康迪德和其他故事》(*Candide and Other Stories*),Roger Pearson 译(Oxford: Oxford University Press, 1990),99—100 页。关于这一点,也参 Terence J. Martin,《活生生的话:宗教对话研究》(*Living Words: Studies in Dialogue Over Religion*, Atlanta, GA: Scholar Press, 1998)。
② Michel de Montaigne,《全集:散文、游记与信札》(*Complete Works: Essays, Travel Journal, Letters*),Donald M. Frame 译(Standford, CA: Standford University Press, 1958),III, 10, 766—777 页。

括到"整体性"与同一性之中。① 整体性表达了我所说的过度人化之意,过度人化即是将他者囊括、框入和编码到自我的领域之内的工程。尽管进行了这样的批判,列维那斯却仍然是一种新型的人道主义者。对花园意象的第二种批判思路一直采取了明确的反人道主义形式。这一立场挑战了如下观念:我们拥有能通过教化而臻于至善的自然倾向。至善这个观念本身需要某种有关独特之人性的观念,而根据我们对其他物种的了解,这样的观念是难以为继的。② 像外舞斯和皮科这样的人道主义者是在个体界定自我这一独特的力量中看到人类的尊严,与他们不同,一些反人道主义者否定人类和非人类之间的任何差别。他们借助于大谈特谈"后人"(post-human)、电子人的生存或者"自然的终结",而否定这种差别。③ 宗教和哲学对人性的独特性的宣称已经使"人"成了地球上的疾病。

当代入世的人道主义者也已经对这些反人道主义的批判做出了回应。他们的回应与我的下述观点密切相关:必须在人道主义的计划之内重新思考自由的意义与地位。托多洛夫以及利科这些迥然不同的思想家一直都主张,"我"不是笛卡尔所说的源头,而是

---

① Emmanuel Lévinas,《整体与无限:外在性论文集》(*Totality and Infinity*:*An Essay on Exteriority*),A. Lingis 译(Pittsburge, PA:Duquesne University Press, 1969)。
② 关于人类与其他物种之间的关系,有一种讨论颇有裨益,参 Mary Midgley,《伦理上的灵长类动物:人类、自由与道德》(*Ethical Primate*:*Humans, Freedom and Morality*, New York:Routledge, 1994)。
③ 关于对这些问题的讨论,参 Donna J. Haraway,《猿猴、电子人与女性:对自然的再创造》(*Simians, Cyborgs, and Women*:*The Reinvention of Nature*, New York:Routledge, 1991);Mark C. Taylor,《犯错:一种后现代非/神学》(*Erring*:*a Postmodern A/Theology*, Chicago:University of Chicago Press, 1984);Bill McKibben,《自然的终结》(*The End of Nature*, New York:Anchor Books, 1990);以及 Charles E. Winquis,"人",收入《宗教学关键词》(*Critical Terms for Religious Studies*), Mark C. Taylor 编(Chicago, IL:University of Chicago Press, 1998) 225—238 页。

目的,是应该得到珍视和应该达到的目标。做人就应该成为一个尚未完成的计划。但是,行动的目标不仅是一个人自己的生活,而且也是其他真实的人。做人就是行进在通往一种认同的路上,而这种认同是与他者密切相关的。[①] 一位神学人道主义者会做出类似但又有所不同的回应,自我不是价值的来源,但是,同样地,价值的领域甚至超出了作为目的、作为目标的人。简言之,托多洛夫写道:"人类取代了神的位置,但并非任何人,而只是体现在个体而非我自己之中的人。"[②]他的主张最终因过于狭隘而遭到拒斥。对于重新思考自由在这个世界中地位来说,"横向超越"最终不够充分。稍后,我们会明白情况为何如此,并且明白它如何与要正确地对生命的整全性做出回应这一要求发生关联。

规训与学校

让我们考虑一下见于古典人道主义者之中的最后一个关于人类自由的隐喻,这便是学校的意象。人文主义者不仅一致都对教育兴味盎然,而且,更为重要的是,他们经常认为,生活本身就是一所美德的学校。伊拉斯谟和加尔文在神学上当然是有分歧的,但他们却能谈论哲学和基督的学校。自我涵养并非像蒙田所相信的那样,只是以耕作一个人自己的花园为目的的自主的判断这么一件事。它也是一种学习和适应的形式,是一种教育形式,借助的是各种规训的范式。诚如哈多特(Pierre Hadot)可能会说的那样,哲学乃是一种生活方式,这种生活的形成借助

[①] 参 Todorov,《不完美的花园》,80—93 页,和 Paul Ricoeur,《作为他者的自身》(*Soi-même comme un autre*, Paris: éditions du Seuil, 1990),也参《利科和当代道德思想》(*Paul Ricoeur and Contemporary Moral Thought*), Jhon Wall, William Schweiker 和 W. David Hall 编(New York: Routledge, 2002)。

[②] 参 Todorov,《不完美的花园》,137 页。

的是实践。①

　　这个观念是,自由既不是通过人类选择穿戴上的形形色色的面具而表现出来的自我创造的力量,也不是涵养自我的能力。规训与实践是在社群和传统中迈向生命整全之路的手段。学校这一意象以一种显然不同于剧场的方式,表述了自由在生活的道德空间中的地位。形构不是创造。但是,学校这一隐喻也强调了人类生存的社会性,而不是花园的茕茕孑立。人们在像麦金太尔(Alasdair MacIntrye)这样的当代德性理论家以及一些社群主义的、叙事神学家那里,可以见到这一思潮的蛛丝马迹。②

　　围绕着学校这个意象,人们也会遭遇到当代反人道主义的修辞;像福柯这样的反人道主义者虽然对自我的形成深感兴趣,却可能会将学校这个隐喻视为一种掩盖着权力、规训和惩罚之机制的话语。福柯主要关注的是,在作为这个世界里的真实力量的权力的隐藏着的而且是自主的运作中,人们被弄成"臣服者"、被迫服从的方式。其他一些视角也加入到对生活即是致力于规训这一观念的批判之中。像布伯和科哈克(Erazim Kohák)这些迥然相异的思想家们都注重生存的主体间性,而不注重对道德教育的需要。与另一个人的相遇被视为一面棱镜,透过这面棱镜,可以把握人与

---

① 参 Pierre Hadot,《作为一种生活方式的哲学:从苏格拉底到福柯的神操》(*Philosophy as a Way of Life: Spiritual Exercises from Socrates to Foucault*), Arnlod Davidson 编, Michael Chase 译(Oford: Blackwell, 1995)。也参 Werner Jaeger,《人道主义与神学》,阿奎那讲座七(Milwaukee, WI: Marquette University Press, 1943)。亦请参第五章,论古代世界里哲学的意义,乃至基督教哲学的观念。

② 在德性理论家中,麦金太尔一直最为坚持"学校"这一理念,参氏著参 Alasdair MacIntyre,《道德研究的三种相互颉颃的形式:百科全书、系谱学和传统》(*Three Rival Versions of Moral Enquiry: Encyclopedia, Genealogy, and Tradition*, Notre Dame, IN: University of Notre Dame Press, 1990)。关于这一立场中显然也是反人道主义的基督教版本,参 Stanley Hauerwas,《个性的社群:迈向一种建设性的基督教社会伦理》(*A Community of Character: Toward a Constructive Chrsitian Ethic*, Notre Dame, IN: University of Notre Dame Press, 1981)。

神之间的关系。① 与他者的关系构成了人类个体的存在与尊严；但是,这种构成性的关系避免将自我与他者化约为对规训与教育的实践。人类之内的善让路于超越的价值来源,但并不因此而被统摄到某种在人之上的"社群"或者"传统"这样的实在之中。对布伯来说,上帝是我与你的关系中的"第三者"。诚如科哈克所说的那样,永恒者被理解为对俗世深刻的人格化的介入。依靠与他者面对面的相遇,那掌控着责任的人类生存的尊严便在生活的具体性中得到彰显。人的生活是由责任构成的,而不是由责任规训而成的。

人道主义与当今的伦理学

形形色色的关于自由的隐喻使得我们可以就人道主义问题在目前呈现的形式,为当今伦理学的概貌提供一种解释。我们实际上已经阐明了关于自由的诠释学,也就是说,我们已经把握了自由在各种思潮和话语中、并通过这些思潮和话语而呈现出的各种意义。对那种导致抹煞其他的存在领域(本体论的批判),或者将其他生命形式完全化约为人类的工具性目的(价值论的批判)的关于"人的存在"的观念,各种反人道主义的思想形式都提出了挑战。反人道主义可以被看作对现代过度人化的一种回应。这些思想家关注存在的命运、权力的机制或者社会制度,而不是以人类为反思的对象。但是,必须质问的是,对人道主义的批判能否维系其自身？或者,所需要的是否是对人类对地球上的生命承担的责任的新解释？难道存在的命运真的会避免道德评价？

---

① 参 Martin Buber,《我与你》(*I and Thou*, Edinburgh: T. & T. Clark, 1937)和 Erazim Kohák,《余烬和星星:自然的道德感探究》(*The Embers and the Stars: An Inquiry into the Moral Sense of Nature*, Chicago, IL: University of Chicago Press, 1984)。

在回应这些批判者时,像托多洛夫这样的思想家和其他一些新人道主义者从本体论上争辩道,"我"是行为的目的或目标,而不是其超越性的来源。作为行为之目标的"我"包括其他人,亦即"你"的最终状态。这就是托多洛夫所说的横向超越。为了避免过度人化,难道我们必须超越横向超越、超越人类之内的目的而运思吗?难道那种对超越的解释在其有关价值的范围的观念中,仍然而且最终还是问题丛生的吗?难道我们要像科哈克、列维那斯和其他人所争辩的那样,必需明白我们在这个世界之内的关系,对我们与上帝之间的关系而言,乃是一些棱镜或者蛛丝马迹?诚如一位伊斯兰教领袖最近指出的那样,"只有那些助人者才是在服侍上帝"。① 据我的理解,这些新人道主义思想家正朝着"神学人道主义"的方向迈进。对他者的回应乃是一种自制形式,它展示了超越、逾越人的力量领域的东西。他人的主张对一个较人类之内的善更为广泛也更为密集的价值领域开放。然而,正由于它是对他者负责,并且与他者一起负责,人们便不会被淹没在那种在人之上的实在之中。

神学人道主义者以一种微妙而又重要的方式与其同路人分道扬镳了。生活的道德空间最好通过创造的隐喻而得到理解;和上帝的关系并不局限于自我与他者之间的双向相遇,而包括这种相遇本身。上帝并不是自我与他者相遇之内的踪迹或者闯入者;我们与作为向我们提出要求的他者相遇,这首先因为自我与他者存在于那超越了我们的相遇的创造之内。这便意味着,伦理学的领域既包括也超越了正义、关怀和爱的关系,而这些关系都能够并且应该成为对他者回应的特征。

这一洞见将我们带到论证过程的最后一步。为什么我们应该

---

① 参佛拉特(Erich Follath)对汗四世(Karim Aga Khan IV)的访谈,载《镜报》(*Der Spiegel* Nr. 1/30.12.02, S. 92—3)。

拥抱神学人道主义，而不是支持横向超越并因而支持入世的人道主义，或者不坚持一种看似颇得人心的反人道主义观点呢？我们必须致力于对我们已经阐明过的各种关于自由的隐喻给予神学解释，以此作为谈论生活的道德空间的一条路径。

论神学人道主义

本章采用了看似迂回的路径，以穿越伦理学中的人道主义问题。我们将讨论聚焦于自由及其与人类尊严之间的联系上。尽管很简略，但我们还是勾画了表达在基本的隐喻中、见于人道主义思想家之中的关于这个世界中的自由观念。这为我们提供了一幅伦理学中目前的选项路线图。在努力提出有利于神学人道主义的理由时，为什么要选取这种反思路径呢？

我们沿着这样的反思路径行进，因为自由的问题是伦理学所面临的最大挑战之一。回想一下吧，我们曾经根据如何形构一种尊重和增进人类生存的整全性的思想形式和生活方式，而将这一挑战锚定在其他的生命形式之内，而不是使其与其他的生命形式反其道而行之。这一挑战以人类力量的扩张以及随之而来的过于人化的威胁为中心，这种威胁不仅及于人类，而且也及于其他的生命形式。自由可以为因果关系的独特的人类形式以及我们的力量命名，就此而言，我们的自由之本性与范围是什么？自由是如何与人类生活的不完善性以及为争取整全性而展开的斗争发生关联的？难道自由会将我们置于这个星球上更为广阔的生活范围之内，或者，诚如外舞斯、当然还有萨特所提出的那样，自由就是创造诸世界的力量本身？鉴于技术时代人类力量的这种不可思议的扩张，什么可以改变我们珍视力量的方式，以便能够限制人类王国的这种看似无休无止的扩张，并且因而保护这个小小的星球上的生命的脆弱的整全性呢？

为了迎接伦理学面临的这一基本的挑战,人们必须提供一种健全有力的、非化约性的、却是自然主义的关于自由的解释(参第二章)。更直截了当地说,人们不得不在以下这样一种更为深刻的主张之内来理解自由:为争取完全、整全性而奋斗乃是人类生活的本质。诚如哲学家米格蕾曾经指出过的那样:

> 人类自由的核心是,在处理其各种相互冲突的愿望时,做一个在某种程度上能够作为整体而行动的受造物……尽管这只是一种努力——虽然整全性当然不是现成地给定的,而且永远不能完全实现——但是,为弥合冲突并达到这种整全性而进行的奋斗当然是我们所说的人类自由之核心。①

为争取完整性和整全性而进行的奋斗,将我们置于更为广阔的生活复合体之内,也将我们置于多种愿望之间的冲突之中。这种会界定自由的奋斗能超越人类之内的目的,并且抗拒淹没在在人之上的实在之内吗?我们能够揭示入世的人道主义和反人道主义的遗产最终不适宜成为人类道德天职的愿景之原因吗?②

在对伦理学里的人道主义问题的探讨中,我们已经明白了各种反人道主义的论点如何正确地对古典人道主义者之中的、有关激进的自由的解释提出了挑战。这些批评家在关于自由的解释中,辨明了世界的过于人化的意识形态及其驱动力。反人道主义者的难处在于,它在总体上一直不能大有建树,以提供一种积极的、建设性的关于如何为生活确定方向的愿景。按照定义,反人道

---

① 参 Mary Midgley,《伦理上的灵长类动物》,168 页。
② 当然,由于所有人类事务的可错性和荒唐愚蠢,要想为伦理学中的一种神学立场的必要性提供无可质疑的"证据",是不可能的。我所能做的全部工作就是尝试着辩证地揭示这一立场为何较其他的伦理观点更适当地厘析出一系列共同的问题,并回答这些问题。

主义在这方面一直是失败的,因为它必须将人类容纳到毫无道德目标的更大的、在人类之上的代理者(比如说,存在的命运[海德格尔]、或者超人的来临[尼采]、或者权力的机制)之中。鉴于20世纪的恐怖与暴力,我所说的世俗的人道主义者正确地挑战了反人道主义者的议程和个体在那些在人们之上的代理者中黯然失色。在毒气室和屠杀场之后,有谁会真诚地相信客观精神或者存在的命运将会拯救我们?

入世的人道主义者提出的部分观点,一直都以对你、对他者负责任为方向,重塑着对自由的传统解释。横向超越说保留了人是行为之目的人道主义理想,但是,它做到这点的方式却避免了他者在自我创造或涵养计划中的沦丧。这是伦理学中真正的而且是重大的进展;这是必须由神学人道主义予以深化的发展(参第七章)。但是,仍然还有一些问题。入世的人道主义只能在原则上说明横向超越,就此而言,它会冒加入到过度人化的工程的危险——也许是不经意地加入。当善只是就"他人"而言而得到界定的时候,负责任实际上就需要那种会战胜所有阻碍人类繁荣兴盛者的力量的扩张和实施。如果至善(*summum bonum*)即是"他人"——这实际上是对神的取代——为什么要限制以人类的繁荣兴盛为目的的人的力量呢?虽然通过注重"你",以之为行为的目的,从而避免了花园的茕茕孑立和有关剧场的信念,横向超越这一观念却非常轻易地承续了过度人化的工程,而这正是许多反人道主义者一直竭力抗拒的。这便意味着,伦理学中的两种占支配地位的选项经常都彼此颉颃,但又都不能迎接我们当今这个时代所面临的挑战。要么是人在整体论中沦丧,要么是相反,即通过转移对所有生命形式的相互依存的注意力而保存个人的权力和尊严。难道我们真的必须在这二者之间做出选择吗?

正是在这关节点上,宗教传统中的象征性和观念性的资源可以发挥这样的作用,即阐明并且回应降临于人类的困境。也就是说,令人世的人道主义者以及反人道主义者苦恼的问题之一是,由于将这些资源从伦理学中排除出去而导致我们的道德词汇减少。入世的人道主义者必须将象征、叙事和隐喻化约为对人类之善的隐藏的表达。相反,反人道主义者则必须在所有的宗教性资源中,厘析出权力或者存在的命运或者奴隶心态的隐匿的运作。在这方面,具有讽刺意味的是,所有这些立场都共同强烈地抗拒这种诠释学的洞见:象征资源会积累并且激发思想。他们都力图对文化和宗教资源进行解码,而不是努力理解这些资源本身如何对解码人们的行为与生活的道德空间的复杂性具有诊断性的和启发性的力量。令人欣慰的是,神学伦理学家能够并且必须批判性地调用传统的全部资源,以达到建设性的目的。换言之,宗教对伦理思想而言乃是象征资源的珍贵财富。佛教关于"烦恼"的主张、犹太教对诱惑的分析、印度教有关业力的观点,都可以为处身于这些传统之中的思想家们所采用,为的是厘析出对那种仅仅以其最大化为目的的人类自由的自我驳斥(self-refutation)。

从基督教神学人文主义的角度来看,过于人化的动力正是人们会从下面这样的人身上可以预期的东西:他们为了整全性而进行无情的奋斗,很少意识到他们的困境的深度。如果总是集中于那些在各种"神"的形象中、被相信可以将我们从堕落中拯救出来的东西,那么,生活就会被财富和消费这样糟糕的无限性所规定。① 被寻求的乃是生命的整全,就此而言,被消费的东西永远不会使人满足;人心仍然保持不安。自由的吊诡之处就在于,仅仅靠力量的扩张和实施不足以完成人生存的任务,这任务就是为生命的整全性而奋斗。自由必须通过不具有其构成质素、既能被接受

---

① 在第三章中,我们已经看到,堕落形态的信仰如何具有贪婪的恶的无限性结构。关于这一点,参 William Schweiker,"Having@toomuch.com:财产、拥有与文化神学"(Having@toomuch.com:Property, Possession and the Theology of Culture),载《标准》(*Criterion* 39:2,spring/summer 2000:20—28)。

也能获得的善来进行衡量；对一位神学人道主义者来说，这种善将拥抱处身于更为广阔的生活范围之中的他者和"你"。更精当地说，自由的目的，也就是善，即是生命的整全性。

现在，我们已经获得本章乃至全书全部的和辩证的力量；它取决于一种基本的洞见。为了尊重和增进生命的整全性，人们既不能将自由之善局限于人之内的目的，也不能使之沦丧于在人之上的实在之中。对那些超越人的力量之所及、但又是善的来源与范围——人的自由能够并且应该为这种善服务——的东西来说，与他者一道负责并且对他者负责乃是一面棱镜。在这方面，圣经中爱你的邻舍这一命令正确地阐明了人道主义伦理学的真正来源；而对邻舍的爱不可避免地与对获得了正确命名的上帝的密切相关。而诚如我们在本书中所看到的那样，复杂的双重之爱的诫命将人类的责任置于作为"邻舍"的进一步延伸的存在的全部领域之内。尽管许多当代的人道主义者各有所信，但是，对上帝的爱并不抹煞对他者、对你的关怀。负责的爱的内在动力将神圣的价值和与之相伴相随的具有道德动力的宗教性渴望注入到道德关系之中；双重之爱的诫命以及金律阐明了这一行为座右铭的洞见。它们为负责任这一绝对律令提供了宗教性的表达形式，正如创造的象征显明了那构成生活的道德空间的善的复杂性。

如果没有神学人道主义，我们就会冒风险将价值化约为人之内的目的；但是，如果没有神学人道主义，政治、道德和宗教信念就将以不受对人的尊严之认可的限制的、在人之上或者超越人的实在为中心。激进的人类中心主义，正如国家或者自然整体化的整体主义甚或一些有关上帝的观念一样，都不完美。对做人的意含的适当的解释必须将反思置于有关责任、有关作为价值之来源与范围的神圣者以及有关生命的整全性的诸主张的交叉点上。

我们已经揭示了为什么人们必须考量伦理学中的神学人道主义的原因，但还有最后一个问题。人们应该如何致力于研究形形色色的自由之隐喻,以便提出在诠释学上很敏锐但又很现实主义的关于我们能够而且应该如何生活的解释? 当然,在伦理学中,以及在有关自由的图景中,责任的观念是基本的;而关于自由的图景则是镶嵌在那些激活并且也限制人们的行为的复杂的关系之中的。一言以蔽之,人类的问题就是我们的生存,而我们的生存即是在通往整全性的道路上所进行的持续不断的自制的奋斗。这个问题就是确定我们的自由的方向;而有效的回答则必须澄清我们能够、应该并且可以追寻的整全性的形式。

设若聚焦于责任、自由和生命的整全性,神学人道主义者对利用任何一种最重要的隐喻,以为它足以阐明生活的道德空间的做法满腹怀疑。人们提供了一种不可化约为思想形式或者隐喻的关于自由的多元主义的观念;而一种宗教传统,以及每个人的生活,都叙事、诫命、美德、律法与福音书、爱(参第四、七章)这些隐喻更为复杂。许多隐喻都必不可少,而且实际上也存在于道德词典中,不过,没有哪个隐喻能单独穷尽生活的意义及其价值。神学人道主义通过对自由在世界中地位的隐喻的运用,阐明了有关价值的多面向的理论。① 因此,我们现在必须追踪关于自由的诸种隐喻之间的相互作用,以便把握其对生命的整全性最深刻的意义与道德上的重要性。

与花园的意象一样,人的生活最初被置于这个星球上的生命的诸多领域之内,因为根据基本的肉体之善来说,这是显而易见的。然而,由于有了学校的隐喻,人的生活与为了获得整全性而进行的奋斗——整全性是真正的自由——具有深刻的社会性。只要

---

① 这使我们回到了在早先一个注释中(见上文)提到的有关伦理学中的自然主义的主张。这里,我的观点也是"诠释学的实在论"的一个实例。人们探究想象的形式,为的是把握有关我们的生活与世界的实在。参 William Schweiker,《责任与基督教伦理学》(*Responsibility and Christian Ethics*, Cambridge: Cambridge University Press, 1995)。

我们参与那些对形成个性与维系社群来说必不可少的实践,我们就可以获得某些社会性的善。剧场隐喻的洞见是,人类不仅是生命的诸多领域的参与者,而且也是自反性的受造物,其自我理解确实以某种基本的方式形塑着他们的生存。借助于这些得到了描绘的隐喻,人们就能够懂得,负责任的自由的目的是:在为获得整全性而进行的奋斗中,尊重和增进自然的、社会的和自反性的诸种善之间复杂的互动。

其他隐喻也是必需的,尤其必不可少的是一些复杂的关于超越性的隐喻。神学人道主义与当代其他新人道主义者一道对传统思想所做的修正是,根据与他者一道负责并且对他者负责来理解自由。因此,神学人道主义者必须揭示:坚执宗教性的超越性并不能贬抑现在全世界人民所面临的迫在眉睫的现世的挑战。我们已经为此提出了一些有利的理由,而方法则是厘析出爱上帝与爱邻舍之间深刻难解的纠缠,这种纠缠在宗教传统中已经得到揭示,却经常被遗忘。谈论上帝这一大胆的艰苦工作阐明了一些超越人类的喜好与权力的价值领域;它也试图激发出那种植根于活生生的上帝这一实在之中的对生命的爱。

这一神学的艰苦工作只有通过利用为上帝命名的众多方式,以及传统中人类对上帝的行动的大量回应的意象,才能完成。[①]想想十字架和复活,或者想想《约翰著作汇编》中对接受爱的见证,或者想想上帝自己的悔改之举,或者想想圣灵的倾注吧。这些意象的洞见是,在形形色色的生活领域(政治、主体间关系、历史事件和紧急的社会过程)中,都存在着固执己见却又被相对化了的人类力量的驱动,这是颇具反讽意味的。在十字架和复活的意象中,政

[①] 关于这一点,参 David Tracy,"文学理论与神学中给上帝命名和思考上帝的诸种形式的回归"(Literary Theory and the Return of the Forms of Naming and Thinking God in Theology),载《宗教学刊》(*The Journal of Religion*)74:3(1994):302—19页。

治权力,亦即惩罚与规训的机制得到了维护,而其统治却遭到摧毁;在有关圣灵事工的信仰中,自然界的丰盛得到了维护,却被超越了;而最彻底的是,上帝的正义重铸了关于世界只是斗争的剧场和朱庇特式的力量的观念(参第一章)。对这些意象更进一步的考察此处不能为之,不过,我们在本书别的地方已经有所论述。对那些为上帝命名的方式的道德意义进行仔细考察是复杂的人类超越观的一部分,这种超越发生在更为广阔的生活领域之内,却不与之反其道而行之。这种考察想揭示出,我们是"两者之间的"存在,而这正是因为我们生活、动作、存留都在乎上帝(参徒 17:22—31)。

一种生活态度

在本书中,我们一直试图在当代伦理学的范围内阐述神学人道主义的态度与愿景。如果人们理解作为一种道德观的反人道主义的缺陷,并且懂得横向超越的主张的局限性,那么,追寻伦理学中的神学人道主义的规划在合理性上或完全得到了保证。这一要求通过人道主义最深刻的洞见,亦即为争取整全性而进行的自由奋斗乃是脆弱的、易犯错误的——而得到合理性上的保证。但是,在最终的分析中,神学人道主义并不只是一种态度或者愿景,而是生活中的宗教和道德态度。神学人道主义者会在现实中直面人类的不幸、贫困、琐碎和暴力,但不相信这些就是生活的真理。人们确实会遭遇到一些宗教传统用来解放生命、酝酿人间的悲惨并且毁灭生命的方式;人们了解生存、人类的过错和宗教的失败,但仍热爱生命。这种爱能够并且应该激发那些减缓人类与非人类之悲惨的努力;而这就是良心的呼唤,是对多元世界时代里人们的道德天职的见证。

参考文献

Adams, Robert Merrihew. *The Virtue of Faith and Other Essays in Philosophical Theology*. New York: Oxford University Press, 1987.
Andersen, Svend. *Einführung in die Ethik*. Translated by Ingrid Oberborbeck. Berlin: Walter de Gruyter, 2000.
Antonaccio, Maria. *Picturing the Human: The Moral Thought of Iris Murdoch*. Oxford: Oxford University Press, 2000.
Antonaccio, Maria, and William Schweiker, eds. *Iris Murdoch and the Search for Human Goodness*. Chicago, IL: University of Chicago Press, 1996.
Apel, Karl-Otto. *Diskurs und Verantwortung: das Problem des übergangs zur Postkonventionellen Moral*. Frankfurt am Main: Suhrkamp, 1990.
Appadurai, Arjun. *Modernity at Large: Cultural Dimensions of Globalization*. Minneapolis: University of Minnesota Press, 1996.
Aquinas, Thomas. *Summa Theologiae*. 5 vols. Westminster: Christian Classics, 1981.
Arendt, Hannah. *The Human Condition*. Chicago, IL: University of Chicago Press, 1969.
Assmann, Jan. *Moses the Egyptian: The Memory of Egypt in Western Monotheism*. Cambridge, MA: Harvard University Press, 1997.
Augustine, Saint, Bishop of Hippo. *The Trinity*. Translated by Edmund Hill. Edited by John E. Rotelle. New York: New City Press, 1991.
—— *On Christian Teaching*. Translated by R. P. H. Green. Oxford: Oxford University Press, 1997.
—— *The City of God against the Pagans*. Translated by R. W. Dyson. Cambridge: Cambridge University Press, 1998.
Barber, Benjamin R. *Jihad Vs. Mcworld*. New York: Times Books, 1995.
Barth, Karl. *Das Wort Gottes und die Theologie: Gesammelte Vorträge*. Munich: Chr. Kaiser, 1924.
—— *The Word of God and the Word of Man*. Translated by Douglas Horton. New York: Harper and Row, 1957.
—— *Church Dogmatics*. Translated by G. W. Bromiley. Edited by G. W. Bromiley and T. F. Torrance. Edinburgh: T. & T. Clark, 1957–70.

Beck, Ulrich, Anthony Giddens, and Scott Lash. *Reflexive Modernization: Politics, Tradition and Aesthetics in the Modern Social Order*. Cambridge: Polity Press, 1994.
Beestermöller, Gerhard, and Hans-Richard Reuter, eds. *Politik der Versöhnung*. Stuttgart: Kohlhammer, 2002.
Benhabib, Seyla. *Situating the Self: Gender, Community, and Postmodernism in Contemporary Ethics*. New York: Routledge, 1992.
Betz, Hans Dieter. *The Sermon on the Mount: A Commentary on the Sermon on the Mount, Including the Sermon on the Plain (Matthew 5:3 – 7:27 and Luke 6:20–49)*. Minneapolis, MN: Fortress Press, 1995.
Boulton, Matthew, Kevin Jung, and Jonathan Rothchild, eds. *Doing Justice to Mercy*. Notre Dame, IN: University of Notre Dame Press, forthcoming.
Browning, Don S. *Religious Thought and the Modern Psychologies: A Critical Conversation in the Theology of Culture*. Philadelphia, PA: Fortress Press, 1987.
——*A Fundamental Practical Theology: Descriptive and Strategic Proposals*. Minneapolis, MN: Fortress Press, 1991.
Buber, Martin. *I and Thou*. Translated by Ronald Gregor Smith. Edinburgh: T. & T. Clark, 1937.
Bultmann, Rudolf Karl. *Jesus and the World*. Translated by Louise Pettibone Smith and Erminie Huntress. New York: Scribner, 1934.
Cahill, Lisa Sowle. *Sex, Gender, and Christian Ethics*. Cambridge: Cambridge University Press, 1997.
Cannon, Katie G. *Black Womanist Ethics*. Atlanta, GA: Scholars Press, 1988.
Childs, Brevard S. *Biblical Theology of the Old and New Testaments: Theological Reflection on the Christian Bible*. Minneapolis, MN: Fortress Press, 1993.
Collins, Adela Yarbro, ed. *Feminist Perspectives on Biblical Scholarship*. Atlanta, GA: Scholars Press, 1985.
Crossan, John Dominic. *Jesus: A Revolutionary Biography*. San Francisco, CA: HarperSanFrancisco, 1994.
Curran, Charles E. *Directions in Fundamental Moral Theology*. Notre Dame, IN: University of Notre Dame Press, 1985.
Davies, Paul. *God and the New Physics*. New York: Simon and Schuster, 1983.
Debray, Régis. *Transmitting Culture*. New York: Columbia University Press, 2000.
Derrida, Jacques. *Dissemination*. Translated by Barbara Johnson. Chicago, IL: University of Chicago Press, 1981.
——*Margins of Philosophy*. Translated by Alan Bass. Chicago, IL: University of Chicago Press, 1982.
Descartes, René. *Meditations on First Philosophy*. Translated by Laurence Julien Lafleur. New York: Macmillan, 1951.
Deuser, Hermann. *Die Zehn Gebote: Kleine Einführung in die Theologische Ethik*. Stuttgart: Reclam, 2002.
Donagan, Alan. *The Theory of Morality*. Chicago, IL: University of Chicago Press, 1977.
Doniger, Wendy. *Other Peoples' Myths: The Cave of Echoes*. Chicago, IL: University of Chicago Press, 1995.
Elshtain, Jean Bethke. *Women and War*. New York: Basic Books, 1987.

——— *Real Politics: At the Center of Everyday Life*. Baltimore, MD: Johns Hopkins University Press, 1997.
——— *New Wine and Old Bottles: International Politics and Ethical Discourse*. Notre Dame, IN: University of Notre Dame Press, 1998.
Erasmus, Desiderius. *In Praise of Folly*. Translated by Betty Radice. London: Penguin Books, 1971.
Erickson, Victoria Lee, and Michelle Lim Jones, eds. *Surviving Terror: Hope and Justice in a World of Violence*. Grand Rapids, MI: Brazos Press, 2002.
Fasching, Darrell J., and Dell deChant. *Comparative Religious Ethics: A Narrative Approach*. Oxford: Blackwell, 2001.
Finnis, John. *Fundamentals of Ethics*. Washington, DC: Georgetown University Press, 1983.
Fischer, Johannes. *Theological Ethik: Grundwissen und Orientierung*. Stuttgart: W. Kohlhammer, 2002.
Flanagan, Owen J. *Varieties of Moral Personality: Ethics and Psychological Realism*. Cambridge, MA: Harvard University Press, 1991.
Flanagan, Owen J., and Amélie Rorty, eds. *Identity, Character, and Morality: Essays in Moral Psychology*. Cambridge, MA: MIT Press, 1990.
Foot, Philippa. *Natural Goodness*. Oxford: Oxford University Press, 2001.
Fowl, Stephen E., and L. Gregory Jones. *Reading in Communion: Scripture and Ethics in Christian Life*. Grand Rapids, MI: Eerdmans, 1991.
Franklin, R. W., and Joseph M. Shaw. *The Case for Christian Humanism*. Grand Rapids, MI: Eerdmans, 1991.
Freire, Paulo. *Pedagogy of the Oppressed*. New York: Continuum, 1990.
Frymer-Kensky, Tikva Simone, et al., eds. *Christianity in Jewish Terms*. Boulder, CO: Westview Press, 2000.
Gadamer, Hans-Georg. *Der Anfang der Philosophie*. Stuttgart: Philipp Reclam, 1996.
——— *Truth and Method*, 2nd revd. edn. Translated by Joel Weinsheimer and Donald G. Marshall. New York: Continuum, 1998.
Gamwell, Franklin I. *The Divine Good: Modern Moral Theory and the Necessity of God*. San Francisco, CA: HarperSanFrancisco, 1990.
——— *The Meaning of Religious Freedom: Modern Politics and the Democratic Resolution*. Albany: State University of New York Press, 1995.
Geertz, Clifford. *Local Knowledge: Further Essays in Interpretive Anthropology*. New York: Basic Books, 1983.
Gewirth, Alan. *Reason and Morality*. Chicago, IL: University of Chicago Press, 1978.
Giddens, Anthony. *Modernity and Self-Identity: Self and Society in the Late Modern Age*. Stanford, CA: Stanford University Press, 1991.
Gill, Robin. *Churchgoing and Christian Ethics*. Cambridge: Cambridge University Press, 1999.
Girard, René. *Violence and the Sacred*. Translated by Patrick Gregary. Baltimore, MD: Johns Hopkins University Press, 1977.
——— *The Scapegoat*. Baltimore, MD: Johns Hopkins University Press, 1986.
Grassi, Ernesto. *Rhetoric as Philosophy: The Humanist Tradition*. University Park: Pennsylvania State University Press, 1980.
Gustafson, James M. *Christ and the Moral Life*. New York: Harper and Row, 1968.

―― *Varieties of Moral Discourse: Prophetic, Narrative, Ethical, and Policy*. Grand Rapids, MI: Calvin College and Seminary, 1988.

―― *Ethics from a Theocentric Perspective*, 2 vols. Chicago, IL: University of Chicago Press, 1992.

―― *A Sense of the Divine: The Natural Environment from a Theocentric Perspective*. Cleveland, OH: Pilgrim Press, 1994.

Habermas, Jürgen. *Moral Consciousness and Communicative Action*. Translated by Christian Lenhardt and Shierry Weber Nicholsen. Cambridge, MA: MIT Press, 1990.

―― *Postmetaphysical Thinking: Philosophical Essays*. Translated by W. M. Hohengarten. Cambridge, MA: MIT Press, 1992.

Hadot, Pierre. *Philosophy as a Way of Life: Spiritual Exercises from Socrates to Foucault*. Translated by Michael Chase. Edited by Arnold I. Davidson. Oxford: Blackwell, 1995.

Haraway, Donna Jeanne. *Simians, Cyborgs, and Women: The Reinvention of Nature*. New York: Routledge, 1991.

Harrison, Beverly Wildung. *Making the Connections: Essays in Feminist Social Ethics*. Edited by Carol S. Robb. Boston, MA: Beacon Press, 1985.

Harvey, David. *The Condition of Postmodernity: An Enquiry into the Origins of Cultural Change*. Oxford: Blackwell, 1989.

Hauerwas, Stanley. *A Community of Character: Toward a Constructive Christian Social Ethic*. Notre Dame, IN: University of Notre Dame Press, 1981.

―― *Christian Existence Today: Essays on Church, World, and Living in Between*. Durham, NC: Labyrinth Press, 1988.

Hauerwas, Stanley, and William H. Willimon. *Resident Aliens: Life in the Christian Colony*. Nashville, TN: Abingdon Press, 1989.

Hays, Richard B. *The Moral Vision of the New Testament: Community, Cross, New Creation: A Contemporary Introduction to New Testament Ethics*. San Francisco, CA: HarperSanFrancisco, 1996.

Heidegger, Martin. *Being and Time*. Translated by John Macquarrie and Edward Robinson. New York: Harper and Row, 1962.

Hirsch, E. D. *Validity in Interpretation*. New Haven, CT: Yale University Press, 1967.

Huber, Wolfgang. *Konflikt und Konsens: Studien zur Ethik der Verantwortung*. Munich: Chr. Kaiser, 1990.

Hume, David. *An Enquiry Concerning the Principles of Morals*. La Salle, IL: Open Court, 1966.

Jaeger, Werner Wilhelm. *Humanism and Theology*, The Aquinas Lecture, 7. Milwaukee, WI: Marquette University Press, 1943.

―― *Early Christianity and Greek Paideia*. Oxford: Oxford University Press, 1961.

Janowski, Bernd, and Michael Welker, eds. *Opfer: Theologische und Kulturelle Kontexte*. Frankfurt am Main: Suhrkamp, 2000.

John Paul II. *On the Hundredth Anniversary of Rerum Novarum = Centesimus Annus*. Washington, DC: Office for Publishing and Promotion Services, United States Catholic Conference, 1991.

Johnson, Elizabeth A. *She Who Is: The Mystery of God in Feminist Theological Discourse*. New York: Crossroad, 1992.

Johnson, Mark. *Moral Imagination: Implications of Cognitive Science for Ethics*. Chicago, IL: University of Chicago Press, 1993.

Jonas, Hans. *The Imperative of Responsibility: In Search of an Ethics for the Technological Age*. Translated by Hans Jonas and David Herr. Chicago, IL: University of Chicago Press, 1984.

——— *Mortality and Morality: A Search for the Good after Auschwitz*. Edited by Lawrence Vogel. Evanston, IL: Northwestern University Press, 1996.

Kant, Immanuel. *Fundamental Principles of the Metaphysics of Morals*. Translated by Thomas K. Abbott. New York: Macmillan, 1989.

——— *Critique of Pure Reason*. Translated by Paul Guyer and Allen W. Wood. Edited by Paul Guyer and Allen W. Wood. Cambridge: Cambridge University Press, 1998.

Kelsay, John, and Sumner B. Twiss. *Religion and Human Rights*. New York: Project on Religion and Human Rights, 1994.

Kirk, Kenneth E. *Conscience and Its Problems: An Introduction to Casuistry*, Library of Theological Ethics. Louisville, KY: Westminster/John Knox Press, 1999.

Klemm, David E., and William Schweiker, eds. *Meanings in Texts and Actions: Questioning Paul Ricoeur*. Charlottesville: University Press of Virginia, 1993.

Kohák, Erazim V. *The Embers and the Stars: A Philosophical Inquiry into the Moral Sense of Nature*. Chicago, IL: University of Chicago Press, 1984.

Krueger, David A. *The Business Corporation and Productive Justice*. Nashville, TN: Abingdon Press, 1997.

Küng, Hans. *Global Responsibility: In Search of a New World Ethic*. Translated by John Bowden. New York: Continuum, 1993.

Küng, Hans, and Karl-Josef Kuschel, eds. *A Global Ethic: The Declaration of the Parliament of the World's Religions*. Special edn. New York: Continuum, 1995.

Lange, Dietz. *Ethik in Evangelischer Perspektive: Grundfragen Christlicher Lebenspraxis*. Göttingen: Vandenhoeck und Ruprecht, 1992.

Lévinas, Emmanuel. *Totality and Infinity: An Essay on Exteriority*. Translated by Alphonso Lingis. Pittsburgh, PA: Duquesne University Press, 1969.

——— *Otherwise Than Being: Or, Beyond Essence*. Translated by Alphonso Lingis. Boston, MA: Martinus Nijhoff, 1981.

——— *Alterity and Transcendence*. Translated by Michael B. Smith. New York: Columbia University Press, 1999.

Lindbeck, George A. *The Nature of Doctrine: Religion and Theology in a Postliberal Age*. Philadelphia, PA: Westminster Press, 1984.

Lippman, Walter. *A Preface to Morals*. New York: Time, 1964.

Lovin, Robin W. *Reinhold Niebuhr and Christian Realism*. Cambridge: Cambridge University Press, 1995.

Lovin, Robin W., and Frank Reynolds, eds. *Cosmogony and Ethical Order: New Studies in Comparative Ethics*. Chicago, IL: University of Chicago Press, 1985.

Luhmann, Niklas. *Theories of Distinction: Redescribing the Descriptions of Modernity*. Translated by Joseph O'Neil et al. Edited by William Rasch. Stanford, CA: Stanford University Press, 2002.

McCarthy, Timothy. *Christianity and Humanism: From Their Biblical Foundations into the Third Millennium*. Chicago, IL: Loyola Press, 1996.

McClendon, James William. *Ethics: Systematic Theology*, vol. 1. Nashville, TN: Abingdon Press, 1986.

McFague, Sallie. *Models of God: Theology for an Ecological, Nuclear Age*. Philadelphia, PA: Fortress Press, 1987.

——*Life Abundant: Rethinking Theology and Economy for a Planet in Peril*. Minneapolis, MN: Fortress Press, 2001.

McGinn, Bernard. *The Presence of God: A History of Western Christian Mysticism*, 5 vols. New York: Crossroad, 1991.

MacIntyre, Alasdair C. *After Virtue: A Study in Moral Theory*. Notre Dame, IN: University of Notre Dame Press, 1981.

——*Three Rival Versions of Moral Enquiry: Encyclopaedia, Genealogy, and Tradition: Being Gifford Lectures Delivered in the University of Edinburgh in 1988*. Notre Dame, IN: University of Notre Dame Press, 1990.

——*Dependent Rational Animals: Why Human Beings Need the Virtues*. Chicago, IL: Open Court, 1999.

Mack, Burton L. *Who Wrote the New Testament?: The Making of the Christian Myth*. San Francisco, CA: HarperSanFrancisco, 1995.

Maguire, Daniel C. *The Moral Core of Judaism and Christianity: Reclaiming the Revolution*. Minneapolis, MN: Fortress Press, 1993.

Martens, Ekkehard. *Zwischen Gut und Böse: Elementare Fragen Angewandter Philosophie*. Stuttgart: Philipp Reclam, 1997.

Martin, Terence J. *Living Words: Studies in Dialogues over Religion*. Atlanta, GA: Scholars Press, 1998.

Mathewes, Charles T. *Evil and the Augustinian Tradition*. Cambridge, MA: Cambridge University Press, 2001.

Meeks, Wayne A. *The Moral World of the First Christians*. Philadelphia, PA: Westminster Press, 1986.

Menzel, Peter. *Material World: A Global Family Portrait*. San Francisco, CA: Sierra Club Books, 1994.

Metz, Johannes Baptist. *Faith in History and Society: Toward a Practical Fundamental Theology*. Translated by David Smith. New York: Seabury Press, 1980.

Midgley, Mary. *Beast and Man: The Roots of Human Nature*. Brighton: Harvester Press, 1979.

——*Can't We Make Moral Judgements?* New York: St. Martin's Press, 1991.

——*The Ethical Primate: Humans, Freedom, and Morality*. New York: Routledge, 1994.

Milbank, John. *Theology and Social Theory: Beyond Secular Reason*. Cambridge, MA: Blackwell, 1991.

Mill, John Stuart. *On Liberty*. Edited by John Gray. Oxford: Oxford University Press, 1991.

Miller, Richard B. *Interpretations of Conflict: Ethics, Pacifism, and the Just-War Tradition*. Chicago, IL: University of Chicago Press, 1991.

Moltmann, Jürgen. *The Crucified God: The Cross of Christ as the Foundation and Criticism of Christian Theology*. Translated by R. A. Wilson and John Bowden. New York: Harper and Row, 1974.

——*The Coming of God: Christian Eschatology*. Translated by Margaret Kohl. Minneapolis, MN: Fortress Press, 1996.

Montaigne, Michel de. *Complete Works: Essays, Travel Journal, Letters.* Translated by Donald M. Frame. Stanford, CA: Stanford University Press, 1957.
Mouw, Richard J. *The God Who Commands.* Notre Dame, IN: University of Notre Dame Press, 1990.
Murdoch, Iris. *The Sovereignty of Good.* London: Routledge and Kegan Paul, 1970.
—— *Metaphysics as a Guide to Morals.* New York: Penguin Press/Allen Lane, 1992.
Murphy, Jeffrie G., and Jean Hampton, eds. *Forgiveness and Mercy,* Cambridge Studies in Philosophy and Law. Cambridge: Cambridge University Press, 1988.
Murray, Patrick, ed. *Reflections on Commercial Life: An Anthology of Classic Texts from Plato to the Present.* New York: Routledge, 1997.
National Conference of Catholic Bishops. *The Challenge of Peace: God's Promise and Our Response: A Pastoral Letter on War and Peace: May 3, 1983.* Washington, DC: Office of Publication Services, United States Catholic Conference, 1983.
—— *Economic Justice for All: Pastoral Letter on Catholic Social Teaching and the US Economy.* Washington, DC: Office of Publication Services, United States Catholic Conference, 1986.
Newhauser, Richard. *The Early History of Greed: The Sin of Avarice in Early Medieval Thought and Literature.* Cambridge: Cambridge University Press, 2000.
Niebuhr, H. Richard. *The Meaning of Revelation.* New York: Macmillan, 1941.
—— *Christ and Culture.* New York: Harper and Row, 1951.
—— *The Responsible Self: An Essay in Christian Moral Philosophy,* Library of Theological Ethics. Louisville, KY: Westminster/John Knox Press, 1999.
Nietzsche, Friedrich Wilhelm. *The Birth of Tragedy and the Genealogy of Morals.* Translated by Francis Gilffing. Garden City, NY: Doubleday Anchor, 1956.
—— *Thus Spake Zarathustra.* Translated by R. J. Hollingdale. New York: Penguin Books, 1961.
Nussbaum, Martha Craven. *Love's Knowledge: Essays on Philosophy and Literature.* New York: Oxford University Press, 1990.
—— *Women and Human Development: The Capabilities Approach.* Cambridge: Cambridge University Press, 2000.
Otto, Rudolf. *The Idea of the Holy: An Inquiry into the Non-Rational Factor in the Idea of the Divine and Its Relation to the Rational.* Translated by John H. Harvey. New York: Oxford University Press, 1958.
Patrick, Anne E. *Liberating Conscience: Feminist Explorations in Catholic Moral Theology.* New York: Continuum, 1997.
Perry, Michael J. *The Idea of Human Rights: Four Inquiries.* Oxford: Oxford University Press, 1998.
Picht, Georg. *Wahrheit, Vernunft, Verantwortung: Philosophische Studien.* Stuttgart: Ernst Klett, 1969.
Pinckaers, Servais. *The Sources of Christian Ethics.* Translated by Sr. Mary Thomas Noble. Washington, DC: Catholic University of America Press, 1995.
Plato. *Symposium.* Translated by Benjamin Jowett. Indianapolis, IN: Bobbs-Merrill Educational Publishing, 1980.
—— *Philebus.* Translated by Dorothea Frede. Indianapolis, IN: Hackett Publishing, 1993.

———— *Phaedrus*. Translated, with introduction and notes, by Alexander Nehamas and Paul Woodruff. Indianapolis, IN: Hackett Publishing, 1995.

Polkinghorne, J. C. *The Faith of a Physicist: Reflections of a Botton-up Thinker: The Gifford Lectures for 1993–4*. Minneapolis, MN: Fortress Press, 1996.

Polkinghorne, J. C., and Michael Welker, eds. *The End of the World and the Ends of God: Science and Theology on Eschatology*. Harrisburg, PA: Trinity Press International, 2000.

Rabelais, François. *Gargantua and Pantagruel*. Translated by J. M. Cohen. New York: Penguin Books, 1955.

Radhakrishnan, S. *The Hindu View of Life*. London: Mandala, 1960.

Radin, Margaret Jane. *Reinterpreting Property*. Chicago, IL: University of Chicago Press, 1993.

Ramsey, Paul. *The Just War: Force and Political Responsibility*. New York: Charles Scribner's Sons, 1968.

———— *Fabricated Man: The Ethics of Genetic Control*. New Haven, CT: Yale University Press, 1970.

———— *The Essential Paul Ramsey: A Collection*. Edited by William Werpehowski and Stephen D. Crocco. New Haven, CT: Yale University Press, 1994.

Randall, John Herman, Jr. *The Making of the Modern Mind: A Survey of the Intellectual Background of the Present Age*, 50th anniversary edn. New York: Columbia University Press, 1976.

Rawls, John. *Political Liberalism*. New York: Columbia University Press, 1993.

Ricoeur, Paul. *The Symbolism of Evil*. Translated by Emerson Buchanan. New York: Harper and Row, 1967.

———— *Interpretation Theory: Discourse and the Surplus of Meaning*. Fort Worth: Texas Christian University Press, 1976.

———— *Essays on Biblical Interpretation*. Edited by Lewis Seymour Mudge. Philadelphia, PA: Fortress Press, 1980.

———— *Hermeneutics and the Human Sciences: Essays on Language, Action, and Interpretation*. Translated by John B. Thompson. Cambridge: Cambridge University Press, 1981.

———— *Time and Narrative*, 3 vols. Translated by Kathleen Blamey and David Pellauer. Chicago, IL: University of Chicago Press, 1984.

———— *Oneself as Another*. Translated by Kathleen Blamey. Chicago, IL: University of Chicago Press, 1992.

———— *Figuring the Sacred: Religion, Narrative, and Imagination*. Translated by David Pellauer. Edited by Mark I. Wallace. Minneapolis, MN: Fortress Press, 1995.

Rigby, Cynthia L., ed. *Power, Powerlessness, and the Divine: New Inquiries in Bible and Theology*. Atlanta, GA: Scholars Press, 1997.

Ritzer, G. *The Macdonaldization of Society: An Investigation into the Changing Character of Contemporary Social Life*. Thousand Oaks, CA: Pine Forge Press, 1993.

Robbins, Lionel. *A History of Economic Thought: The LSE Lectures*. Edited by Steven G. Medema and Warren J. Samuels. Princeton, NJ: Princeton University Press, 1998.

Robertson, Roland. *Globalization: Social Theory and Global Culture*. London: Sage, 1992.

Rorty, Richard. *Contingency, Irony, and Solidarity*. Cambridge: Cambridge University Press, 1989.
Ruether, Rosemary Radford. *Sexism and God-Talk: Toward a Feminist Theology*. Boston, MA: Beacon Press, 1983.
Saddhatissa, Hammalawa. *Buddhist Ethics*. Boston, MA: Wisdom Publications, 1997.
Sassen, Saskia. *Globalization and Its Discontents: Essays on the New Mobility of People and Money*. New York: New Press, 1998.
Scharlemann, Robert P. *The Reason of Following: Christology and the Ecstatic I*. Chicago, IL: University of Chicago Press, 1991.
Schleiermacher, Friedrich. *Hermeneutics: The Handwritten Manuscripts*. Translated by James Duke and Jack Forstman. Edited by Heinz Kimmerle. Missoula, MT: Scholars Press for the American Academy of Religion, 1977.
Schüssler Fiorenza, Elisabeth. *Bread Not Stone: The Challenge of Feminist Biblical Interpretation*. Boston, MA: Beacon Press, 1984.
—— *But She Said: Feminist Practices of Biblical Interpretation*. Boston, MA: Beacon Press, 1992.
Schweiker, William. *Mimetic Reflections: A Study in Hermeneutics, Theology, and Ethics*. New York: Fordham University Press, 1990.
—— *Responsibility and Christian Ethics*. Cambridge: Cambridge University Press, 1995.
—— *Power, Value, and Conviction: Theological Ethics in the Postmodern Age*. Cleveland, OH: Pilgrim Press, 1998.
Schweitzer, Albert. *The Philosophy of Civilization*. Buffalo, NY: Prometheus Books, 1987.
—— *The Quest of the Historical Jesus*. Edited by John Bowden. Minneapolis, MN: Fortress Press, 2001.
Schwöbel, Christoph, and Dorothee von Tippelskirch, eds. *Die Religiösen Wurzeln der Toleranz*. Freiburg im Breisgau: Herder, 2002.
Screech, M. A. *Laughter at the Foot of the Cross*. Boulder, CO: Westview Press, 1999.
Shklar, Judith N. *Ordinary Vices*. Cambridge, MA: Belknap Press of Harvard University Press, 1984.
Shriver, Donald W., Jr. *An Ethic for Enemies: Forgiveness in Politics*. New York: Oxford University Press, 1995.
Singer, Irving. *Meaning in Life: The Creation of Value*. New York: Free Press, 1992.
Singer, Peter. *Unsanctifying Human Life: Essays on Ethics*. Oxford: Blackwell, 2002.
Sittler, Joseph. *The Structure of Christian Ethics*. Louisville, KY: Westminster/John Knox Press, 1998.
Smart, Ninian. *World Philosophies*. London: Routledge, 1999.
Smith, Jonathan Z. *Imagining Religion: From Babylon to Jonestown*. Chicago, IL: University of Chicago Press, 1982.
Smith, Wilfred Cantwell. *The Meaning and End of Religion: A New Approach to the Religious Traditions of Mankind*. New York: Macmillan, 1963.
Spohn, William C. *What Are They Saying About Scripture and Ethics?* revd. edn. New York: Paulist Press, 1995.
Stackhouse, Max L. *Public Theology and Political Economy: Christian Stewardship in Modern Society*. Grand Rapids, MI: Eerdmans, 1987.

Stackhouse, Max L., Peter J. Paris, Don S. Browning, and Diane Burdette Obenchain, eds. *God and Globalization*, 4 vols. Harrisburg, PA: Trinity Press International, 2000–2.

Stead, Christopher. *Philosophy in Christian Antiquity*. Cambridge: Cambridge University Press, 1994.

Sugirtharajah, R. S., ed. *Voices from the Margin: Interpreting the Bible in the Third World*. Maryknoll, NY: Orbis Books, 1991.

Summerell, Orrin F., ed. *The Otherness of God*. Charlottesville: University Press of Virginia, 1998.

Sundermeier, Theo. *Was Ist Religion?: Religionswissenschaft Im Theologischen Kontext: ein Studienbuch*. Gütersloh: Kaiser Gütersloher Verlagshaus, 1999.

Swift, Jonathan. *Gulliver's Travels, and Other Writings*. Edited by Ricardo Quintana. New York: Modern Library, 1958.

Tanner, Kathryn. *Theories of Culture: A New Agenda for Theology*. Minneapolis, MN: Fortress Press, 1997.

Taylor, Charles. *Philosophy and the Human Sciences*, vol. 2. Cambridge: Cambridge University Press, 1985.

——— *Sources of the Self: The Making of the Modern Identity*. Cambridge, MA: Harvard University Press, 1989.

Taylor, Mark C. *Erring: A Postmodern A/Theology*. Chicago, IL: University of Chicago Press, 1984.

Thomas, Günter. *Medien – Ritual – Religion: Zur Religiösen Funktion des Fernsehens*. Frankfurt am Main: Suhrkamp, 1998.

Tillich, Paul. *The Courage to Be*. New Haven, CT: Yale University Press, 1952.

——— *Christianity and the Encounter of the World Religions*. New York: Columbia University Press, 1963.

——— *Morality and Beyond*. Louisville, KY: Westminster/John Knox Press, 1995.

Todorov, Tzvetan. *Imperfect Garden: The Legacy of Humanism*. Princeton, NJ: Princeton University Press, 2002.

Tödt, Heinz Eduard. *Perspektiven Theologischer Ethik*. Munich: Chr. Kaiser, 1988.

Tomlinson, John. *Globalization and Culture*. Chicago, IL: University of Chicago Press, 1999.

Toulmin, Stephen. *Cosmopolis: The Hidden Agenda of Modernity*. New York: Free Press, 1990.

Tracy, David. *Plurality and Ambiguity: Hermeneutics, Religion, Hope*. San Francisco, CA: Harper and Row, 1987.

Traina, Cristina L. H. *Feminist Ethics and Natural Law: The End of the Anathemas*. Washington, DC: Georgetown University Press, 1999.

Versényi, Laszlo. *Socratic Humanism*. New Haven, CT: Yale University Press, 1963.

Vlastos, Gregory. *Socrates: Ironist and Moral Philosopher*. Ithaca, NY: Cornell University Press, 1991.

Voltaire. *Candide and Other Stories*. Translated by Roger Pearson. Oxford: Oxford University Press, 1990.

von Rad, Gerhard. *Genesis: A Commentary*. Translated by John H. Marks. London: SCM Press, 1961.

Wall, John, William Schweiker, and W. David Hall, eds. *Paul Ricoeur and Contemporary Moral Thought*. New York: Routledge, 2002.

Wallace, Mark I., and Theophus Harold Smith, eds. *Curing Violence*. Sonoma, CA: Polebridge Press, 1994.

Wallwork, Ernest. *Psychoanalysis and Ethics*. New Haven, CT: Yale University Press, 1991.

Walzer, Michael. *On Toleration*. New Haven, CT: Yale University Press, 1997.

Welker, Michael. *God the Spirit*. Translated by John F. Hoffmeyer. Minneapolis, MN: Fortress Press, 1994.

Wesley, John. *Sermons on Several Occasions*. London: Epworth Press, 1975.

Whitehead, Alfred North. *Science and the Modern World*. New York: Macmillan, 1948.

——— *Process and Reality: An Essay in Cosmology*. Edited by David Ray Griffin and Donald W. Sherburne. New York: Free Press, 1978.

Yoder, John Howard. *The Priestly Kingdom: Social Ethics as Gospel*. Notre Dame, IN: University of Notre Dame Press, 1984.

译 后 记

基督教伦理学是译者一向感兴趣的题域,翻译本书可谓令我获益良多。在翻译过程中,曾就一些问题请教于彭小瑜教授、徐龙飞博士、吴飞博士,更曾得到作者席崴克教授本人的释疑解惑,统此申谢。由于译者水平有限,错误在所难免,责任当由译者本人承担。

孙尚扬

2007 年 10 月 6 日

燕北园

图书在版编目(CIP)数据

追寻生命的整全/(美)席崴克著;孙尚扬译.--
上海:华东师范大学出版社,2011.8
ISBN 978-7-5617-8708-3

Ⅰ.①追… Ⅱ.①席…②孙… Ⅲ.①伦理学 Ⅳ.①B82
中国版本图书馆 CIP 数据核字(2011)第 118241 号

华东师范大学出版社六点分社
企划人 倪为国

Theological Ethics and Global Dynamics: In the Time of Many Worlds
by William Schweiker
Copyright © 2004 by William Schweiker
Published with the aid of CAC towards providing sponsorship for part of translation cost
Simplified Chinese Translation Copyright © 2011 by East China Normal University Press Ltd
ALL RIGHTS RESERVED
本书获香港汉语基督教文化研究所授权出版简体字版

上海市版权局著作权合同登记 图字:09—2011—207 号

追寻生命的整全

(美)席崴克 著
孙尚扬 译

责任编辑 倪为国 戴鹏飞
封面设计 储 平
责任制作 肖梅兰

出版发行 华东师范大学出版社
社　　址 上海市中山北路3663号 邮编 200062
网　　址 www.ecnupress.com.cn
电话总机 021—60821666 行政传真 021—62572105
客服电话 021—62865537(兼传真)
门市(邮购)电话 021—62869887
门市地址 上海市中山北路3663号华东师范大学校内先锋路口
网　　店 http://ecnup.taobao.com/

印 刷 者 上海市印刷十厂有限公司
开　　本 890×1240　1/32
插　　页 1
印　　张 11
字　　数 250千字
版　　次 2011年8月第1版
印　　次 2011年8月第1次
书　　号 ISBN 978-7-5617-8708-3/B·648
定　　价 34.80元

出 版 人 朱杰人

(如发现本版图书有印订质量问题,请寄回本社客服中心调换或电话021—62865537 联系)